2020—2021年中国工业和信息化发展系列蓝皮书

2020—2021年中国原材料工业发展蓝皮书

中国电子信息产业发展研究院 编 著
刘文强 主 编
肖劲松 马 琳 副主编

电子工业出版社
Publishing House of Electronics Industry
北京·BEIJING

内 容 简 介

本书从综合、行业、区域、园区、企业、政策、热点、展望八个角度,密切跟踪了 2020 年我国原材料工业的重点、难点和热点情况,并对 2021 年的发展趋势进行了预测分析,全书遵循了赛迪智库原材料工业发展蓝皮书的一贯体例,共 8 篇 29 章内容。

本书可为政府部门、相关企业及从事相关政策制定、管理决策和咨询研究的人员提供参考,也可供高等院校相关专业师生及对原材料工业感兴趣的读者学习。

未经许可,不得以任何方式复制或抄袭本书之部分或全部内容。
版权所有,侵权必究。

图书在版编目(CIP)数据

2020—2021 年中国原材料工业发展蓝皮书 / 中国电子信息产业发展研究院编著;刘文强主编. —北京:电子工业出版社,2021.11
(2020—2021 年中国工业和信息化发展系列蓝皮书)
ISBN 978-7-121-42306-2

Ⅰ. ①2… Ⅱ. ①中… ②刘… Ⅲ. ①原材料工业－工业发展－研究报告－中国－2020-2021　Ⅳ. ①F426.1

中国版本图书馆 CIP 数据核字(2021)第 226732 号

责任编辑:许存权
印　　刷:中煤(北京)印务有限公司
装　　订:中煤(北京)印务有限公司
出版发行:电子工业出版社
　　　　　北京市海淀区万寿路 173 信箱　　邮编:100036
开　　本:720×1 000　1/16　印张:15.25　字数:342 千字　彩插:1
版　　次:2021 年 11 月第 1 版
印　　次:2021 年 11 月第 1 次印刷
定　　价:218.00 元

凡所购买电子工业出版社图书有缺损问题,请向购买书店调换。若书店售缺,请与本社发行部联系,联系及邮购电话:(010)88254888,88258888。
质量投诉请发邮件至 zlts@phei.com.cn,盗版侵权举报请发邮件至 dbqq@phei.com.cn。
本书咨询联系方式:(010)88254484,xucq@phei.com.cn。

前 言

原材料是工业的基础性先导产业,是制造业的条件、支撑和保障。原材料工业是国民经济的基础和支柱产业,具有产业规模大、关联度高、带动作用强、资源能源密集等特点。原材料工业的发展水平和质量,直接影响和决定着国家工业化与制造业的发展水平、质量和经济安全。美国、日本、欧盟等发达国家和地区都高度重视原材料的战略保障与安全。

2020年,突如其来的新冠肺炎疫情重创全球经济,各国经济普遍萎缩。我国经济受益于疫情防控措施得当,总体运行稳定,全年实现同比增长2.3%。面对严峻复杂的国内外环境,我国原材料工业整体呈现了平稳发展态势,产业实力逐步增强,在确保疫情紧缺物资原料持续稳定供应方面发挥了积极作用。

(一)巩固去产能成果,推动高质量发展。按照党中央、国务院的决策部署,原材料工业深入推进供给侧结构性改革,积极巩固去产能成果。强化负面警示,严禁违法违规新增钢铁、水泥、电解铝等产能,完善产能整合平台,一批落后产能依法依规退出,钢铁行业兼并重组推进,继续实施水泥等重点行业错峰生产。1.5亿吨钢铁去产能目标提前两年完成,超过1亿吨"地条钢"产能全面出清。尿素、烧碱等传统化工产品产能过剩矛盾得到缓解,

电解铝等新增产能得到有效控制。

（二）积极推进危化品生产企业搬迁改造。2017年，国务院危化品生产企业搬迁改造工作进行了全面部署并持续推进，2020年的《政府工作报告》再次把加快推进人口密集区危化品生产企业搬迁改造列入重点工作任务。通过加强统筹协调、加大要素供给、执法推动和政策优化力度，加强搬迁改造工作中的安全环保管理和积极营造良好的氛围等措施，加快推进危化品生产企业的搬迁改造。

（三）加快发展新材料产业。印发了《关于开展2020年度重点新材料首批次应用保险补偿机制试点工作的通知》，举办了全国新材料产业创新发展高级研修班。利用工业高质量发展资金支持了4个生产应用示范平台、3个测试评价平台行业分中心、2个新材料先进制造业集群和1个稀土国家制造业创新中心等重点新材料平台建设。结合重点领域梳理关键产品和技术清单，绘制新材料领域部分产品产业链供应链全景图。

（四）积极营造良好的行业发展环境。一是强化规范管理，开展铜、铝、铅锌、镁企业规范公告申报工作，及时公告符合规范条件的企业名单，发布《焦化行业规范条件》。二是完善管理方式，加快推动简政放权。完善稀土监管常态化工作机制和生产总量控制指标分配评价机制，与自然资源部下达2020年稀土、钨生产总量控制指标，加强稀土追溯体系建设。继续推动完善水泥行业错峰生产。三是整顿稀土秩序，联合有关部门开展督查，严肃查处存在问题的企业。积极推进原材料行业智能制造。

积极开展国际合作交流，中欧工业对话磋商机制原材料工作组第十次会议以视频形式成功召开。

展望2021年，原材料工业仍然面临着诸多困难与突出问题：中美之间的贸易摩擦不确定性增大，国际贸易环境更加严峻，国内经济下行压力加大等国内国际形势依然复杂严峻，而且仍然面临着调整存量结构，严控新增产能、节能减排压力加大、技术创新水平不高、行业效益持续改善的动力不足等诸多突出问题。同时，2021年也是"十四五"的开局之年，经济发展已经进入高质量发展阶段，原材料工作要以习近平新时代中国特色社会主义思想为指导，加强资源保障能力建设、增强产业链供应链安全、坚持材料科技自立自强、坚持绿色智能安全发展。这就要求做好以下四个方面的工作。

（一）继续巩固去产能成果。一是加强产能和需求研究，系统研究钢铁、有色、化工、建材等主要产品市场需求拐点，做好产能达峰研究。二是细化去产能政策，实施产能置换实施办法，2021年1月工信部发布了新版钢铁、电解铝、水泥玻璃等行业产能置换实施办法。三是完善信息预警发布机制，加强对市场化过剩产能、产品、价格等信息的预警。

（二）加快绿色转型发展。进一步深入贯彻落实习近平总书记关于碳减排、碳达峰的重要宣示，二氧化碳排放力争在2030年前达峰，努力争取2060年前实现碳中和。继续推动现有有关节能减排政策实施，如钢铁行业的超低排放、符合《再生钢铁原料》（GB/T 39733—2020）标准的再生钢铁原料，可自由进口等，推广应用绿色建材、绿色建筑，提高磷石膏综合利用率。鼓励企业实施清洁生产和资源综合利用，推广应用绿色制造基础工艺，加强资源综合利用，实施用水企业水效领跑者引领行动，大力推进节水技术改造，提高水资源循环利用和工业废水处理回用率，大力推进工业固体废物综合利用和再生资源高效利用，推动循环发展。

（三）加强产业链供应链安全建设。梳理关键原材料的供应链和产业链，明确供应渠道、重点企业和上下游关系等，明确我国原材料工业供应链产业链长短板。增强资源保障能力，加强材料生产所需专用装备、关键零部件、仪器仪表等研发，加强核心原辅料研发、专用软件开发等。加强供应链重点环节检测，做好储备保障工作。聚焦重点领域，加快公共平台建设，强化补短板；推动新材料产业资源整合共享，加强新材料政务、行业知识服务、仪器设施等信息共享服务，推动新材料产业快速健康发展。

（四）加强对外交流合作。深入融入"双循环"发展格局，充分利用两

个市场、两种资源。借助"一带一路"战略、"区域全面经济伙伴关系协定"、中欧投资协定等,加强原材料领域技术、人才、资金、管理等方面的全方位合作。推动原材料、装备、相关标准"走出去",推动我国优势原材料企业与国际企业开展全方位合作,创建共同发展新局面。以国内大循环吸引全球资源,引进创新人才、创新团队、创新机构、高新技术等,吸引优势原材料企业集团,开展海外融资等,鼓励原材料企业建立贸易风险预警机制,提高原材料企业的贸易风险管控能力。

赛迪智库材料工业研究所从综合、行业、地区、园区、企业、政策、热点、展望八个角度,密切跟踪了2020年我国原材料工业的重点、难点和热点,并对2021年的发展趋势进行了预测分析;在此基础上组织编撰了《2020—2021年中国原材料工业发展蓝皮书》,全书遵循了赛迪智库原材料工业发展蓝皮书的一贯体例,共8篇29章。

综合篇:介绍2020年全球及中国原材料工业发展概况。

行业篇:在分别分析了2020年石化、钢铁、有色、建材、稀土五大行业的运行情况的基础上,结合国家战略和国内外宏观经济发展形势,对2021年原材料各行业的走势进行了判断,并指出行业发展中需要关注的重点。

区域篇:着重介绍了2020年东、中、西部三大区域的原材料工业发展状况,指出三大区域原材料工业发展的差异、特点及存在的问题。

园区篇:归纳了石化、钢铁、有色、建材、稀土行业的重点园区发展情况,分析了园区的基础设施建设情况、产业布局、园区内重点企业发展现状,指出园区发展存在的问题。

企业篇:从企业基本情况、经营情况和经营战略三个方面对原材料行业代表性企业进行了分析。

政策篇:着重从宏观调控政策、需完善配套政策角度分析原材料工业的政策环境,并对与原材料工业发展密切相关的重点综合性政策、行业政策进行了不同维度的解析。

热点篇：归纳整理了 2020 年原材料行业发生的重大事件，如中国化工与中化集团加快战略合并重组、铁矿石价格连续走强创新高、再生铜原料、再生铝原料国家标准公布、国家稀土功能材料创新中心批复组建等热点事件，分析其对原材料工业的影响。

展望篇：分析了 2020 年中国原材料工业的运行环境，预测了 2021 年中国原材料工业总体发展形势，并进一步对原材料工业的细分行业发展形势进行了展望。

原材料工业门类众多，问题复杂，加之时间有限，书中难免有不妥之处，敬请行业专家、主管部门及读者提出宝贵意见。

赛迪智库材料工业研究所

目 录

综 合 篇

第一章　2020年全球原材料工业发展状况　…………………………… 002
　　第一节　石化行业　………………………………………………… 002
　　第二节　钢铁行业　………………………………………………… 004
　　第三节　有色金属行业　…………………………………………… 007
　　第四节　建材行业　………………………………………………… 011
　　第五节　稀土行业　………………………………………………… 013

第二章　2020年中国原材料工业发展状况　…………………………… 018
　　第一节　基本情况　………………………………………………… 018
　　第二节　工作进展　………………………………………………… 021

行 业 篇

第三章　石油化工行业　………………………………………………… 028
　　第一节　基本判断　………………………………………………… 028
　　第二节　需要关注的几个问题　…………………………………… 033

第四章　钢铁行业　……………………………………………………… 035
　　第一节　基本判断　………………………………………………… 035
　　第二节　需要关注的几个问题　…………………………………… 040

第五章　有色金属行业　………………………………………………… 042
　　第一节　基本判断　………………………………………………… 042

第二节　需要关注的几个问题···048

第六章　建材行业···050
　　　第一节　基本判断···050
　　　第二节　需要关注的几个问题···055

第七章　稀土行业···057
　　　第一节　基本判断···057
　　　第二节　需要关注的几个问题···069

区　域　篇

第八章　东部地区···072
　　　第一节　石油化工行业···072
　　　第二节　钢铁行业···074
　　　第三节　有色金属行业···076
　　　第四节　建材行业···078

第九章　中部地区···080
　　　第一节　石油化工行业···080
　　　第二节　钢铁行业···081
　　　第三节　有色金属行业···084
　　　第四节　建材行业···086

第十章　西部地区···088
　　　第一节　石油化工行业···088
　　　第二节　钢铁行业···090
　　　第三节　有色金属行业···092
　　　第四节　建材行业···094

园　区　篇

第十一章　石油化工行业重点园区···097
　　　第一节　宁波石化经济技术开发区···097
　　　第二节　成都新材料产业功能区···098

第十二章　钢铁行业重点园区···101
　　　第一节　京津唐钢铁工业基地···101
　　　第二节　马鞍山钢铁生产基地···102

第十三章　有色金属行业重点园区 ·103
第一节　湖南资兴经济开发区 ·103
第二节　江西贵溪经济开发区 ·104

第十四章　建材行业重点园区 ·106
第一节　常州武进绿色建筑产业园区 ·106
第二节　成都青白江工业园 ·107

第十五章　稀土行业重点园区 ·109
第一节　福建龙岩稀土工业园区 ·109
第二节　冕宁稀土高新产业园 ·110

企 业 篇

第十六章　万华化学集团股份有限公司 ·113
第一节　企业基本情况 ·113
第二节　企业经营情况 ·114
第三节　企业经营战略 ·114

第十七章　河钢集团 ·115
第一节　企业基本情况 ·115
第二节　企业经营情况 ·115
第三节　企业经营战略 ·115

第十八章　江西铜业股份有限公司 ·117
第一节　企业基本情况 ·117
第二节　企业经营情况 ·117
第三节　企业经营战略 ·117

第十九章　彩虹显示器件股份有限公司 ·119
第一节　企业基本情况 ·119
第二节　企业经营情况 ·119
第三节　企业经营战略 ·120

第二十章　北京中科三环高技术股份有限公司 ·122
第一节　企业基本情况 ·122
第二节　企业经营情况 ·122
第三节　企业经营战略 ·123

政 策 篇

第二十一章　2020 年中国原材料工业政策环境分析 ⋯⋯⋯⋯⋯⋯ 125
　　第一节　国家宏观调控政策 ⋯⋯⋯⋯⋯⋯⋯⋯⋯⋯⋯⋯⋯⋯⋯ 125
　　第二节　尚需完善的配套政策 ⋯⋯⋯⋯⋯⋯⋯⋯⋯⋯⋯⋯⋯⋯ 127

第二十二章　2020 年中国原材料工业重点政策解析 ⋯⋯⋯⋯⋯⋯ 129
　　第一节　综合性政策解析 ⋯⋯⋯⋯⋯⋯⋯⋯⋯⋯⋯⋯⋯⋯⋯⋯ 129
　　第二节　行业政策解析 ⋯⋯⋯⋯⋯⋯⋯⋯⋯⋯⋯⋯⋯⋯⋯⋯⋯ 132

热 点 篇

第二十三章　中国化工与中化集团加快战略性合并重组 ⋯⋯⋯⋯ 138
　　第一节　背景意义 ⋯⋯⋯⋯⋯⋯⋯⋯⋯⋯⋯⋯⋯⋯⋯⋯⋯⋯⋯ 138
　　第二节　主要内容 ⋯⋯⋯⋯⋯⋯⋯⋯⋯⋯⋯⋯⋯⋯⋯⋯⋯⋯⋯ 138
　　第三节　事件影响 ⋯⋯⋯⋯⋯⋯⋯⋯⋯⋯⋯⋯⋯⋯⋯⋯⋯⋯⋯ 139

第二十四章　铁矿石价格连续走强创新高 ⋯⋯⋯⋯⋯⋯⋯⋯⋯⋯ 140
　　第一节　背景意义 ⋯⋯⋯⋯⋯⋯⋯⋯⋯⋯⋯⋯⋯⋯⋯⋯⋯⋯⋯ 140
　　第二节　主要内容 ⋯⋯⋯⋯⋯⋯⋯⋯⋯⋯⋯⋯⋯⋯⋯⋯⋯⋯⋯ 140
　　第三节　事件影响 ⋯⋯⋯⋯⋯⋯⋯⋯⋯⋯⋯⋯⋯⋯⋯⋯⋯⋯⋯ 141

第二十五章　再生铜原料、再生铝原料国家标准公布 ⋯⋯⋯⋯⋯ 142
　　第一节　背景意义 ⋯⋯⋯⋯⋯⋯⋯⋯⋯⋯⋯⋯⋯⋯⋯⋯⋯⋯⋯ 142
　　第二节　主要内容 ⋯⋯⋯⋯⋯⋯⋯⋯⋯⋯⋯⋯⋯⋯⋯⋯⋯⋯⋯ 142
　　第三节　事件影响 ⋯⋯⋯⋯⋯⋯⋯⋯⋯⋯⋯⋯⋯⋯⋯⋯⋯⋯⋯ 143

第二十六章　《关于促进砂石行业健康有序发展的指导意见》发布 ⋯ 144
　　第一节　背景意义 ⋯⋯⋯⋯⋯⋯⋯⋯⋯⋯⋯⋯⋯⋯⋯⋯⋯⋯⋯ 144
　　第二节　主要内容 ⋯⋯⋯⋯⋯⋯⋯⋯⋯⋯⋯⋯⋯⋯⋯⋯⋯⋯⋯ 144
　　第三节　事件影响 ⋯⋯⋯⋯⋯⋯⋯⋯⋯⋯⋯⋯⋯⋯⋯⋯⋯⋯⋯ 145

第二十七章　国家稀土功能材料创新中心批复组建 ⋯⋯⋯⋯⋯⋯ 146
　　第一节　背景意义 ⋯⋯⋯⋯⋯⋯⋯⋯⋯⋯⋯⋯⋯⋯⋯⋯⋯⋯⋯ 146
　　第二节　主要内容 ⋯⋯⋯⋯⋯⋯⋯⋯⋯⋯⋯⋯⋯⋯⋯⋯⋯⋯⋯ 146
　　第三节　事件影响 ⋯⋯⋯⋯⋯⋯⋯⋯⋯⋯⋯⋯⋯⋯⋯⋯⋯⋯⋯ 147

展 望 篇

第二十八章 主要研究机构预测性观点综述 ………………………………… 149
 第一节 石油化工行业 …………………………………………………… 149
 第二节 钢铁行业 ………………………………………………………… 151
 第三节 有色金属行业 …………………………………………………… 152
 第四节 建材行业 ………………………………………………………… 154
 第五节 稀土行业 ………………………………………………………… 156

第二十九章 2021年中国原材料工业发展形势展望 ……………………… 157
 第一节 原材料工业总体形势展望 ……………………………………… 157
 第二节 分行业发展形势展望 …………………………………………… 160

附录A 疫情对原材料工业的影响研究 …………………………………… 165
 专题1：新冠疫情对石油化工行业的影响研究 ………………………… 170
 专题2：新冠疫情对钢铁行业的影响研究 ……………………………… 175
 专题3：新冠疫情对有色行业的影响研究 ……………………………… 178
 专题4：新冠疫情对建材行业的影响研究 ……………………………… 181

附录B 我国智能材料产业发展研究 ……………………………………… 187

附录C 我国5G化工新材料发展研究 ……………………………………… 205

后记 …………………………………………………………………………… 229

综合篇

第一章

2020年全球原材料工业发展状况

第一节 石化行业

一、市场供给

2020年，新冠肺炎疫情（以下简称"疫情"）重创全球经济，制造业开工率下降，需求大幅减少，国际油价出现史无前例的负价格，并长期低位徘徊，全球石油化工行业表现低迷。据美国化学委员会（ACC）统计，2020年全球化工产品产量同比下降2.6%，达40年来最大降幅，北美、欧洲、亚太、拉美分别下降了4.5%、1.2%、2.3%、5.7%，中东逆势增长2.9%。

分类来看，专用（特种）化学品产量降幅最大，同比下降9.1%，其中，涂料降幅达19.7%，基本有机化学品降幅为0.7%；由于防疫、医疗卫生物资及包装材料需求的大幅提升，塑料脱颖而出，产量同比增长2.7%；合成橡胶及合成纤维产量则与2019年基本持平。

分区域来看，美国石油化工行业在产能过剩、贸易摩擦、定价压力等诸多挑战基础上，叠加疫情冲击，化工产品需求大幅下跌，开工率低于80%，基础化学品和专用（特种）化学品需求分别下跌1.3%和10.8%。巴斯夫、韩国大林化工、沙特阿美等多家国际大型化工企业考虑出售在美资产或退出在美投资，埃克森美孚、壳牌化学、道达尔等企业的多个在建化工项目推迟投产时间。中国化工市场整体好于多数国家，全年化工产品产量同比下降1.3%，特别是防疫物资需求的暴增，推动聚丙烯、乙二醇等相关化学品需求增加。2020年，中国新增乙烯产能超过500万吨/年，创历史新高，总产能达3408万吨/年，同比增长18.8%，与此同时，中国化工市场供应格局变化显著，民

营企业、外资企业快速发展，占比分别提升 7%和 2%。

二、价格行情

2020 年，国际油价整体呈现深"V"形走势，疫情导致需求大幅下滑，产油国之间的博弈及其产出政策的转变，是影响油价走势的两大主因。自年初疫情爆发以后，油价迅速下跌，3 月，欧佩克+减产协议谈判破裂，俄罗斯和沙特双方角力，油价暴跌，随着疫情全球蔓延，石油需求锐减、美国储油能力达到瓶颈，4 月 20 日，布伦特原油跌至 9.12 美元/桶，达到数十年来最低日价，西德克萨斯中质原油（WTI）更是史无前例地以负价交易。下半年，随着需求逐步恢复，原油价格持稳后上行，到年底上升到 50 美元/桶左右，但全年价格重心大幅低于上年同期（见图 1-1）。原油价格的暴跌令所有化工产品成本失去支撑，且全球疫情导致需求萎缩，各类产品价格大幅下跌。如，苯乙烯美国海湾现货中间价跌至 511 美元/吨，且长期在 600 美元/吨左右徘徊，远低于 2019 年长期 900~1000 美元/吨的价格，2020 年苯乙烯价格低迷（见图 1-2）。

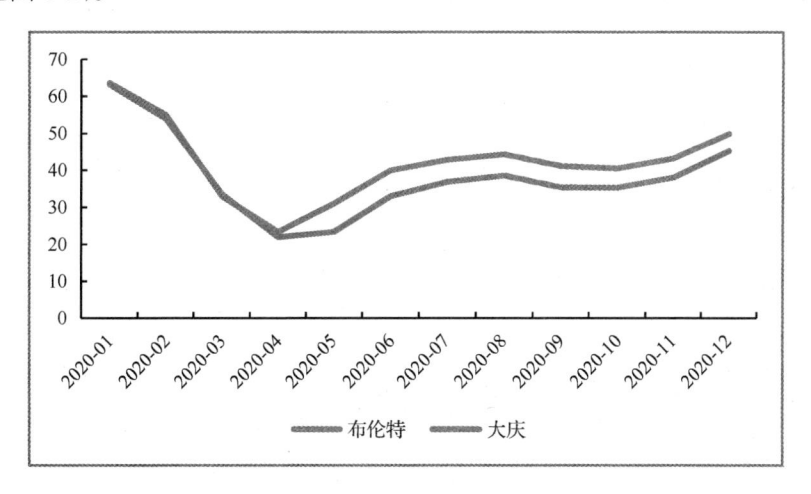

图 1-1　2020 年国际油价走势（单位：美元/桶）

（数据来源：Wind 数据库，2021 年 4 月）

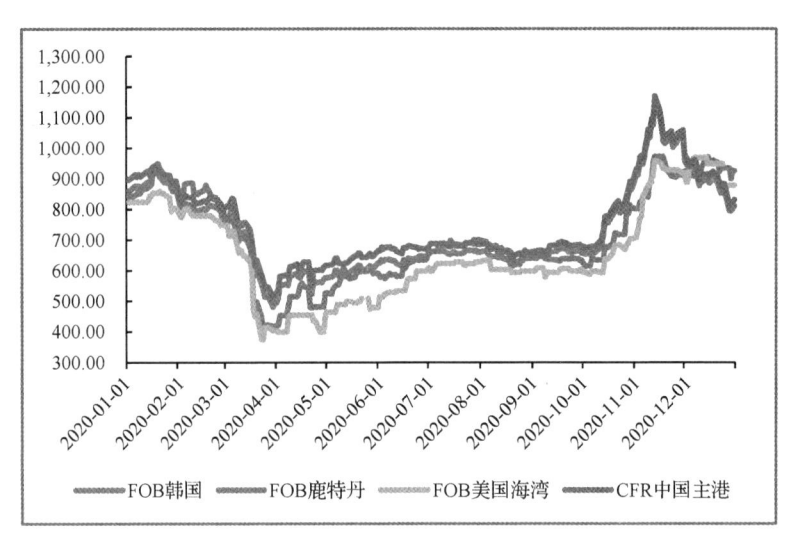

图 1-2 2020 年苯乙烯现货价格走势（单位：美元/吨）

（数据来源：Wind 数据库，2021 年 4 月）

第二节　钢铁行业

一、市场供给

据世界钢铁协会初步统计，2020 年全球粗钢产量达 18.64 亿吨，比上年同期下降 0.9%，扣除中国大陆的数字后，全球粗钢产量约 8.1 亿吨，同比下降 7.2%（见表 1-1）。

表 1-1　2019 年全球主要地区粗钢产量及同比增长幅度（百万吨，%）

主　要　地　区	2020 年	2019 年	同比（%）
欧盟	138.8	159.4	-12.9
独联体	102	100.4	1.6
南美	38.2	41.2	-7.3
非洲	17.2	17.0	1.2
中东	45.4	45.3	0.2
亚洲	1374.9	1341.6	2.5
大洋洲	6.1	6.1	持平
全球（扣除中国后）	811	873.6	-7.2
全球	1864	1869.9	-0.3

数据来源：世界钢铁协会，2021 年 3 月。

从各地区的粗钢产量来看，2020 年，亚洲地区粗钢累计产量 13.7 亿吨，同比增长 1.5%，占全球粗钢产量的 73.8%；欧盟地区粗钢累计产量 1.4 亿吨，同比减少 11.8%，占全球粗钢产量的 7.4%；南美地区粗钢累计产量 3820 万吨，同比减少 8.4%，占全球粗钢产量的 2.0%；非洲地区粗钢累计产量 1720 万吨，与去年持平，占全球粗钢产量的 0.9%；中东地区粗钢累计产量 4540 万吨，同比增长 2.5%，占全球粗钢产量的 2.4%；独联体粗钢累计产量 1.0 亿吨，同比减少 1.5%，占全球粗钢产量的 5.7%。

从 2020 年全球粗钢生产国家和地区产量排名来看，中国、印度、日本占据产量排行前三的位置，其中中国粗钢产量占全球粗钢产量的 56.5%（见表 1-2）。

表 1-2　2020 年全球粗钢前十大主要生产国家和地区（单位：百万吨，%）

排　　名	国家或地区	产　　量	全球占比（%）
1	中国	1053.0	56.5
2	印度	99.6	5.3
3	日本	83.2	4.5
4	俄罗斯（e）	73.4	3.9
5	美国	72.7	3.9
6	韩国	67.1	3.6
7	土耳其	35.8	1.9
8	德国	35.7	1.9
9	巴西	31.0	1.7
10	伊朗（e）	29.0	1.6

数据来源：世界钢铁协会，2021 年 3 月。

二、价格行情

2020 年，全球钢材价格呈现先缓慢下行，后迅速攀升态势。从国际钢铁价格指数看，钢材综合指数 1 月初为 179.9，之后价格小幅震荡运行，稳中有降，在 5 月中旬价格指数达到 168.4，为年内最低，较年初下降 6.4%；随后价格缓慢上行，11 月后迅速攀升，12 月末价格指数达到 227.1，为年内高点，较年初上涨 47.2，涨幅达到 26.2%。扁平材价格指数 1 月初为 162.5，之后价格震荡下行，5 月中旬价格指数达到 149.2，为年内最低，较年初下降

8.2%；随后价格稳中上升，11月之后迅速攀升，12月末价格指数达到213.7，为年内高点，较年初上涨51.2，涨幅达到31.5%。长材价格指数年初为222.0，随后价格缓慢下降，在5月上旬价格指数达到212.0，为年内低点，较年初下降10.0，降幅为4.5%，随后价格指数在214附近震荡运行，到6月末价格指数回到212.0，之后价格稳中上升，11月之后迅速攀升，12月末价格指数达到266.1，为年内高点，较年初上涨44.1，涨幅达到19.9%（见图1-3）。

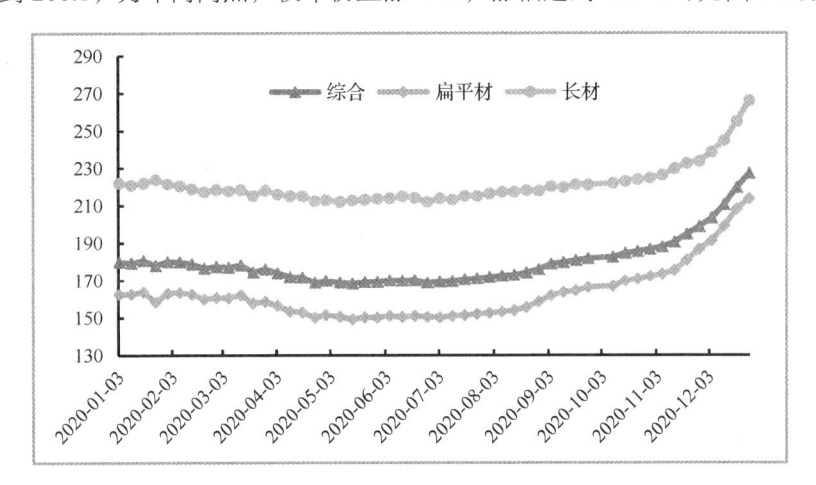

图1-3　2020年以来国际钢材价格指数运行态势图

（数据来源：Wind数据库，2021年4月）

分地区来看，2020年亚洲、北美和欧洲的钢材价格呈现先震荡下行后迅速攀升态势。亚洲钢铁价格指数年初为208.3，之后震荡下行，到5月初达到194.1，为年内低点，较年初下降14.2，降幅6.8%；随后价格缓慢上行，到10月末价格指数达到214.2，11月之后价格迅速攀升，到12月末价格指数达到245.7，较年初上涨37.4，涨幅达到18.0%。北美钢铁价格指数年初为177.3，在1月下旬出现"V"型态势，之后震荡下跌，到8月上旬价格指数达到150.0，较年初下降27.3，降幅15.4%；随后价格攀升，到12月末价格指数达到235.7，较年初上涨58.4，涨幅32.9%。欧洲钢铁价格指数年初为140.6，随后在140附近震荡运行，到3月中旬达到142.4，之后价格震荡下行，到6月中旬达到125.7，较年初下降14.9，降幅10.6%；随后价格上涨，到11月中旬价格指数达到145.7，较年内低点上涨20，涨幅15.9%，随后价格快速攀升，到12月末价格指数达到197.6，较年初上涨57，涨幅40.5%（见图1-4）。

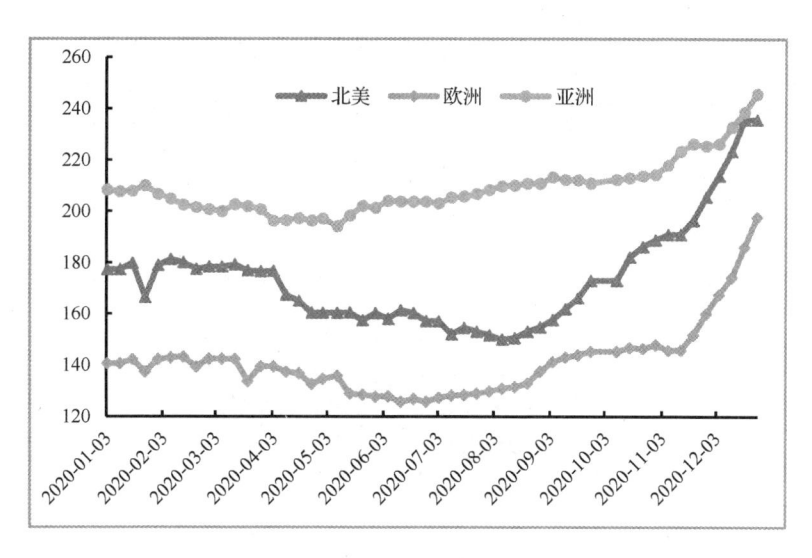

图 1-4　2020 年北美、欧洲、亚洲钢材价格指数运行态势图
（数据来源：Wind 数据库，2021 年 3 月）

第三节　有色金属行业

一、市场供给

（一）全球铜供应缺口进一步增大

世界金属统计局（WBMS）报告显示，2020 年，全球铜供应短缺 98.3 万吨，较上年增加 45.1 万吨，同比增大 85.0%。截至 2020 年年底，显性库存进一步下降，较上年年末减少 5.6 万吨，同比减少 7.6%。从供应看，2020 年，全球共生产矿山铜 2067.6 万吨，同比减少 0.4%；生产精炼铜 2391.1 万吨，同比增长 2.0%，其中中国增加 57.4 万吨，欧盟 27 国增加 9.3 万吨，日本增加 8.8 万吨，智利增加 6.0 万吨。从消费看，2020 年，全球铜消费量为 2491.3 万吨，较上年增加 91.6 万吨。中国的表观需求量为 1452.8 万吨，同比增加 13.5%。日本、欧盟 27 国、美国的表观需求量分别为 89.1 万吨、297.9 万吨和 75.8 万吨，同比分别减少 11.9%、4.9%和 3.9%。2020 年全球精炼铜产量分布见图 1-5。

智利是全球第一大矿山铜生产国，2020 年，累计生产矿山铜 570.0 万吨，同比下降 1.5%（见表 1-3）。

表 1-3　2015—2020 年智利矿山铜产量（单位：万吨）

时间	2015 年	2016 年	2017 年	2018 年	2019 年	2020 年
产量	577.2	555.3	550.4	583.2	578.7	570.0

数据来源：智利国家铜业委员会，2021 年 4 月。

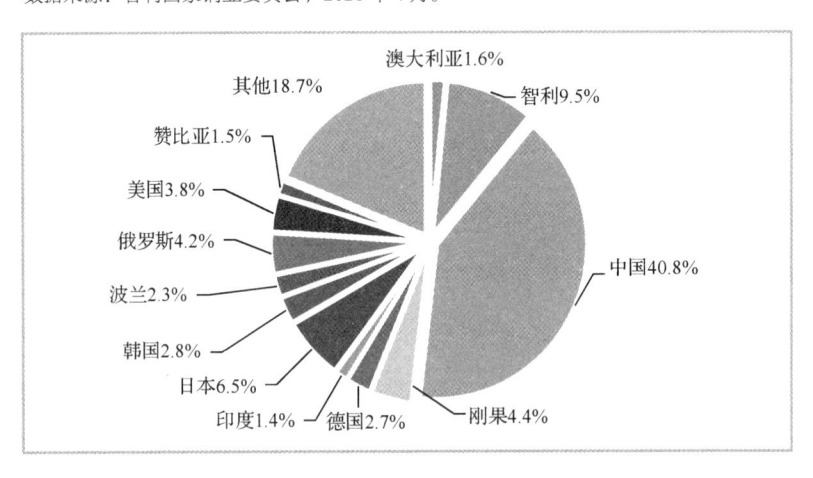

图 1-5　2020 年全球精炼铜产量占比

（数据来源：ICSG，2021 年 4 月）

（二）全球原铝供应过剩继续增加

世界金属统计局数据显示，2020 年，全球原铝供应过剩 84.0 万吨，较上年增加 39.4 万吨。截至 2020 年年底，总库存较上年年末减少 11.0 万吨，降至 204.0 万吨；其中，交易所库存较上年底下降 6.2 万吨至 161.2 万吨。从供给看，全球原铝产量达到 6631.5 万吨，较上年增加 66.5 万吨，同比增加 1.0%。从需求看，全球原铝需求量为 6547.6 万吨，较上年增加 27.1 万吨，同比增加 0.4%。中国原铝产量约为 3708.0 万吨，约占全球总产量的 55.9%；表观需求量约 3900.6 万吨，同比增长 6.4%；中国在 2020 年成为铝产品净进口国，净进口量为 207.4 万吨，同比增加 823.8%；铝半成品出口同比下降 10%。此外，欧盟 27 国、北美自由贸易区、日本原铝需求量分别同比下降 10.6%、11.5%和 18.8%。

国际铝业协会的统计数据显示，2020 年，全球共生产原铝 8193.5 万吨，较上年同期增加 28.6%。中国共生产原铝 4696.8 万吨，同比增加 31.2%，约占全球总产量的 57.3%，仍是最大的原铝生产国；海湾阿拉伯国家合作委员

会共生产原铝727.8万吨，同比增加28.7%，全球占比为8.9%，是全球第二大铝生产地区；除中国外的亚洲地区是全球第三大原铝生产地区，产量为523.3万吨，同比增加19.1%，约占全球的6.4%。此外，北美洲地区原铝产量达到517.8万吨，同比增长30.3%。2020年全球原铝产量分布图如图1-6所示。

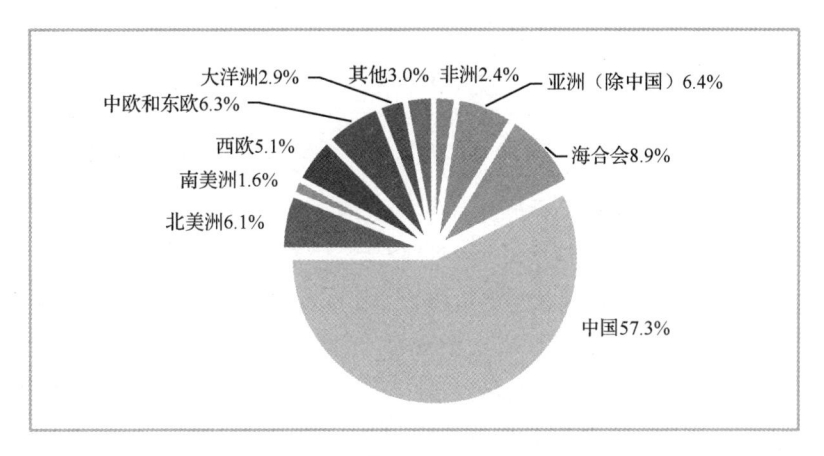

图1-6 2020年全球原铝产量

（数据来源：Wind数据库，2021年4月）

（三）全球铅供应短缺进一步收窄

世界金属统计局数据显示，2020年，全球铅供应短缺11.4万吨，较上年同期减少13.2万吨。截至2020年年末，显性库存较上年年末增加6.7万吨。从供给看，全球精炼铅（原铅及再生铅）产量为1343.2万吨，较上年同期增长6.0%。从消费看，全球精炼铅（原铅及再生铅）消费量为1354.6万吨，较上年同期增长4.8%。中国铅表观需求量较上年同期增加56.0万吨，达到647.6万吨，约占全球总消费量的48.0%；欧盟27国、美国铅表观需求量较上年同期分别减少8.4%和7.1%。

（四）全球锌供应由短缺转为过剩

世界金属统计局数据显示，2020年，全球锌供应过剩62.0万吨，而2019年同期全球锌供应短缺6.1万吨。截至22020年年末，显性库存较上年年末增加15.1万吨，同比增大31.0%。从供给角度看，全球精炼锌产量1375.4万吨，同比增长0.7%。从需求角度看，全球精炼锌消费量达到1313.3万吨，

同比下降 4.3%；其中，中国精炼锌产量和表观消费量分别达到 642.5 万吨和 675.8 万吨，分别占全球总产量和总消费量的 46.8%和 51.5%；欧盟 27 国、美国、日本精炼锌表观消费量同比下降 8.7%、10.3%和 30.3%。

二、价格行情

铜：2020 年全球铜现货结算价格大幅下跌后转为爆发式增长，主要包括四个阶段。1—3 月，铜价从年初的 6165.5 美元/吨跌至 3 月下旬的 4617.5 美元/吨，为全年最低价。4—7 月中旬，铜价反转大幅上扬至 6507.0 美元/吨。7 月下旬至 10 月底，铜价波动上行。11 月以来，铜价再度上涨，12 月中旬达到全年最高价 7964.0 美元/吨，较年初上涨 29.2%，之后维持高位。全年铜现货平均结算价格为 6174.0 美元/吨，较上年同期上涨 2.9%。

铝：2020 年全球铝现货结算价格大幅下跌后转为爆发式增长，主要包括四个阶段。1—4 月上旬，铝价从年初的 1772.0 美元/吨下跌至 4 月上旬的 1421.5 美元/吨，为全年最低价。4 月中旬—8 月初，铝价大幅上涨至 1722 美元/吨。8—9 月，铝价在 1750.0 美元/吨附近波动。10 月以来，铝价再度上涨，12 月达到全年最高价 2051.5 美元/吨，较年初上涨 15.8%，之后高位震荡。全年铝现货平均结算价格为 1703.0 美元/吨，较上年同期降低 4.9%

铅：2020 年全球铅现货结算价格呈"双 V"走势，主要包括五个阶段。1—5 月中旬，铅价从年初 1904.0 美元/吨下跌至全年最低价 1576.6 美元/吨。5 月下旬—8 月中旬，铅价反转上涨至 1994.0 美元/吨。8 月下旬—10 月中旬，铅价再度下跌至 1742.5 美元/吨。10 月下旬以来，铅价再次上涨至 11 月底的 2117.5 美元/吨，为全年最高价，较年初上涨 11.6%，之后价格缓慢下降。全年铅现货平均结算价格为 1825.0 美元/吨，较上年同期降低 8.7%。

锌：2020 年全球锌现货结算价格大幅下跌后转为爆发式增长，主要包括四个阶段。1—3 月，锌价格从年初的 2299.0 美元/吨跌至 3 月下旬的 1773.5 美元/吨，为全年最低价。4—8 月，锌价反转持续上涨至 2529.5 美元/吨。9—10 月底，锌价在 2450 美元/吨附近宽幅震荡。11 月以来，锌价再度上涨，12 月中旬达到全年最高价 2841.5 美元/吨，较年初上涨 18.1%，之后小幅回落。全年锌现货平均结算价格为 2736.0 美元/吨，较上年同期上涨 19.3%。

2020 年 LME 典型有色金属品种现货结算价走势，如图 1-7 所示。

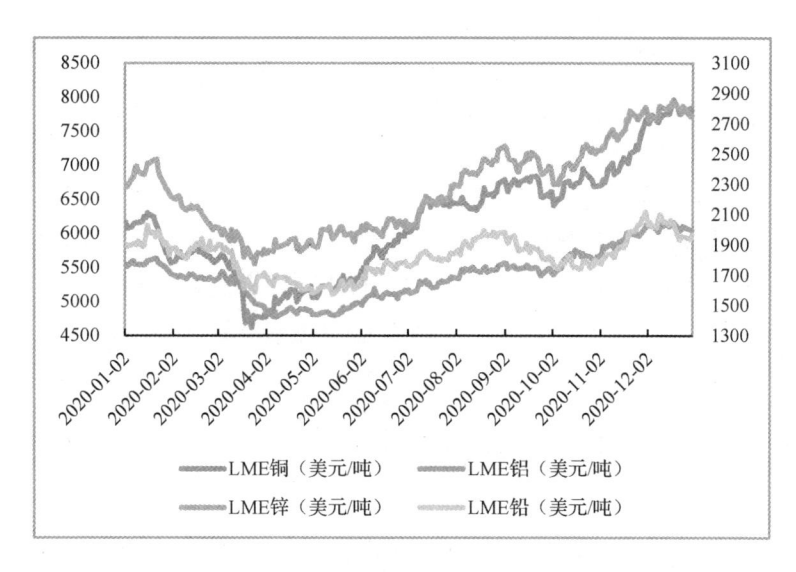

图 1-7　2020 年 LME 典型有色金属品种现货结算价走势

（数据来源：Wind 数据库，2021 年 4 月）

第四节　建材行业

一、市场供给

2020 年，疫情突如其来，对全球经济都造成巨大冲击，全球累计死亡人数超过 300 万，多国经济遭受严重重创，国际货币基金组织预测 2020 年全球经济增长率预计为-4.4%。在疫情影响下，建筑业、基建、房地产等行业增速普遍放缓，水泥、平板玻璃、建筑陶瓷、建筑砂石等建材产品需求萎缩，市场存在高度不确定性。

从水泥行业看，虽然全球经济恶化，但各国水泥需求变化不一。中国依然是全球水泥产量最大的国家，2020 年水泥产量同比有所增加。其次为印度，但印度由于受疫情影响严重，且 65%以上的水泥需求受房地产拉动，预计 2020 年印度水泥消费量同比下降幅度可能超过 15%，但长期来看，房地产、商业和工业建筑等下游领域需求的增长，印度水泥产量到 2025 年有望达到 5.5 亿吨。美国虽然经济下滑幅度较大，但由于未采取封锁政策，水泥行业总体表现较为稳定。巴西受益于基建和房地产建设，水泥产量也有所增加，截至 2020 年 9 月，巴西水泥累计产量较上年同期增长 9.4%。东南亚地区水泥产能过剩现象严重，目前多依赖出口来疏解产能压力，越南

更是其中的翘楚，受益于中国水泥市场需求的增加，水泥出口表现亮眼，1—8月越南水泥熟料出口量超2390万吨，同比增长15.7%，其中一半以上都出口至中国。

从平板玻璃行业看，平板玻璃、建筑玻璃市场竞争格局较为稳定，市场也趋于饱和。光伏玻璃、抗菌玻璃、超薄玻璃等特种玻璃产品发展速度较快。随着绿色转型的兴起，光伏在全球范围内成为最受欢迎的可再生能源之一，全球光伏建筑玻璃市场增长趋势明显，预计2020年全球光伏玻璃总产量达到635万吨。抗菌玻璃市场增长也较快，2020年美国抗菌玻璃市场占全球市场规模的27%以上，根据Reportlinker发布的报告，到2027年全球抗菌玻璃市场有望达到2.6亿美元，中国的年均复合增长率有望达到7.6%。

从建筑陶瓷行业看，在疫情的影响下，陶瓷行业整体发展放缓，"收购并购"明显增多，2020年全球陶瓷行业合计完成或签署收购交易17笔，总交易额超过46亿元，其中科达实现100%全资收购维高、意达加集团旗下公司以32.2亿元完成对美国福禄（Ferro）瓷砖涂料业务收购、ABK集团前后买下Arbe Stolanic公司49%股份以及Ceramiche Gardenia Orchidea公司、西班牙Pamesa集团拟收购ArgentaCerámica和CifreCerámica两家公司50%股份。除并购外，RCEP的签署对相关国家的进口陶瓷企业也带来了新的发展机遇，未来对东盟成员国、澳大利亚、新西兰、日本、韩国等国的陶瓷关税将会不同程度的逐步降低。

二、价格行情

2020年，全球建材行业受疫情影响，水泥、平板玻璃等主要建材产品价格"V"型走势明显，上半年受疫情影响严重，消费需求疲软，价格总体偏低，下半年随着疫情的影响逐渐减弱，需求提振，价格反弹趋势明显，从5mm玻璃期货价格来看，2020年上半年初5mm厚度平板玻璃期货均价不足1400元/吨，下半年价格反弹明显，年底期货价格已经超过2000元/吨，较上年同期上涨幅度较大（见图1-8）。

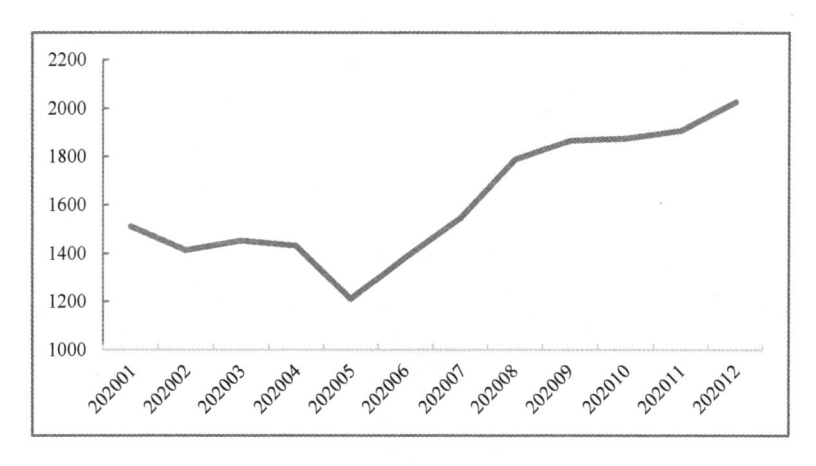

图 1-8　2020 年 5mm 玻璃期货价格走势（单位：元/吨）

（数据来源：Wind 数据库，2021 年 4 月）

第五节　稀土行业

一、市场供给

根据美国地质调查局数据显示，2020 年全球稀土资源储量 1.2 亿吨（见图 1-9），其中，我国占比 38%，巴西和越南分别占比 18% 和 19%，其次占比较多的是俄罗斯、印度、澳大利亚等（见图 1-10）。

图 1-9　2011—2020 年全球稀土资源储量（单位：万吨）

（数据来源：USGS，2021 年 4 月）

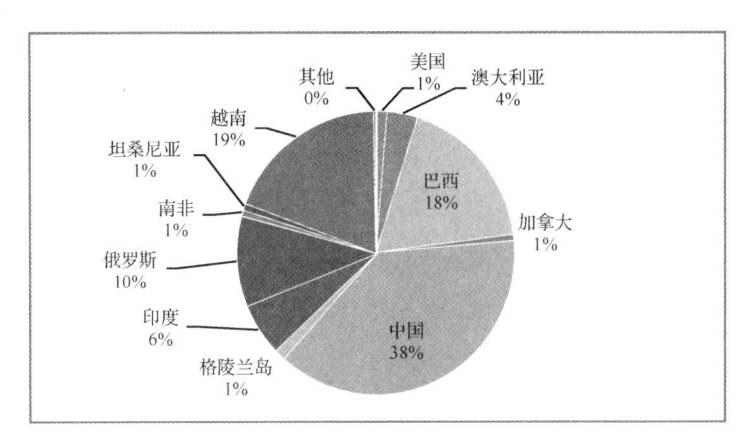

图 1-10　2020 年各国稀土资源储量占比

（数据来源：USGS，2021 年 4 月）

2013—2017 年全球稀土产量较为稳定，产量小幅在 11～13 万吨之间波动，但是在 2018—2020 年，全球稀土产量增加明显（见图 1-11）。这主要是由于 2018 年美国开始重启芒特帕斯矿山，以及我国稀土矿配额增多，全球稀土矿产量增幅较大。根据美国地质调查局数据显示，2020 年全球稀土矿产量达到 24 万吨。其中，我国 14 万吨，占全球总量的 58%。美国、缅甸和澳大利亚是除我国以外稀土矿产量最大的 3 个国家，产量分别为：美国 3.8 万吨，占全球总量的 16%；缅甸 3 万吨，占全球总量的 12%；澳大利亚 1.7 万吨，占全球总量的 7%（见图 1-12）。

虽然 2020 年很多行业受到了疫情的冲击，但随着未来几年全球新增稀土矿项目的推进，预计到 2029 年全球稀土矿产量仍将保持增长的态势，或将突破 25 万吨。

图 1-11　2013—2020 年全球稀土矿产量（单位：万吨）

（数据来源：USGS，2021 年 4 月）

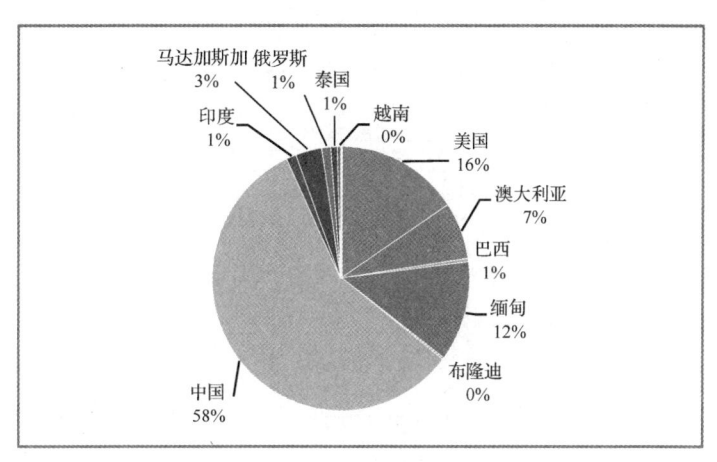

图 1-12　2020 年各国稀土矿产量占比

（数据来源：USGS，2021 年 4 月）

全球稀土矿中，铈和镧产量占稀土氧化物总产量的 40% 和 20%，钕和镨分别占 14% 和 3%，钇占 3% 左右。重稀土的镝、铽、铕占全球氧化物总产量的 2%~3%。

从全球新增稀土项目来看，莱纳斯在澳大利亚有稀土矿山，在马来西亚的稀土分离厂，因疫情以及需求的原因，2020 年 3—4 月份暂停生产，导致其 2019—2020 年财年镨钕氧化物产量下降了 21%，为 4656 吨。该公司大部分的稀土销售到日本市场，去年与美国国防部签署协议，与 blue light 共同规划重稀土的分离设施，目前莱纳斯的开工率在 75% 左右，镨钕氧化物月产量 450 吨。北方矿业是我国以外唯一的重稀土生产商，碳酸稀土的年目标达 1200 吨。Hastings 预计下半年投产，并且与一些中国稀土工厂签署了供应协议。阿尔法公司预计明年投产，已与部分的磁材厂签订了镨钕的供应协议。2018 年初 Mountain pass 复产，是美国唯一运行的稀土矿山，其轻稀土矿全部销售到中国，该公司也与美国国防部签订了协议，推进重稀土的分离设计工作（见表 1-4）。

表 1-4　全球主要稀土项目

公　司	国　家	增　产　情　况
Lynas-Mount Weld project（莱纳斯）	澳大利亚、马来西亚	2019—2020 年财年稀土镨钕氧化物产量下降 21% 至 4656 吨。因疫情及需求原因 3—4 月暂停生产，大部分产品出售给中国以外的客户，尤其是日本。与美国国防部签署协议，将与 Blue Line 共同在美国规划设计重稀土分离设施，目前维持 75% 左右的开工率，镨钕氧化物月产含量约 450 吨（月产能 600 吨）

续表

公司	国家	增产情况
Greenland Minerals-Kvanefjeld project	澳大利亚	盛和资源鼓动，成本低，37年内产量达到32000吨/年，包括6000吨/年磁材，5692吨/年镨钕，270吨/年镝以及44吨/年铽
Northern Minerals-Browns Range project	澳大利亚	中国以外的唯一重稀土生产商。研究将混合的稀土氧化物加工下游稀土氧化物分离产品的工艺。碳酸稀土的年目标产能达1200吨
Hastings-Yangibana project	澳大利亚	将在2021年下半年投产，11年的时间将产约15000吨/年的混合稀土氧化物，包括3400吨/年的钕和镨与包头天和稀土新词爱聊、德国蒂森克虏伯、虔东稀土以及中国稀土控股签订稀土供应协议
Arafura-Nolans project	澳大利亚	预计2022年投产，镨钕年产4357吨，与包头天和磁材签署镨钕氧化物供应协议，供应900吨/年镨钕；已与京磁材料达成900吨/年镨钕供应协议
Mountain Pass	美国	2018年初复产，美国唯一运行的稀土矿山，轻稀土矿销售至中国。与美国国防部签署协议推进重稀土分离厂的设计工程工作。计划在纽约交易所上市，为开发下游产品筹集资金
Peak Resources-Ngualia project	坦桑尼亚	计划在提斯瓦利建设稀土精炼厂，将会向欧洲销售较低价值的铈和镧产品。镨钕目标年产2810吨，碳酸镧铈年产1万吨
Rainbow Rare-Earth-Gakara project	布隆迪	2017年投产，2020年上半年稀土矿产量达850吨，计划年产1万吨稀土矿

二、市场需求

虽然全球性疫情严重抑制了稀土终端市场的需求，但近年来，全球对稀土材料的消费仍在不断增长，全球稀土消费从2010年的12.5万吨增长至2020年的约20万吨。随着全球新能源的发展和各国环境政策的推行，新能源汽车、风电节能产业或将迎来高速发展。其中新能源汽车是全球汽车产业绿色发展和转型升级的重要方向，也是我国汽车产业发展的一种战略选择，2020年全球新能源汽车产量约为260万辆。据中信证券预测，2025年全球新能源汽车产量将达到1000多万辆，按照每辆新能源汽车消耗钕铁硼5千克计算，2025年，全球新能源汽车产量将带来8.87万吨钕铁硼需求的增量。此外，碳中和趋势下，风力发电、节能电器将持续拉动钕铁硼消费，而工业机器人、

智能制造以及稀土储氢、稀土催化等稀土功能材料都具有较好的发展前景。从需求端的强劲拉动来看，永磁材料使用的原料镨钕、镝铽等产品需求量在 2021 年呈稳步扩大趋势。

从数量上来看，在全球的稀土消费中，玻璃磁材以及催化剂的领域占据主要份额，而我国磁材领域用量占比更高。从价值来看，磁材行业的稀土消耗占比最大，2019 年的数据显示高达 65%，远超其他行业与铁棚主要应用在汽车、新能源电机、工业机器人、风电、变频空调等方面（见图 1-13、图 1-14）。

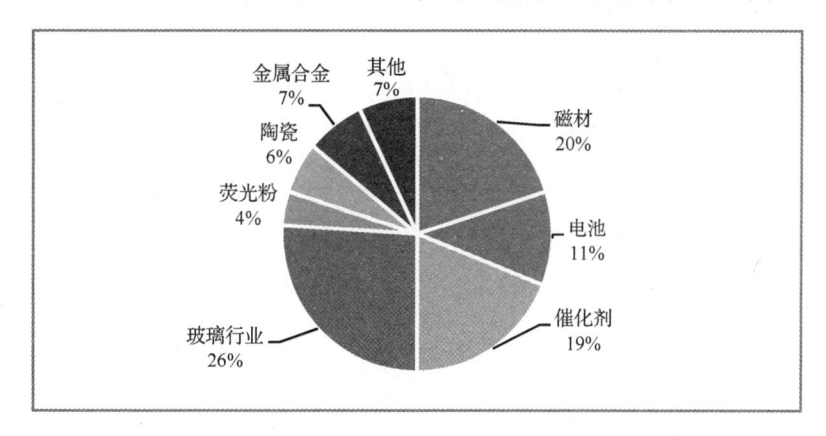

图 1-13　全球各行业稀土消费量占比

（数据来源：argus，2021 年 4 月）

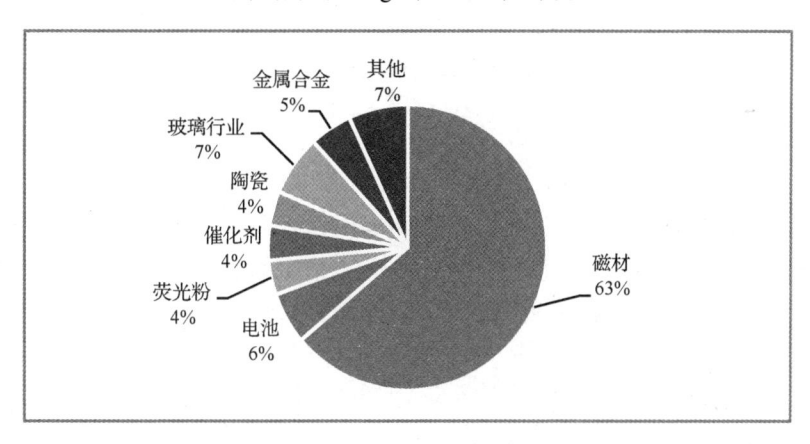

图 1-14　全球各行业稀土消费量占比

（数据来源：argus，2021 年 4 月）

第二章

2020年中国原材料工业发展状况

2020年，突如其来的新冠肺炎疫情重创全球经济，各国经济普遍萎缩。我国经济受益于疫情防控措施得当，二季度逐步恢复，总体运行稳定恢复，全年实现同比增长2.3%。面对严峻复杂的国内外环境，我国原材料工业整体呈现了平稳发展态势，产业实力逐步增强，在确保疫情紧缺物资原料持续稳定供应方面发挥了积极作用。

第一节 基本情况

一、主要产品产量增速回落

2020年，我国主要原材料产品产量继续增加，但增速有所回落。在化工产品中，除硫酸产量同比有所减少外，烧碱和乙烯产量均保持正增长，烧碱产量增速高于上年同期5.2个百分点，乙烯产量增速低于上年同期4.5个百分点。生铁、粗钢、钢材产量保持增长，产量增速分别低于上年同期1、3.1和2.1个百分点。十种有色金属产量保持较快增长态势，增速高于上年同期2个百分点。水泥和平板玻璃产量小幅增长，产量增速分别低于上年同期4.5和5.3个百分点（见表2-1）。

表2-1 2020年我国主要原材料产品产量及增长率

主 要 产 品	产量（万吨）	增长率（%）	2019年同期增长率（%）
硫酸	8332	-1.2	1.2
烧碱	3643	5.7	0.5
乙烯	2160	4.9	9.4

续表

主 要 产 品	产量（万吨）	增长率（%）	2019年同期增长率（%）
生铁	8.9	4.3	5.3
粗钢（亿吨）	10.5	5.2	8.3
钢材（亿吨）	13.2	7.7	9.8
十种有色金属	6168	5.5	3.5
水泥（亿吨）	23.8	1.6	6.1
平板玻璃（亿重量箱）	9.5	1.3	6.6

数据来源：国家统计局，2021年1月。

二、投资规模有所缩减

2020年，我国原材料工业固定资产投资规模萎缩。化学原料和化学制品制造业投资同比减少1.2%，上年同期为增长4.2%。钢铁行业投资出现分化，黑色金属矿采选业投资同比减少10.3%，上年同期为增长2.5个百分点；黑色金属冶炼和压延加工业投资同比增长26.5%，高于上年同期0.5个百分点。有色金属行业投资减少，有色金属矿采选业、有色金属冶炼和压延加工业投资分别同比减少4%和0.4%，均低于上年同期水平。建材行业中，非金属矿采选业投资低于上年同期24.7个百分点，非金属矿物制品业投资同比减少3个百分点（见表2-2）。

表2-2　2020年我国原材料工业固定资产投资及增长率

行　　业	同比增长（%）	2019年同期同比增长率（%）
化学原料和化学制品制造业	-1.2	4.2
黑色金属矿采选业	-10.3	2.5
黑色金属冶炼和压延加工业	26.5	26
有色金属矿采选业	-4	6.8
有色金属冶炼和压延加工业	-0.4	1.2
非金属矿采选业	6.2	30.9
非金属矿物制品业	-3	6.8

数据来源：国家统计局，2021年1月。

三、出口减少，进口增加

2020年，受疫情影响，全球产业体系受到冲击，国际贸易一度中断，全球范围内的贸易保护主义愈演愈烈，全球贸易大幅下滑，主要原材料产品出口大幅减少。钢材出口5367万吨，同比减少16.5%；未锻造的铜及铜材出口74万吨，同比减少11.5%；未锻造的铝及铝材出口485.7万吨，同比减少15.2%。我国经济自二季度以来持续稳定恢复，带动进口持续回暖，主要原材料产品进口增加。钢材进口2023万吨，同比增长64.4%；未锻造的铜及铜材进口668万吨，同比增长34.1%；未锻造的铝及铝材进口270.4万吨，同比增长318.7%。

四、产品价格稳步上涨

2020年1—12月，主要原材料产品价格保持稳步上涨态势。12月末，CSPI钢材综合价格指数为124.52，同比上升18.42点，升幅为17.36%。全年CSPI钢材价格指数平均水平为105.57点，同比下降2.41点，降幅为2.24%，其中1—4月呈下行走势，5—12月持续上涨，11—12月上涨幅度较大。有色金属产品中，铜价格大幅上涨，从1月的48885元/吨上涨到12月的57759元/吨，铝价格有所上涨，从1月的14463元/吨上涨到12月的16604元/吨；铅价格有所下跌，跌幅为1.5%；锌价格从1月的18322元/吨上涨到12月的21557元/吨（见表2-3）。

表2-3 2020年1—12月我国部分原材料产品价格变化（单位：元/吨）

产品	钢铁协会CSPI钢材综合价格指数（1994年4月=100）	铜	铝	铅	锌
1月	105.48	48885	14463	14998	18322
2月	100.39	45334	13466	14321	16863
3月	99.21	41763	12371	14040	15426
4月	96.62	40970	11835	14022	15739
5月	100.96	43652	13148	14117	16747
6月	103.01	46643	13802	14314	16791
7月	104.52	51033	14628	15139	17680
8月	105.74	51189	14686	15963	19639
9月	105.99	51915	14605	15341	19959

续表

产品	钢铁协会 CSPI 钢材综合价格指数（1994 年 4 月=100）	铜	铝	铅	锌
10 月	107.34	51728	14913	14465	19695
11 月	113.06	52866	15581	14663	20540
12 月	124.52	57759	16604	14769	21557

数据来源：赛迪智库整理，2021 年 1 月。

五、行业经济效益有所好转

2020 年，除黑色金属冶炼和压延加工业外，我国大部分原材料工业利润保持增长。化学原料和化学制品制造业实现利润 4257.6 亿元，同比减少 20.9%。钢铁行业经济效益出现分化，黑色金属矿采选业利润同比增长 74.9%，远低于上年同期 396.5% 的增长水平，黑色金属冶炼和压延加工业利润同比减少 7.5%。有色金属行业利润均保持增长，有色金属采选业、有色金属冶炼和压延加工业利润同比分别增长 14.7 和 20.3 个百分点。建材行业利润保持增长，非金属矿采选业利润同比增长 4.2%，低于上年同期 1.9 个百分点；非金属矿物制品业利润同比增长 2.7%，低于上年同期 4.8 个百分点（见表 2-4）。

表 2-4　2020 年我国原材料行业利润及增长率

行　　业	绝对量（亿元）	同比增长（%）	上年同期增速（%）
化学原料和化学制品制造业	4257.6	20.9	-25.6
黑色金属矿采选业	380.6	74.9	396.5
黑色金属冶炼和压延加工业	2464.6	-7.5	-37.6
有色金属矿采选业	353.7	14.7	-28.8
有色金属冶炼和压延加工业	1479.5	20.3	1.2
非金属矿采选业	325.9	4.2	6.1
非金属矿物制品业	4767.4	2.7	7.5

数据来源：国家统计局，2021 年 2 月。

第二节　工作进展

一、产业链供应链稳定性得到提升

2020 年，面对突如其来的新冠肺炎疫情，根据党中央、国务院重要决策

部署，我国原材料工业全力保障产业链供应链稳定，促进产业链协同复工复产达产，为我国经济平稳发展提供坚实支撑。

钢铁行业。一方面，开展钢铁新材料补短板强弱项工作，推动先进海工与高技术船舶、农机装备等新材料生产应用示范平台建设，推进国家新材料测试评价平台钢铁行业平台建设，利用新材料首批次应用保险补偿机制推动钢铁短板材料的市场化应用。另一方面，统筹协调疫情防控和钢铁行业复工复产工作，建立了日调度和钢铁行业运行监测机制，保障防疫物资供应，帮助钢铁企业解决生产经营中遇到的问题，推动行业逐步恢复正常生产。同时，多渠道拓展原料供应渠道，加强国内外铁矿石资源保障，推动再生钢铁原料进口，增强资源保障能力。加强与下游应用企业的对接，完善上下游对接机制，加强共性技术协同攻关，增强钢铁行业供应链产业链韧性。

石油化工行业。一方面，深入推进城镇人口密集区危险化学品生产企业搬迁改造工作，将搬迁改造工作与复工复产相结合，积极采取措施解决企业遇到的困难，确保搬迁改造工作按时完成。同时利用危化品企业搬迁改造的机会，提升行业本质安全和清洁生产水平，推动石油化工行业结构调整，向数字化、网络化、智能化转型，推进企业升级改造，推进园区加快建设。另一方面，石油化工行业还加强先进适用技术和产品的推广应用，围绕化工本质安全、节能减排、新一代信息技术应用等重点方向，遴选发布一批先进适用技术和产品，引导要素向化工行业短板、弱项汇聚，提升石油化工行业竞争力。

有色金属行业。为应对疫情冲击，及时掌握行业运行动态，工业和信息化部原材料工业司于3月召集有色协会、中铝集团、五矿集团、豫光金铅等重点企业召开有色金属行业运行视频会，从全产业链角度了解新冠疫情对原辅料供应、冶炼加工、下游需求、进出口贸易等影响，了解企业遇到的困难，提醒企业增强风险意识，梳理产业链薄弱环节，围绕智能制造、绿色制造、高端材料方向进行转型升级。继续完善民机材料上下游合作机制，组织民机材料上下游企业围绕航空材料标准体系、材料品种选择、试验方法标准等方面开展工作，推动我国民机材料标准化工作。整合行业内各方资源，成立全国有色金属智能制造联盟，提升有色金属行业智能制造水平。

建材行业。为助力疫情防控，工业和信息化部原材料工业司会同行业协

会指导重点水泥企业有序复产，利用水泥窑协同处置，加大医疗垃圾协同处理力度，做到了安全、稳妥、高效完成医疗废弃物处置，杜绝了病毒二次传播传染，为疫情防控提供了有力保障。同时，为推动建材行业有序复工复产，工业和信息化部原材料工业司于3月召开建材行业经济运行分析座谈会，中国建材联合会、中国建材规划研究院、中国水泥协会、中国玻璃协会、中国建材集团等单位参加会议。与会单位交流了复工复产、原料供应、产品库存、下游需求等方面遇到的问题，并就今后促进行业增长、扩大下游消费、推动行业高质量发展等提出相应的措施建议。

二、技术创新步伐加快

2020年，原材料工业技术创新步伐加快，涌现了一批对行业发展有重大影响的科技成果。

石化行业。宝丰能源的焦炭气化制60万吨/年烯烃项目前段焦炭气化制220万吨/年甲醇项目一次开车成功并产出合格甲醇，该项目采用目前世界单套产能最大的220万吨/年甲醇合成塔和国产最大的10.5万Nm3/h空分机组，开创多项行业第一。我国首个己二腈工业化生产项目天辰齐翔尼龙新材料项目开工建设，打破了国外高端尼龙技术垄断。拥有中国石化自主知识产权的首套高纯氢气生产示范装置在高桥石化成功投产，这是我国首次生产出99.999%高纯氢气。中国海洋石油集团有限公司自主设计建造的4座22万立方米LNG储罐在江苏盐城成功升顶，这是目前国内最大的单罐容积LNG储罐项目，也是国内一次性建设规模最大的LNG国家储备基地，标志着我国LNG储罐核心建造技术再上新台阶。

钢铁行业。一批"卡脖子"高端材料实现技术突破。太钢、鞍钢、抚顺特钢研发出四代核电600MW示范快堆项目316H奥氏体不锈钢，成功攻克部分核电装备用钢铁材料的"卡脖子"难题。中信泰富特钢、宝钢股份自主研发生产的2000兆帕级最高强度缆索钢丝用盘条，在重点桥梁工程得到成功应用。东北特钢成功研制出兵器用新型高强度沉淀硬化不锈钢HPBS1200、新型超超临界高压锅炉用HSRD系列高端不锈钢焊丝。宝钢股份研制出高速铁路用耐腐蚀钢轨U68CuCr，690兆帕级高性能桥梁钢实现成功应用。东北大学联合振石集团东方特钢对加热和轧制工艺进行优化，攻克了奥氏体不锈钢中厚板在线冷却工艺下性能超标及板形不良等技术难题，成功开发出国际首台套不锈钢中厚板免加热在线固溶处理工艺技

术。兴澄特钢采用超纯净冶炼技术、特殊浇注工艺控制及自主研发的 EDC（Easy Drawing-Conveyer Process）水浴韧化热处理等核心技术，实现了短流程、高效、绿色环保的桥梁缆索用盘条制造，成功开发出了 2060MPa 世界超高强度桥梁缆索用盘条。

有色金属行业。辽宁忠旺集团和东北大学联合申报的"汽车轻量化高性能铝合金材料与部件制造关键技术与应用项目"，河南远洋粉体、新疆远洋金属联合申报的"高纯微细改性球形铝粉智能制造产业化项目"，中铝东轻、有研科技、中国航材院联合申报的"大飞机用新型超高强 7055（7A55）-T7751 铝合金大规格预拉伸板材工业化成套制备技术项目"，中南大学申报的"大规格铝合金铸锭超声波协同铸造技术（发明）"四个铝加工项目荣获 2020 年度中国有色金属工业科学技术奖一等奖，在推动行业技术创新方面起了积极作用。金川集团精密铜材有限公司成功生产出船舶用超大超厚铜镍合金管，打破了该产品长期依赖进口的局面。

建材行业。北京东方雨虹防水技术股份有限公司、北京化工大学、岳阳东方雨虹防水技术有限公司、北京东方雨虹防水工程公司等单位共同完成的《地下空间防水防护用高性能多材多层高分子卷材成套技术及工程应用》项目获得 2019 年度"国家科学技术进步奖"二等奖。世界首条玄武岩纤维 2400 孔漏板拉丝智能化池窑生产线点火暨年产 6 万吨玄武岩原料均质化生产线投产仪式在四川广安华蓥举行。石墨烯热控材料在华为 5G 产品中得到创新应用，石墨烯热控材料以石墨烯为原料，采用多层石墨烯堆叠而成的高定向导热膜，具有机械性能好、导热系数高、质量轻、材料薄、柔韧性好等特点，未来有望在电子设备散热方案中广泛应用。

三、绿色发展和智能制造取得积极成效

2020 年，原材料工业继续坚持走绿色发展道路，成效比较显著。

钢铁行业扩大超低排放改造规模，实现绿色发展新跨越。根据五部委联合发布的《关于推进实施钢铁行业超低排放的意见》，钢铁企业深入实施超低排放。1 月 9 日，中国环境保护产业协会发布了《钢铁企业超低排放改造技术指南》，对钢铁企业超低排放改造经验进行了总结，为钢铁企业提供技术路线选择、工程设计施工、设施运行管理等方面的参考。目前，全国 228 家钢铁企业 6.1 亿吨粗钢产能超低排放改造已基本完成，阶段性目标顺利完成。为保障超低排放效果，开展钢铁企业超低排放评估监测工作，对重点区

域 82 家企业 3.3 亿吨粗钢产开展超低排放评估监测。2020 年初，首钢迁钢通过全工序超低排放评估，是世界上第一家实现全流程超低排放的钢铁企业。截至 12 月底，首钢京唐、太钢不锈、德龙钢铁、山钢日照、新兴铸管等钢铁企业完成了超低排放公示。12 月 14 日，国家标准《再生钢铁原料》（GB/T39733—2020）发布，鼓励利用国外铁素资源和再生钢铁原料，有利于促进钢铁行业节能减排和绿色发展。

石油化工行业践行"生态优先，绿色发展"的理念，依靠创新驱动、绿色发展、智能制造等抢占发展制高点。12 月，石化联合会联合中国安全生产科学研究院、中国化工环保协会等召开"2020 石油和化工行业绿色发展大会"，全面总结"十三五"时期石油化工行业绿色发展成就，深入分析碳达峰和碳中和要求给石油化工行业带来的机遇和挑战，探索石油化工行业"十四五"时期绿色转型发展战略和方向，同时为企业提供交流分享绿色发展典型经验和先进技术的平台。为推动石油化工行业智能制造标准体系建设，10 月，工业和信息化部原材料工业司组织召开《石油化工行业智能制造标准体系建设指南》研讨会，围绕石油化工行业智能制造对标准的需求、通用智能制造标准体系如何适用于石油化工行业等问题展开研讨，并对《石油化工行业智能制造标准体系建设指南》提出了完善建议。

有色金属行业充分发挥绿色制造标准化工作的引导和规范作用，加快构建完善有色金属行业绿色制造标准体系，6 月，全国有色金属标准化技术委员会组织召开了有色金属行业绿色设计产品评价标准培训，旨在提高企业绿色管理理念，加快构建绿色制造体系。10 月，在工业和信息化部原材料工业司指导下，全国有色金属智能制造联盟成立，旨在落实《有色金属行业智能工厂（矿山）建设指南（试行）》等政策，通过整合行业内企业、高校、科研院所、行业协会等各方资源，构建开放、透明、协作的有色智能制造共赢生态圈，提升有色金属行业智能制造水平。12 月，工业和信息化部原材料工业司组织有色金属行业智能制造联盟和有色金属企业代表与中国工业互联网研究院进行对接，就有色金属行业工业互联网平台建设进行了深入交流，为今后工业互联网在有色金属行业落地应用奠定基础。

建材行业加快推动绿色建材的下游应用，健全绿色建材市场体系。5 月，工业和信息化部原材料工业司、住房和城乡建设部标准定额司、市场监督管理总局认证监督管理司联合组织召开了绿色建材产品认证标准专家论证会，对《绿色建材评价—预制构件》等 51 项标准进行论证，以此作为绿色建材

产品认证的技术依据。7月,住房和城乡建设部、国家发展改革委、教育部、工业和信息化部等联合印发《绿色建筑创建行动方案》,提出到2022年,当年城镇新建建筑中绿色建筑面积占比达到70%,绿色建材应用进一步扩大。9月,工业和信息化部印发《建材工业智能制造数字转型三年行动计划(2021—2023年)》,推动建材工业与信息技术的深度融合,推进工业互联网在建材行业的落地应用。

行 业 篇

第三章

石油化工行业

第一节 基本判断

2020年,新冠疫情叠加低油价,我国石油化工行业遭遇前所未有的冲击和挑战。营业收入、利润总额、进出口总额同比大幅下降,是石油化工行业历史上极为少见的。总体来看,全年石油化工行业运行"有降有增"。

一、主要产品产量、消费量增长

2020年,我国原油生产平稳,连续两年实现同比增长,全年产量1.95亿吨,同比增长1.6%,表观消费量7.36亿吨,同比增长5.6%。原油加工量6.74亿吨,同比增长3.0%。成品油产量(汽油、煤油、柴油合计,下同)3.3亿吨,同比下降8.3%。其中,汽油产量1.32亿吨,同比下降6.6%;煤油产量4049.4万吨,同比下降23.2%;柴油产量1.59亿吨,同比下降4.6%(见表3-1)。

表3-1 2020年成品油生产情况(单位:万吨,%)

产　品	生产情况	
	产　　量	同　比
原油	19476.9	1.6
汽油	13171.70	-6.6
煤油	4049.4	-23.2
柴油	15904.9	-4.6

数据来源:Wind数据库,2021年4月。

我国石油化工产品市场一季度大幅受挫，但自二季度起逐步回升。2020年，我国主要化学品总产量同比增长3.6%，表观消费总量同比增长4.6%。从具体产品来看，烧碱产量同比增长5.7%，表观消费量同比增长5.8%；乙烯产量同比增长4.9%，表观消费量同比增长1.7%；纯苯产量同比增长8.6%，表观消费量同比增长8.8%；甲醇产量同比增长4.7%，表观消费量同比增长7.5%；合成树脂及共聚物产量同比增长7.0%，表观消费量同比增长8.4%，其中，聚乙烯、聚丙烯、聚氯乙烯产量分别同比增长8.9%、10.8%、3.3%；合成纤维单体产量同比增长8.6%，表观消费量同比增长7.9%。此外，氮肥（折纯）和轮胎产量也分别同比增长2.7%和1.7%（见表3-2）。

表3-2 2020年主要化工产品产销情况（单位：万吨，%）

产　品	生产情况		消费情况	
	产　量	同　比	消费量	同　比
烧碱	3643.2	5.7	3532.11	5.8
乙烯	2160	4.9	2348.37	1.7
纯苯	936	8.6	1144.7	8.8
甲醇	5168.3	4.7	6357.3	7.5
聚乙烯	1937.3	8.9	-	-
聚氯乙烯	1997.2	3.3	-	-

数据来源：Wind数据库，2021年4月。

二、行业投资降幅不断收窄

2020年初，化学原料和化学制品制造业固定资产投资同比大幅下降33%，随着疫情形势逐步好转，降幅逐月收窄，全年固定资产投资同比下降1.2%，较前三季度降幅收窄7.6个百分点。2020年，全国工业投资增长0.1%，连续两年超过化工行业投资增速。从细分领域来看，石油和天然气开采业投资降幅最大，达到29.6%，较上一年扩大7.6个百分点；石油及其他燃料和煤炭加工业投资实现增长，增幅达9.4%，增速提升4个百分点。

三、产品价格大幅下跌

2020年，石油化工行业市场剧烈波动，价格总体跌幅较大，但下半年降幅逐步收窄，市场回暖，12月行业价格回升继续加快。据国家统计局数据显

示，2020年，化学原料和化学品制造业价格总水平同比下跌5.9%，相比之下，石油和天然气开采业价格同比大幅下跌27.4%。12月，化学原料和化学品制造业出厂价格年内首次同比持平，环比上涨2.3%；石油和天然气开采业出厂价格同比下跌27%，环比上涨7.9%。从化工产品总体价格来看，全年价格总水平同比下降6.4%。据中国石油和化工联合会统计监测数据显示，在39种主要无机化工品中，29种产品年均价格同比下跌，占比高达74%；在88种主要有机化工品中，70种产品年均价格同比下跌，占比高达79.5%。产品价格的大幅下跌成为行业全年效益大幅下滑的主要原因（见图3-1、图3-2、图3-3）。

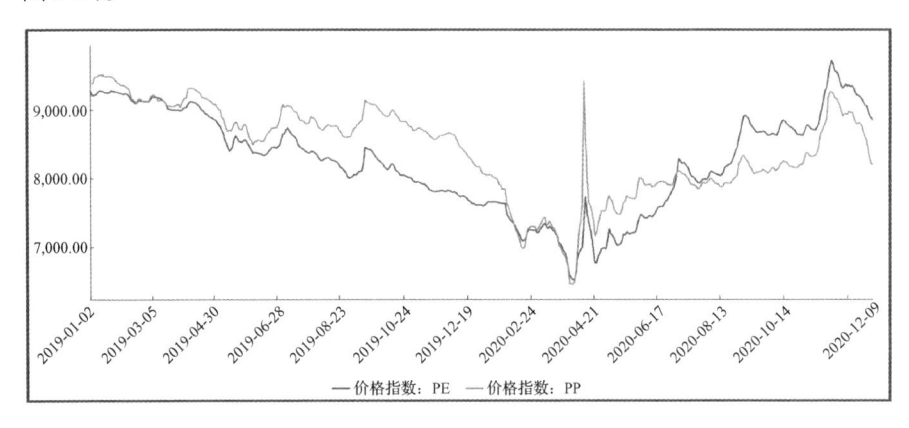

图3-1 2019—2020年PE、PP产品价格（单位：元/吨）

（数据来源：Wind数据库，2021年4月）

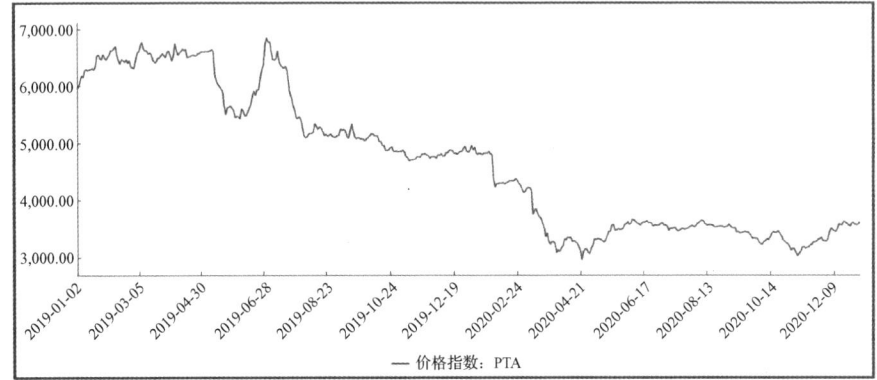

图3-2 2019—2020年PTA产品价格（单位：元/吨）

（数据来源：Wind数据库，2021年4月）

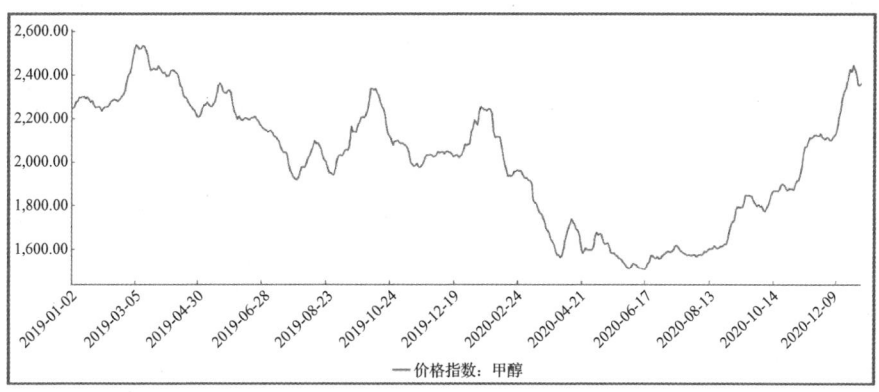

图 3-3　2019—2020 年甲醇产品价格（单位：元/吨）

（数据来源：Wind 数据库，2021 年 4 月）

四、行业效益大幅下滑、分化明显

2020 年，石油化工行业效益降幅较大。全年全行业营业收入 11.08 万亿元，同比下降 8.7%。全行业利润由年初的同比下降 50.7%，4 月降到最低点，同比下降 82.6%，自二季度以后，效益逐步回暖，全年实现利润 5155.5 亿元，同比下降 13.7%。全行业亏损面为 17.7%，与上年持平；亏损企业亏损额为 1993.1 亿元，同比增长 8.5%；营业收入利润率为 4.65%，下降 0.26 个百分点。

2020 年，石油化工行业分化更加明显。从板块来看，化工板块明显好于油气和炼油板块，油气和炼油板块的营业收入分别同比下降 17.6% 和 15.5%，利润则分别大幅下滑 82.3% 和 45.6%，远低于行业平均水平，化工板块营业收入同比下降 3.6%，利润同比增长 25.4%，好于行业平均值。从细分行业来看，专用化学品和农药行业全年营业收入、利润实现双增长，专用化学品营业收入和利润分别同比增长 1.6% 和 13.4%，农药营业收入和利润分别同比增长 6.1% 和 0.5%；合成材料和橡胶制品行业全年营业收入、利润实现一降一增，合成材料全年营业收入同比减少 6.7%，利润同比增长 5%，橡胶制品全年营业收入同比减少 0.8%，利润同比增长 39.6%，基础化工产品行业全年营业收入、利润双下降，分别同比减少 5.2% 和 2.6%；煤化工行业营业收入同比下降 14.7%，全年亏损 19.4 亿元，增亏近 11 亿元。

五、进出口贸易大幅下降

2020 年，我国石油化工行业对外贸易大幅下降、波动剧烈，行业进出口总额 6297.7 亿美元，同比下降 12.8%，占全国进出口总额的 13.6%。进口、出口总额分别为 4202.7 亿美元和 2095 亿美元，分别同比下降 15.1% 和 7.7%。贸易逆差 2107.7 亿美元，同比缩小 21.4%。

出口方面，成品油和橡胶制品占比下降，有机化学原料、专用化学品、农药等占比上升。2020 年，成品油、橡胶制品、有机化学原料、专用化学品、农药出口额分别为 195.9 亿美元、430.2 亿美元、467 亿美元、204.3 亿美元和 76.2 亿美元，分别占全行业总出口额的 9.4%、20.5%、22.3%、9.8% 和 3.6%，其中，成品油和橡胶制品占比较上年分别下降 5.1 个和 0.8 个百分点，有机化学原料、专用化学品、农药占比较上年分别提升 1.4 个、1.6 个和 1.5 个百分点，出口结构不断改善（见表 3-5）。

油气进口方面，2020 年，我国进口原油 5.42 亿吨，同比增长 7.2%，增速较上年减缓 2.3 个百分点，进口额为 1802.1 亿美元，同比下降 24.5%；我国进口天然气 1416.8 亿立方米，同比增长 5.1%，增速较上年减缓 2.2 个百分点，进口金额为 335.3 亿美元，同比下降 20%。我国油气进口有所减缓（见表 3-6）。

表 3-5 2020 年石油化工行业出口交货值（单位：亿元，%）

行　业	2020 年 累计值	2020 年 累计同比	2019 年 累计值	2019 年 累计同比
石油和天然气开采业	46	167.3	18.7	51.9
化学原料及化学制品制造业	3427.5	-8.8	3802	-5.5
橡胶和塑料制品业	3738.7	0.3	3730.2	0.2

数据来源：Wind 数据库，2021 年 4 月。

表 3-6 2020 年油气产品进口情况

产　品	进口总量 累计	进口总量 同比
原油	5.42 亿吨	7.2
天然气	1416.8 亿立方米	5.1

数据来源：Wind 数据库，2021 年 4 月。

第二节 需要关注的几个问题

一、不确定不稳定性因素增强，面临挑战复杂多变

当前，新冠疫情仍在蔓延、中美贸易摩擦演进、全球地缘政治冲突此消彼长，全球经济政策不确定性指数、全球金融市场的不确定性指数、全球不确定性指数处于高位，经济恢复仍面临较强的不确定性。一是全球疫情走势不确定性仍较大，何时能够完全控制尚不确定，虽然随着疫苗的接种，疫情被逐步控制，经济逐步恢复，但持续恢复的基础尚需稳固，市场需求回升、全球供应链恢复仍需较长时间，世界经济论坛预测"疫情5年内仍将拖累全球经济"。二是全球范围内各类冲突复杂多变，甚至持续加剧，拜登政府对华遏制的总体战略并没有改变，中美贸易摩擦将持续化、长期化，加之中东阿塞拜疆与亚美尼亚冲突不断等事件影响，全球经济政策不确定性相关指数达到历史高位。未来，围绕疫情演变、中美关系、中东地区等方面的不确定性或依然高企，并存在激化的可能性，石油化工行业发展面临形势依然复杂严峻。

二、质量效益差距较大，库存、应收高居不下问题严重

我国石油化工行业运营效益与发达国家相比差距较大。2020年，全行业还有4596家规上企业亏损，同比增加8.4%，占比为17.6%，亏损额达1993亿元，同比增长8.5%。2020年，全行业产成品库存及应收账款高居不下问题较为严重，炼油板块尤为突出，其应收与库存合计2305.7亿元、达到利润总额的4.8倍；其次是油气开采板块，应收与库存合计为937.9亿元，达到利润总额的3.5倍；化工板块应收与库存合计1.1万亿元，是利润总额的2.55倍。在利润再创新低的情况下，行业库存和应收如此之大，急需进行压库存、减应收、提效益。

三、安全形势仍较为严峻，本质安全水平未发生根本变化

2020年，我国共发生化工事故148起，死亡180人。事故起数和死亡人数实现双降，分别同比下降9.8%和34.3%。相较于2017—2019年连续三年每年2~3起重特大事故，2020年全行业未发生重特大事故。行业的安全意识、安全理念和安全管理都显著提升。但2020年，行业较大事故有所上升，

较大事故 10 起、死亡 41 人，分别增加 1 起和 6 人，且一般事故起数下降幅度不明显，显著低于工矿商贸整体水平，行业本质安全水平未发生根本性转变，急需改善和提升。

四、"双碳"目标下，行业加速绿色转型挑战大

截至 2020 年年底，全球共有 44 个国家和经济体正式宣布了碳中和目标，我国也做出了"力争 2030 年前实现碳达峰、2060 年前实现碳中和"的郑重宣示，碳中和成为未来全球发展主基调。石油化工业属于资源型、能源型产业，资源消耗量大、"三废"产生量多，是碳排放较高的行业之一，碳排放占比超过 18%，受碳中和目标影响较大，或面临颠覆性变革。特别是煤化工、炼油等领域或受指标约束较大，在生产工艺、产品结构、发展路径等方面需加快创新、转型，为高端制造业提供坚实保障。

第四章 钢铁行业

第一节 基本判断

一、产需双双保持增长

（一）钢铁产量继续保持增长

2020年，中国生铁产量为8.8亿吨，同比增长4.3%；粗钢产量为10.5亿吨，同比增长5.2%，钢材产量为13.2亿吨，同比增长7.7%（见表4-1）。

表4-1 2020年全国冶金企业主要产品产量（单位：万吨，%）

产品	产量	同比
生铁	88752.4	4.3
粗钢	105299.9	5.2
钢材	132489.2	7.7
铁矿石原矿量	86671.7	3.7
铁合金	3419.6	-2.7

数据来源：国家统计局，2021年4月。

从钢材细分品种产量看，2020年钢筋、盘条（线材）、冷轧薄板、中厚宽钢带、焊接钢管累计产量呈现不同幅度的增长，其中中厚宽钢带增幅最大，达到12.2%（见表4-2）。

表4-2　2020年中国钢材分品种产量（单位：万吨，%）

产　品	2020年	2019年	同　比
钢材	132489.2	120477.4	7.7
钢筋	26639.1	24871.6	5.1
盘条（线材）	16655.6	15682.0	6.4
冷轧薄板	3912.3	3251.6	3.9
中厚宽钢带	17046.1	14938.3	12.2
焊接钢管	6166.6	5619.2	5.6

数据来源：Wind数据库，2021年4月。

从各地区钢铁生产情况来看，2020年东部的生铁、粗钢和钢材产量分别为55413.1万吨、63741.4万吨、85495.3万吨，分别占全国生铁、粗钢和钢材总产量的62.4%、60.5%、64.5%，同比分别增长12.5%、5.0%、9.2%。中部的生铁、粗钢和钢材产量分别为20831.7万吨、25229.0万吨、26035.6万吨，分别占全国生铁、粗钢和钢材总产量的23.5%、24.0%、19.7%，同比分别增长5.9%、8.1%、8.8%。西部的生铁、粗钢和钢材产量分别为12507.6万吨、16329.6万吨、20958.3万吨，分别占全国生铁、粗钢和钢材总产量的14.1%、15.5%、15.1%，同比分别增长4.3%、4.7%、15.1%（见表4-3）。

表4-3　2020年我国东部、中部、西部钢铁产品产量（单位：万吨，%）

区域	生铁 产量	生铁 同比增长	生铁 占全国比重	粗钢 产量	粗钢 同比增长	粗钢 占全国比重	钢材 产量	钢材 同比增长	钢材 占全国比重
东部	55413.1	12.5	62.4	63741.4	5.0	60.5	85495.3	9.2	64.5
中部	20831.7	5.9	23.5	25229.0	8.1	24.0	26035.6	8.8	19.7
西部	12507.6	4.3	14.1	16329.6	4.7	15.5	20958.3	15.1	15.8
合计	88752.4	4.3	100.0	105300.0	5.2	100.0	132489.2	7.7	100.0

数据来源：国家统计局，2021年4月。

（二）下游需求增长

钢铁行业下游的需求主要包括房地产、基建、机械、汽车行业、家电、管道、造船等。2020年，钢铁行业需求快速增长。中钢协预测，2020年我国粗钢表观消费量同比增长9%，钢材实际消费同比增长7%左右，其中建筑业增长10%、制造业增长4%。下游产品中，大型拖拉机、冷柜产量大幅增长，分别同比增长56.0%、49.6%。

2020年钢铁下游行业产品累计产量情况见表4-4。

表4-4　2020年钢铁下游行业产品累计产量情况

指标名称	单位	产量	同比（%）	上年同比（%）
金属切削机床	万台	44.6	5.9	-18.8
工业机器人	台/套	237068.0	19.1	-6.1
交流电动机	万千瓦	31705.0	8.4	0.6
电动手提式工具	万台	22159.9	7.0	-6.6
工业锅炉	蒸发量吨	439112.2	-1.2	-5.7
发电设备	万千瓦	14168.2	30.3	-15.0
大气污染防治设备	台（套）	336817	-21.1	-13.7
包装专用设备	台	263387	5.8	-5.2
饲料加工机械	台	216281	-18.3	1.8
水泥专用设备	吨	237691.2	1.6	3.7
金属冶炼设备	吨	698528.5	5.4	-22.8
大型拖拉机	台	70432	56.0	-1.1
中型拖拉机	台	289228	17.7	11.1
小型拖拉机	万台	17.8	-47.2	3.0
铁路机车	辆	1090	-21.5	6.2
发动机	万千瓦	262665.8	10.4	-5.6
民用钢质船舶	万载重吨	2751.0	-8.2	9.3
汽车	万辆	2462.5	-1.4	-8.0
空调	万台	21064.6	-8.3	6.5
家用电冰箱	万台	9014.7	8.4	8.1
家用洗衣机	万台	8041.9	3.9	9.8
冷柜	万台	3042.4	49.6	4.1

数据来源：国家统计局，2021年4月。

二、行业投资快速增长

2020年，我国黑色金属冶炼和压延加工业投资额同比增长26.5%，连续

两年大幅增长，黑色金属矿采选业固定资产投资额累计同比下降 10.3%，由正转负（见表 4-5）。

表 4-5　2020 年我国钢铁行业固定资产投资额累计同比增长情况

项　　目	2020 年投资额累计同比（%）	2019 年投资额累计同比（%）
黑色金属矿采选业	-10.3%	2.5
黑色金属冶炼和压延加工业	26.5	26.0

数据来源：国家统计局，2021 年 4 月。

三、产品价格逐步回升

2020 年 1 月开始，受疫情影响价格指数下行，在 5 月初达到年内低点，随后价格缓慢上升，11 月后价格开始快速上升，到 12 月末达到年内高点。以中钢协综合钢材价格指数为例，1 月 3 日价格指数为 106.3，之后价格下行，到 4 月 30 日达到年内低点，价格指数为 96.62，较年初下跌 9.72，降幅为 9.1%；随后价格缓慢上行，11 月初价格指数达到 108.9，之后价格快速上涨，在 11 月 13 日价格指数达到 112.0，中下旬出现短暂平台后又快速上升，到 12 月末价格指数达到 129.1，较年初上涨 22.8，涨幅为 21%（见图 4-1）。

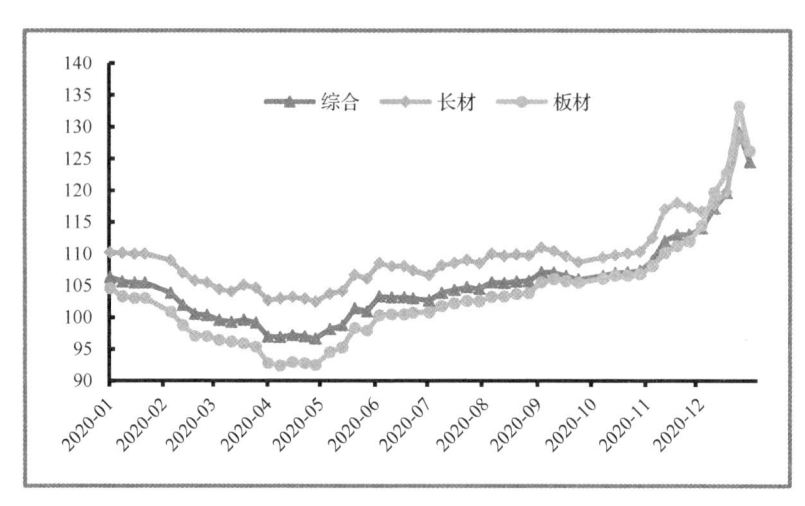

图 4-1　2020 年中国钢材市场价格指数走势

（数据来源：Wind 数据库，2021 年 4 月）

四、行业效益持续恢复

2020年钢铁行业效益持续恢复。据中国钢铁协会统计，2020年，重点统计钢铁企业销售收入4.7万亿元，同比增长10.9%；利润总额为2074亿元，同比增长6.6%；平均销售利润率4.4%，同比下降0.18个百分点。2019—2020年黑色金属冶炼和压延加工业季度毛利率情况见图4-2。

从偿债能力来看，据中国钢铁协会统计，截至12月末，重点统计钢铁企业资产负债率为62.27%，同比下降0.18个百分点。黑色金属冶炼和压延加工业负债合计39135.5亿元，同比下降2.5%，资产负债率为60.3%，比上年同期下降1.6个百分点（见表4-6）。

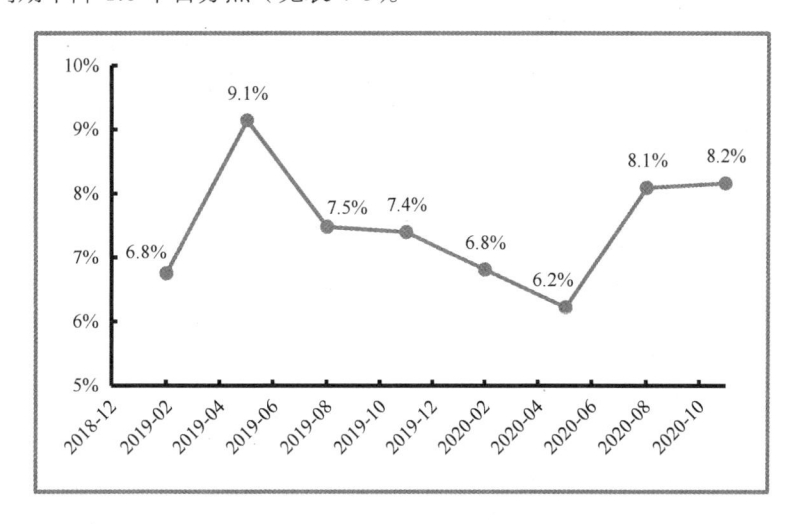

图4-2　2019—2020年黑色金属冶炼和压延加工业毛利率（季度值）
（数据来源：Wind数据库，2021年4月）

表4-6　2020年黑色金属冶炼和压延加工业负债率（亿元，%）

项　　目	2020年	2019年	同　　比
负债合计	39135.5	40800.7	-2.5
资产负债率	60.3	61.9	-1.6

数据来源：Wind数据库，2021年4月。

五、钢材进口增长，出口下降

2020年，中国进口钢材2023.0万吨，同比上涨64.4%，钢材进口金额为

163.4 亿美元,同比增长 19.2%。(见表 4-7),出口钢材 5367.0 万吨,同比下降 16.5%,出口金额为 417.0 亿美元,同比下降 15.4%。

表 4-7　2020 年中国钢材进出口情况(单位:万吨,亿美元,%)

项 目		2020 年	2019 年	同比
进口	钢材	2023.0	1230.0	64.4
	金额(钢材)	163.4	134.2	19.2
出口	钢材	5367.0	6429.0	−16.5
	金额(钢材)	417.0	483.5	−15.4

数据来源:Wind 数据库,2021 年 4 月。

分产品来看,2020 年,中国棒材出口 690.0 万吨,同比下降 28.0%;角型材出口 281.0 万吨,同比下降 13.7%;板材出口 3273.0 万吨,同比下降 15.0%;线材出口 203.0 万吨,同比下降 1.3%;管材出口 734.1 万吨,同比下降 16.1%(见表 4-8)。

表 4-8　2020 年中国钢材分品种出口情况(单位:万吨,%)

品 种	2020 年	2019 年	同 比
钢材	5367.0	6429.0	−16.5
棒材	690.0	959.0	−28.0
角型材	281.0	325.0	−13.7
板材	3273.0	3848.0	−15.0
线材	203.0	206.0	−1.3
管材	734.1	874.9	−16.1

数据来源:Wind 数据库,2021 年 4 月。

第二节　需要关注的几个问题

一、钢铁产量增长和高质量发展的问题

2020 年,在新冠肺炎疫情的严重冲击下,我国钢铁行业克服困难,努力维持生产经营稳定,为满足我国各行业用钢需求、维持国民经济运转做出了突出贡献。但应该看到,我国钢铁产量出现了较快的增长,粗钢产量达 10.5 亿吨,同比增长 5.2%,钢材产量达 13.2 亿吨,同比增长 7.7%。2021 年,钢

铁行业要坚持以供给侧结构性改革为主线，严防违规新增产能，压缩粗钢产量，优化产品结构，保障有效供给，推动产业高质量发展。

二、原料成本上涨和行业健康运行的问题

2020年，煤炭、焦炭、铁矿石、废钢等原料价格大幅上涨对行业的健康运行形成挑战。以铁矿石为例，据Wind数据库统计，12月末铁矿石综合价格为1102.8元/吨，同比上涨61.8%。上游原料上涨导致企业生产成本攀升，利润受到影响。一方面，要推进企业加快行业跨地域、跨所有制兼并重组，提高行业集中度，提高海外矿产资源采购的整体议价能力，加强海外矿开发扩产。另一方面，引导企业提高生产效率，降低成本，优化品种结构，提高产品附加值。

三、能源消耗密集型行业和"碳达峰、碳中和"的问题

钢铁行业是能源消耗密集型行业，是制造业31个门类中碳排放量最大行业。据中国碳核算数据库统计，2017年我国钢铁行业碳排放量占工业部门碳排放量的47%。"十三五"期间，国家出台了多项政策措施，推进钢铁行业进行超低排放改造，推行绿色发展，并取得了相当的成效。"碳达峰、碳中和"的目标要求下，钢铁行业由碳排放强度的"相对约束"进入碳排放总量的"绝对约束"，要求钢铁行业压缩粗钢产量，推进短流程炼钢，加快节能减排技术开发和应用。

第五章

有色金属行业

2020年，我国十种有色金属产量平稳增长，但主要品种产量增速下滑，产量继续向西南和内蒙古转移，固定资产投资略有下降，主要品种价格呈"V型"走势，采选业和冶炼及压延加工业效益同步好转，贸易总额大幅增长，但主要产品进出口出现分化，出口同比下降，主要原料进口持续增加，行业仍面临产品消费结构转变、产能过剩和产业转移、外部发展环境进一步恶化的问题。

第一节 基本判断

一、十种有色金属产量增速下降

（一）生产情况

生产总体平稳，产量增速增加。2020年，我国十种有色金属产量达到6168.0万吨，较上年增长5.5%，增速较上年增加2个百分点（见图5-1）。

铜、铝、铅、锌产量同比增加。从冶炼产品看，2020年，我国共生产铜1002.5万吨、铝3708.0万吨、铅644.3万吨、锌642.5万吨，同比分别增长7.4%、4.9%、9.4%、2.7%。除铝实现正增长外，铜、铅、锌产量增速分别较上年下降2.8、5.5、6.5个百分点（见表5-1）。

产量逐渐向西南和内蒙古转移。山东、内蒙古、新疆、云南、河南、广西和甘肃是我国有色金属生产大省，2020年十种有色金属产量分别为929.2、725.5、613.8、511.4、418.6、413.7和350.6万吨。其中，山东、新疆和河南同比下降3.7%、0.9%和3.9%，内蒙古、云南和广西有色金属产量连续四年增长，2020年产量同比增加14.3%、26.3%和10.7%（见表5-2）。

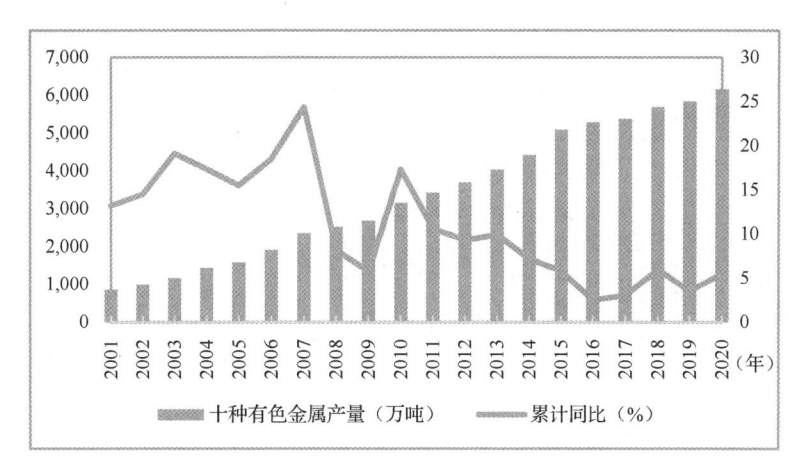

图 5-1　2001—2020 年十种有色金属产量及累计同比增长率

（数据来源：国家统计局，2021 年 4 月）

表 5-1　2019—2020 年主要有色金属产品生产情况

品　种	2020 年 产量（万吨）	2020 年 同比增长（%）	2019 年 产量（万吨）	2019 年 同比增长（%）
铜	1002.5	7.4	978.4	10.2
铝	3708.0	4.9	3504.4	-0.9
铅	644.3	9.4	579.7	14.9
锌	642.5	2.7	623.6	9.2

数据来源：国家统计局，2021 年 4 月。

表 5-2　2019—2020 年各省市十种有色金属产品生产情况

地　区	2020 年 产量（万吨）	2020 年 同比增长（%）	2019 年 产量（万吨）	2019 年 同比增长（%）
天津	0.9	-34.3	1.4	-35.9
河北	4.0	-1.0	4.0	-8.9
山西	97.8	-6.3	104.4	-17.5
内蒙古	725.5	14.3	634.9	17.7
辽宁	124.6	-2.5	127.8	11.5
吉林	12.6	-3.6	13.1	3.8
黑龙江	13.2	469.7	2.3	0.0
上海	0.0	-100.0	0.1	-92.5

续表

地区	2020年 产量（万吨）	2020年 同比增长（%）	2019年 产量（万吨）	2019年 同比增长（%）
江苏	97.3	34.1	72.6	14.5
浙江	54.2	-14.1	63.1	1.0
安徽	224.6	11.1	202.2	11.3
福建	74.0	0.8	73.4	49.0
江西	202.5	8.5	186.6	7.9
山东	929.2	-3.7	965.3	-6.6
河南	418.6	-3.9	435.5	-5.7
湖北	80.6	-6.1	85.8	11.0
湖南	215.0	10.9	193.9	-0.6
广东	46.1	7.4	42.9	1.3
广西	413.7	10.7	373.8	25.6
重庆	56.3	-9.6	62.2	7.9
四川	120.5	24.2	97.0	14.8
贵州	163.4	5.4	155.1	19.6
云南	511.4	26.3	405.1	13.5
西藏	0.9	-1.6	0.9	—
陕西	221.2	7.7	205.4	3.10
甘肃	350.6	6.6	329.0	-1.9
青海	268.4	7.0	250.9	0.8
宁夏	127.2	-4.6	133.4	-1.9
新疆	613.8	-0.9	619.6	-5.2

数据来源：国家统计局，2021年4月。

二、固定资产投资略有下降

2020年，有色金属行业固定资产投资规模略有下降。据测算，全年有色金属行业完成固定资产投资6287.2亿元，同比下降1%，较上年降低3.1个百分点。其中，有色金属矿采选业完成固定资产投资同比下降4.0%。有色金属冶炼及加工行业固定资产投资增速放缓，同比下降0.4%。全行业固定资产投资增速低于全社会固定资产投资增速，较全社会固定资产投资名义同比增速减少3.7个百分点（见图5-2、图5-3）。

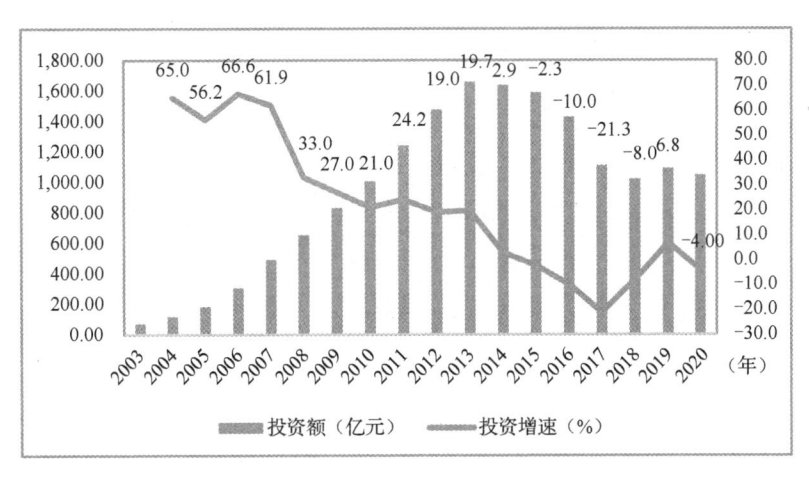

图 5-2　2003—2020 年有色金属采矿业固定资产投资情况

（来源：国家统计局，2021 年 4 月）

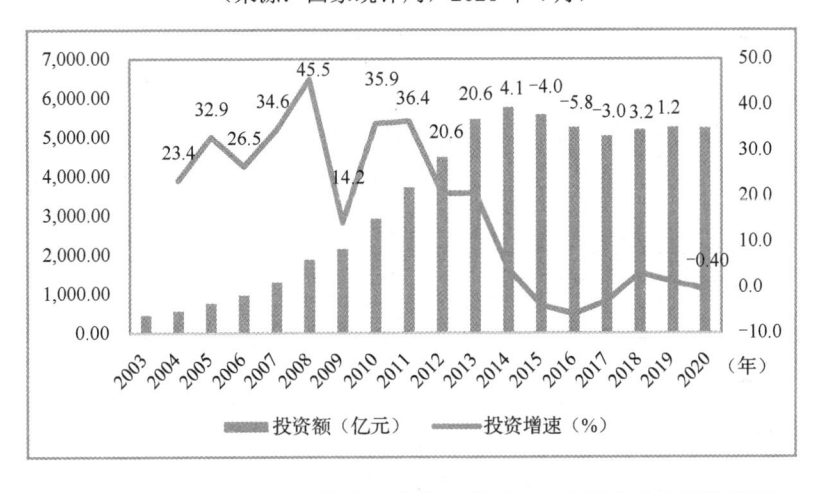

图 5-3　2003—2020 年有色金属冶炼及压延加工业固定资产投资情况

（数据来源：国家统计局，2021 年 4 月）

三、主要品种价格呈"V 型"走势

2020 年，铜、铝、铅、锌主要有色金属价格呈"V 型"走势。1—3 月，主要品种价格快速下跌，沪铜、沪铝、沪铅、沪锌期货收盘价（连三）分别跌至全年最低价 36800.0 元/吨、11380.0 元/吨、12835.0 元/吨、14535.0 元/吨。4 月以来价格持续上涨，12 月达到全年最高价 59320.0 元/吨、16440.0 元/吨、16310.0 元/吨和 21900.0 元/吨，较年初分别上涨 19.9%、17.3%、8.4% 和 22.3%。铜期货全年均价 48800 元/吨，同比增长 2.2%；铝、铅、锌期货全年均价分别为13700元/吨、14600元/吨和18000元/吨,同比分别下跌0.9%、11.1%和8.3%（见图5-4）。

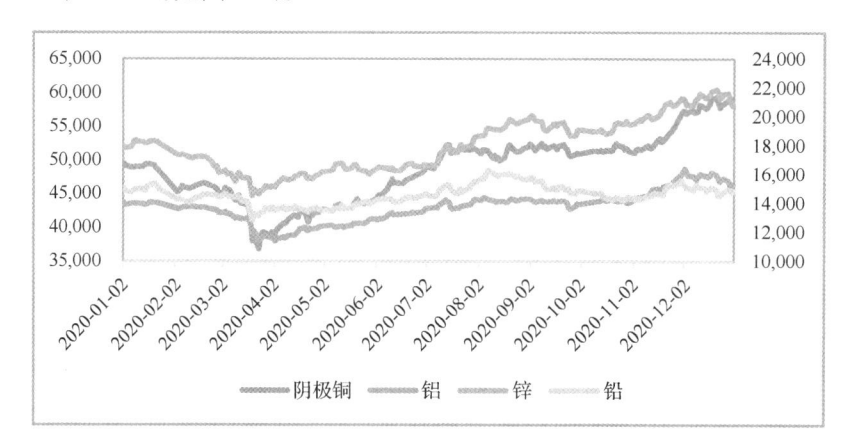

图5-4　2020年铜、铝、铅、锌价格走势（期货收盘价（连三））
（数据来源：上海期货交易所，2021年1月）

四、采选业和冶炼及压延加工业效益同步好转

有色金属行业整体效益进一步好转。2020年，有色金属行业共实现利润1833.2亿元，同比增长17.3%，行业效益好于上年。其中，有色金属矿采选业实现利润353.7亿元，同比增长14.7%；有色金属冶炼及压延加工业实现利润1479.5亿元，同比增长20.3%（见表5-4）。

表5-4　2011—2020年有色金属行业实现利润情况

时间	有色金属矿采选业		有色金属冶炼及压延加工业	
	利润（亿元）	同比增长（%）	利润（亿元）	同比增长（%）
2011年	775.5	52.3	1713.5	51.3
2012年	764.4	-0.2	1427.4	-10.4
2013年	628.0	-17.2	1445.5	0.1
2014年	563.4	-10.7	1490.0	2.5
2015年	450.3	-19.3	1348.8	-11.0
2016年	483.3	9.7	1947.0	42.9
2017年	527.2	23.5	2023.9	28.6
2018年	419.8	0.2	1397.1	-9.0

续表

时间	有色金属矿采选业		有色金属冶炼及压延加工业	
	利润（亿元）	同比增长（%）	利润（亿元）	同比增长（%）
2019年	301.5	-28.8	1261.0	1.2
2020年	353.7	14.7	1479.5	20.3

数据来源：国家统计局，2021年4月。

有色金属行业亏损额和亏损面减少。在纳入国家统计局统计的8609家企业中，共有1861家企业亏损，亏损面为21.6%，较上年减少0.9个百分点。其中，有色金属矿采选业亏损面为26.3%，较上年增加0.4个百分点，亏损额为56.9亿元，较上年减少56.9亿元；有色金属冶炼及压延加工业亏损面为20.9%，较上年减少1个百分点，亏损额为337.0亿元，较上年减少55.2亿元（见表5-5）。

表5-5　2011—2019年有色金属行业亏损情况

时间	有色金属矿采选业			有色金属冶炼及压延加工业		
	企业总数（个）	亏损企业数（个）	亏损额（亿元）	企业总数（个）	亏损企业数（个）	亏损额（亿元）
2011年	2045	135	7.0	6629	878	136.1
2012年	2122	223	17.0	6746	1222	306.5
2013年	2108	295	29.5	7168	1281	322.5
2014年	2037	321	33.9	7236	1294	378.7
2015年	1949	435	58.9	7321	1520	507.8
2016年	1797	381	47.3	7176	1132	243.2
2017年	1674	290	34.3	7215	1143	230.8
2018年	1456	315	49.6	6942	1418	400.7
2019年	1272	329	63.2	7167	1568	392.2
2020年	1218	320	56.9	7391	1541	337.0

数据来源：国家统计局，2021年4月。

五、贸易总额大幅增长，主要产品进出口出现分化

2020年，我国有色金属行业进出口贸易总额较上年同期增长102亿美元，达到1427亿美元。其中，进口额1167亿美元，较上年同期增长126亿

美元；出口额260亿美元，较上年同期下降23.5亿美元。其中，铜产品进出口贸易总额888亿美元，较上年同期增加74.1亿美元；进口额、出口额分别为826亿美元、62亿美元，较上年同期分别增加79.2亿美元和下降6.0亿美元。铝产品进出口贸易总额272亿美元，较上年同期增加8.9亿美元；进口额137亿美元，较上年同期增长30.2亿美元；出口贸易额135亿美元，较上年同期下降21.3亿美元。

铜、铝产品进出口出现分化。受我国资源条件限制，我国进口铜精矿2177.0万吨，与上年基本持平；粗铜、精炼铜进口103.0万吨和467.0万吨，较上年同期增加27.0万吨和111.9万吨。我国出口产品以精炼铜、铜材为主，出口未锻造的铜及铜材74万吨，较上年同期减少9.6万吨。2019年，我国铝土矿进口延续增长态势，进口量大幅增长，全年进口铝土矿近1.12亿吨，同比增长10.9%。此外，氧化铝和未锻轧铝进口大幅增加，进口量分别为381万吨和230万吨，较上年同期增加216.3万吨和200.8万吨。废铝进口量减少。出口产品以铝材为主，铝材出口量463万吨，同比下降1.6%，较上年同期减少51.4万吨。

第二节　需要关注的几个问题

一、大宗原材料价格上涨

2020年4月份以来，大宗原材料价格急剧攀升，特别是今年一季度，钢材、铜、铝等产品价格再次大幅快速上涨，4月底，铜、铝现货价格一度达到72480元/吨、18860元/吨，较年初大幅上涨24.6%、21.0%，创10年来新高。之后原材料价格一定程度回归，推动产业链上下游利润合理分配，但对我国工业企业特别是中小企业带来冲击。

二、钢铁去产量

2020年12月底，在2021年全国工业和信息化工作会议上，相关部门领导提出，坚决压缩粗钢产量，确保粗钢产量同比下降。钢铁去产能"回头看"和粗钢产量压减工作成为2021年钢铁行业重点工作，充分表明了国家在钢铁行业继续深化供给侧结构性改革的决心。一方面，通过开展去产能"回头看"，巩固提升钢铁行业"十三五"去产能成果；另一方面，通过压减粗钢产量，推动钢铁行业率先实现碳达峰。

三、钢铁、有色行业提出率先碳达峰

按期实现碳达峰、碳中和目标是我国对世界的庄严承诺，当前，各部门、各行业、各地区都在制定路线图和行动方案。原材料工业作为能耗排放大户，任务艰巨。钢铁、有色行业提出预计到 2025 年实现碳达峰，上海、福建、江苏、广东、天津、青海等部分省市计划提前在重点领域实现碳达峰。原材料工业碳达峰的加快推进，将为全国碳达峰目标的实现提供有力支撑。

第六章

建材行业

第一节 基本判断

一、生产总体保持平稳

2020年，面对突如其来的新冠疫情以及复杂的国内外发展环境，一季度建材主要产品产量均呈现大幅下滑，在党中央国务院的英明决策部署和坚强领导下，充分发挥国内超大规模市场优势和内需潜力，统筹推进疫情防控和复工复产，多措并举巩固经济复苏向好态势，二季度后建材行业需求回升，全年行业运行总体平稳，经济效益全面提升。

（一）水泥行业

2020年，全年水泥产量23.77亿吨，实现同比增长1.63%（见图6-1）。分季度看，一季度受疫情影响最为严重，产量同比下滑23.9%，进入二季度后随着复工复产和重点项目、重大工程的快速推进，需求市场加快回暖，库存快速消化，水泥产量快速回升，其中二季度实现同比增长7%，三季度实现同比增长5.5%，四季度实现同比增长7.9%。

从全国区域市场看，华北、东北等北方区域市场水泥产量同比增速保持高位增长，其中河北、辽宁两地的水泥产量增速更是达到两位数以上。南方区域水泥产量增速明显偏低，其中华东、中南区域水泥产量增速在年末实现由负转正，西南地区、长三角地区水泥产量相比上年同期仍略有下降。

从具体省份看，广东省连续三年水泥产量全国第一，2020年水泥产量达到1.7亿吨，山东省、江苏省分别位居第二、第三。

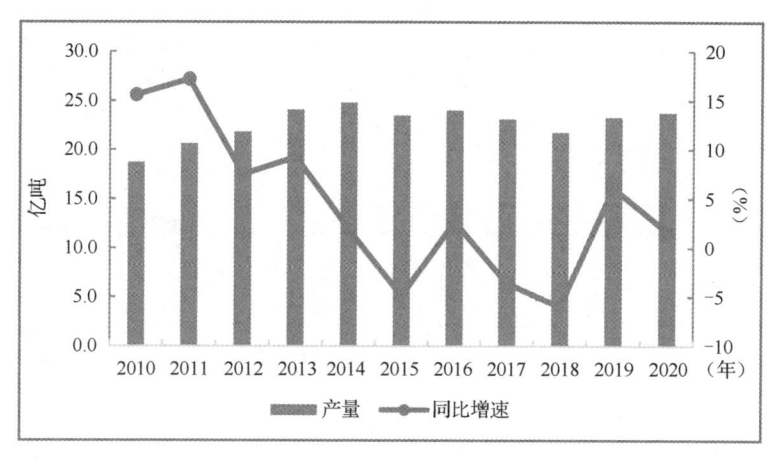

图 6-1　2010—2020 年我国水泥产量及同比增速

（数据来源：Wind 数据库，2021 年 4 月）

（二）平板玻璃行业

2020 年，全年平板玻璃产量 9.5 亿重量箱，实现同比增长 1.3%，与上年相比，同比增速降幅较大（见图 6-2）。

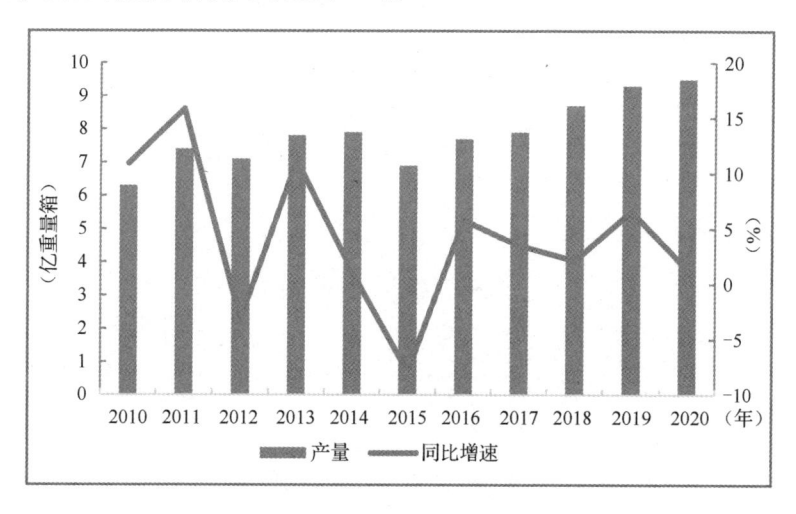

图 6-2　2010—2020 年我国平板玻璃产量及同比增速

（数据来源：Wind 数据库，2021 年 4 月）

分省市来看，产量排名前三位的省份依然是河北省（13728.4 万重量箱）、广东省（9963.7 万重量箱）和湖北省（9584.5 万重量箱），三个省的平板玻璃产量占全国总产量的 35%，从产量增速来看，排名前三位的分别是广西壮

族自治区（124.2%）、云南省（39.9%）和重庆市（24.9%），其中广西壮族自治区连续两年平板玻璃增幅超过三位数。

二、产品价格总体稳定

2020年，建材产品价格总体较为稳定。12月份，建材及非金属矿工业出厂价格指数114.19，环比上涨0.6%，同比下降1.8%，全年平均价格水平同比下降0.3%。其中，水泥价格较上年略有下降，12月份水泥出厂价格指数112.51，同比下降8.7%，全年平均出厂价格同比下降4.4%；平板玻璃产品价格涨幅较为明显，12月份出厂价格指数123.74，同比增长22.9%，全年平均出厂价格增长10.0%。

（一）水泥行业

2020年，水泥价格整体保持在合理运行区间，价格指数与2019年基本持平，"V"型走势明显（见图6-3）。

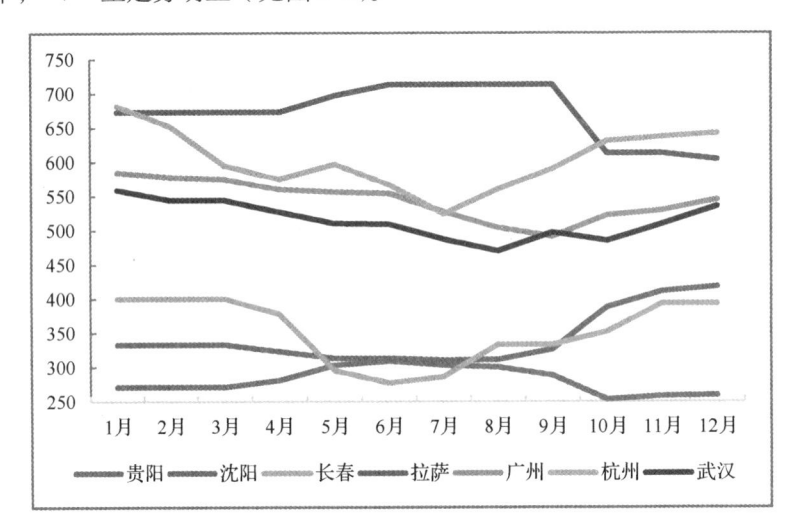

图6-3 2020年全国部分地区水泥价格走势（单位：元/吨）
（数据来源：Wind数据库，2021年4月）

2020年上半年，受新冠疫情影响和南方梅雨天气双重影响，水泥价格"高开低走"，水泥市场需求持续减少，企业库存压力升高，各地普遍进行价格回调，尤其是江浙、上海、安徽等地，6月份下调幅度明显。下半年，水泥需求不断增加，全国水泥价格市场持续上涨，从8月份的418元/吨，上涨到

12月份的455元/吨。

从区域市场看，中南地区和华东地区价格表现最为抢眼，中南地区不论价格还是增长率均位居全国六大区域第一位，其次是华东地区。东北地区价格不仅跌幅大，价格也是全国六大区域最低的地区。

从全国31个省会城市来看，贵阳、沈阳、长春等地水泥价格处于较低水平，全年水泥价格最高约400元/吨；拉萨、广州、杭州、武汉等地水泥价格相对较高，其中拉萨市全年水泥价格最高达到713元/吨，超过全国平均价格50%以上。

（二）平板玻璃行业

2020年，平板玻璃价格整体呈现震荡上扬的发展态势，平板玻璃由于具有连续生产及明显的消费属性，受新冠疫情影响更加明显，疫情后反弹速度也较快，上半年"V"型走势明显，下半年，随着下游需求回升，价格不断攀升，从同比增速看，下半年同比价格明显高于上半年，其中8月份同比增速达到16.8%，12月份平板玻璃价格达到95.6元/重量箱，同比增长约10%（见图6-4）。

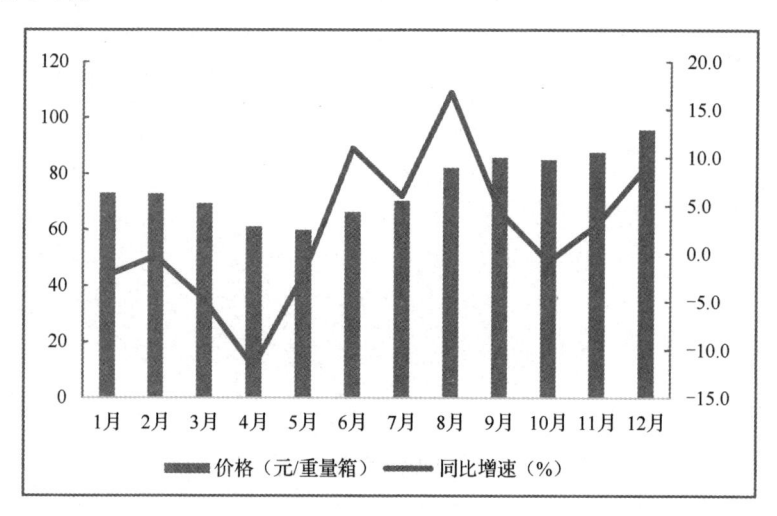

图6-4 2020年全国平板玻璃价格（综合）走势

（数据来源：Wind数据库，2021年4月）

三、经济效益稳中有升

2020年规模以上建材企业完成营业收入5.6万亿元，同比增长0.1%，利

润总额 4871 亿元，同比增长 3.2%。其中，水泥行业营业收入 9960 亿元，同比下降 2.2%，利润总额 1833 亿元，同比下降 2.1%；平板玻璃行业营业收入 926 亿元，同比增长 9.9%，利润总额 130 亿元，同比增长 39%。

其中水泥行业经济效益表现亮眼，2020 年得益于全年需求的平稳和水泥行业价格持续高位运行，"量价齐稳"的表现保证了整个水泥行业效益的稳定，使得 2020 年水泥行业利润维持较好，2020 年全年实现水泥销售收入 9960 亿元，水泥行业利润 1833 亿元。从区域来看，华北、西北、华南区域有明显提升，华东总体稳定，西南和东北有所下滑。

从水泥企业看，多数公司盈利情况较好，其中金圆股份 2020 年实现营业收入 86.71 亿元，同比增长 6.12%；实现归属于上市公司股东的净利润 4.74 亿元。2020 年金隅集团实现营业收入 1080.05 亿元，同比增加 18%，其中主营业务收入为 1073.34 亿元；利润总额为 77.94 亿元，同比减少 2%。

四、进出口形势较好

从出口看，2020 年我国建材产品整体出口形势较好，水泥制品、建筑技术玻璃、卫生陶瓷、黏土和砂石、建筑用石制品、防水建材、轻质建材等多类商品出口金额均实现同比增长。但水泥及水泥熟料出口整体不及预期，2020 年全国水泥及水泥熟料出口总量 313 万吨，同比大幅下滑 43.4%，出口金额 2.2 亿美元，同比下降 36.4%。

在出口实现稳步增长的同时，水泥产品进口量再创新高，2020 年我国进口水泥熟料总量为 3337 万吨，同比增长 47%，增长迅猛。其熟料进口量来源国主要来自越南、印尼、泰国和日本。2020 年越南向中国的进口熟料量 1980 万吨，占全部总进口量的 59%，其次是印尼、泰国和日本分别占总进口量的 10%、9.9% 和 8.2%，我国已经成为东南亚水泥各国的主要出口目的国。

表 6-1 2020 年主要水泥产品进口量及同比

商品名称	进口数量（万吨）	进口金额（万美元）	较上年同期增幅/% 数量	较上年同期增幅/% 金额
水泥	360.8	17411.5	79.8%	53.8%
水泥熟料	3336.6	134408.9	46.7%	29.0%

续表

商品名称	进口数量（万吨）	进口金额（万美元）	较上年同期增幅/% 数量	金额
白水泥	0.5	123.6	1.1%	−20.2%
其他硅酸盐水泥	359.2	16599.3	80.7%	65.8%
矾土水泥	1.1	673.4	−5.6%	−9.3%

数据来源：Wind 数据库，2021 年 4 月。

第二节 需要关注的几个问题

一、去产能进展缓慢

水泥、平板玻璃行业作为产能过剩行业，为有效调节供需，提升资源配置效率，加快产业结构转型升级，促进技术进步与管理创新，国家一直大力化解过剩产能，但 2020 年水泥及平板玻璃总产能均处于净增长状态。根据中国水泥协会信息研究中心的初步统计数据，截至 2020 年年底，全国新型干法水泥熟料生产线已经超过 1600 条，实际产能超过 20 亿吨，总产能相比 2019 年不降反增，主要原因是 2020 年新点火项目多是早期批复建设项目或者置换项目，同时在已经开展的产能置换过程中，也存在部分无效产能被置换成新建项目的情况。2020 年平板玻璃新建点火生产线共 10 条，合计日熔量 6330 吨，净增日熔量 6000 吨左右，总产能也处于净增长状态。

二、新材料仍然占比偏低

建材行业除水泥行业外，其他产业均以中小企业为主，布局分散、创新能力偏弱，传统产业占比高。随着国内经济发展转向高质量发展阶段，对产业链提升、产品附加值的提升提出更高要求。但建材领域很多产业、很多企业仍延续过去的粗放发展及经营模式，创新动力不足，新材料占比明显偏低。以特种玻璃为例，由于具有特殊用途和功能，被广泛应用于电子信息、航空航天、新能源等领域，在加快提升改造传统产业、服务新兴产业方面发挥了重要作用。但跟国外相比，我国特种玻璃产品层次低、品种多，产品研发多以模仿、跟踪为主，部分关键技术尚未突破，尤其在高端石英玻璃等领域，关键技术仍掌握在国外少数几家企业手中，我国则主要依赖进口。

三、智能化数字水平仍有待提升

近年来,国家先后出台《建材工业智能制造数字转型行动计划(2021—2023年)》等相关政策文件,加快提升建材工业智能制造水平,新冠疫情突如其来,建材企业也普遍认识到信息化、智能化在企业生产经营管理方面的重要性,并积极通过加大线上营销、加大智能制造投入等方式积极提升智能制造水平。但总体看来,建材行业智能化数字化水平仍然偏低,一是各行业发展程度不均衡,处于机械化、电气化、自动化、数字化并存的阶段,建设水平参差不齐、技术参数及来源厂商也不尽相同,很多经验推广起来存在一定难度。二是缺乏专业的建材工业系统解决方案供应商,尤其针对企业实际开展定制化智能制造改造的能力尚不足,后期的技术维护也存在短板。三是智能制造专业人才缺乏,建材产业在快速发展的过程中更加关注的是市场和产能,因此更加注重生产型人才和销售型人才的培养,对智能制造的相关人才重视程度不够。

第七章 稀土行业

第一节 基本判断

一、市场供需分析

1. 从供给方面看

我国自 2018 年开始有序增加稀土开采总量控制指标。2018 和 2019 年度全国稀土矿产品开采总量控制指标分别为 12 万吨和 13.2 万吨,稀土冶炼分离总量控制指标分别为 11.5 万吨和 12.7 万吨。而 2016—2017 年保持在 10.5 万吨和 10 万吨。2020 年 6 月 30 日,自然资源部、工业和信息化部公布 2020 年度稀土开采、冶炼分离总量控制指标,分别为 14 万吨、13.5 万吨。相比 2019 年,矿产品增长 6.1%,冶炼分离产品增长 6.3%。从总量控制指标来看,2020 年轻稀土矿配额增多,这主要是为了加大轻稀土产品供应,满足更多的市场需求,占有更多的国际市场份额(见表 7-1)。而中重离子型稀土矿配额近几年一直保持稳定,主要是受环保资源的限制,中重稀土矿产量一直保持低位运行。此外,缅甸矿进口不断受限,影响国内中重稀土正常生产供应。由于供应紧缺,成本较高,以及收储的进行,将持续推高中重稀土价格。

表 7-1　2016—2020 年中国稀土开采总量控制指标(单位:万吨)

年　份		2016	2017	2018	2019	2020
矿产品开采总量指标		10.5	10.5	12	13.2	14
其中:	岩矿型稀土	8.71	8.71	10.085	11.285	12.085
	离子型稀土	1.79	1.79	1.915	1.915	1.915
冶炼分离产品指标		10	10	11.5	12.7	13.5

数据来源:工信部、中国有色金属工业协会,赛迪智库整理,2021 年 3 月。

2. 从需求方面看

稀土功能材料中占比最高的是稀土永磁材料,占 75%,产值约为 375 亿元,催化材料占比为 20%,产值约为 100 亿元。以稀土功能材料在我国的稀土消费结构来看,稀土永磁材料受益于新能源汽车和电子工业等领域的高速发展,在消费结构中的占比最高超过 40%;冶金和机械、石油化工、玻璃陶瓷占比分别为 12%、9% 和 8%,储氢材料和发光材料各占比约 7%;催化材料、抛光材料和农业轻纺各占 5%(见表 7-2)。

稀土功能材料中,由于技术进步和市场需求产品结构调整,除稀土尾气净化、储氢材料、三基色荧光粉、稀土硅铁合金同比有下降以外,其余稀土功能材料均呈现不同程度的增长态势。特别是受新能源汽车、变频家电、工业机器人等领域快速发展的影响,稀土磁性材料高端需求稳步增加。

表 7-2 2015—2020 年度稀土功能材料产量

稀土材料	单位	2015 年	2016 年	2017 年	2018 年	2019 年	2020 年
磁性材料(毛坯)	吨	140000	141000	147000	155000	170000	178500
石油催化裂化	吨	200000	200000	200000	200000	208000	200000
尾气净化	万升	2900	3800	5000	5600	1720	1450
储氢材料	吨	8100	8300	9000	9000	8650	10092
抛光材料	吨	20000	22000	28000	29000	32170	31090
LED 荧光粉	吨	130	200	380	400	480	439
三基色荧光粉	吨	2200	2000	1600	1500	1200	1113
长余辉荧光粉	吨	210	210	220	300	580	242.8
稀土硅铁合金	吨	38600	36000	40000	42000	26702	22637

数据来源:中国稀土行业协会,赛迪智库整理,2021 年 3 月。

二、产品价格走势

1. 从稀土价格指数看

2020 年上半年,我国稀土市场整体需求不振,稀土产品产量相应下滑,疫情导致下游市场低迷、成交清淡。上半年,氧化镨钕均价为 27.5 万元/吨,金属镨钕均价为 34.8 万元/吨,氧化镝均价为 181.79 万元/吨,镝铁合金均价为 179 万元/吨,氧化铽均价为 400 万元/吨,金属铽均价为 510 万元/吨。

2020 年下半年,随着国内疫情的稳定控制,钕铁硼行业较快复工复产,3 季度下游需求端持续释放,镨钕现货市场供应偏紧,助推镨钕产品价格大幅上调。中重稀土在大集团挺价、需求稳定等因素支撑下价格整体高位运行；镧铈产品则因供需失衡，上游库存大幅度积压，价格持续承压下调。下半年，镧铈产品价格整体低位运行，镨钕及镝铽产品价格振荡上行。下半年，氧化镨钕均价为 33.65 万元/吨，金属镨钕均价为 42.38 万元/吨，较上半年涨幅均为 22%。氧化镝均价为 176.92 万元/吨，镝铁合金均价为 176 万元/吨，上下半年相较价格振动不大。氧化铽均价为 513 万元/吨，金属铽均价为 632 万元/吨，较上半年涨幅分别为 28%、24%。

由稀土行业指数图可以看出，国内稀土市场价格走势大致可以分为三个阶段，第一阶段为年初至 8 月下旬，国内稀土市场价格走势处于震荡走高阶段；第二阶段为 9 月至 10 月底，国内稀土市场价格冲高回落阶段；第三阶段为 11 月初至年底，国内稀土市场价格暴涨阶段。

第一阶段，国内稀土市场价格震荡走高，此期间受国内国际公共卫生事件影响，稀土供应缩减，供需不平衡致使国内稀土市场价格上涨。国内稀土收储计划中中重稀土占年度产量比重较大，有望对中重稀土供需和价格形成较大影响，再考虑到目前缅甸封关仍然对国内的中重稀土进口供应产生紧缩影响，一旦收储计划如期施行，将对重稀土镝、铽等的供需收紧和价格上涨带来较大影响。近期市场行情一般，重稀土价格维持高位水平；加之随着复工复产，终端新能源汽车市场回暖，国内铽系稀土供应十分紧张，国内铽系稀土价格不断走高。国内轻稀土方面，在全国各地积极推动新基建项目建设的利好推动下，稀土价格持续上涨，场内持货商家看涨心态明显，商家惜售，场内上涨情绪浓厚，加之由于疫情影响海外稀土矿进口量大幅下滑以及废料回收和独居石原料减少，造成国内稀土冶炼产量下滑，而国内经济恢复导致稀土下游需求恢复，支撑稀土价格，国内轻稀土市场价格持续上涨，国内稀土市场逐步复苏，价格走势上涨。

第二阶段为 9 月至 10 月底，国内稀土市场价格冲高回落阶段。此阶段国内轻稀土方面镨钕系价格持续回落，主要目前业内采购告一段落，前期下游备货较为积极，部分厂家囤货较多，近期采购情绪回落，加之场内商家买涨不买跌情绪影响，国内镨钕系价格持续回落。另一方面近期国内镨钕系稀土市场供应正常，加之下询问盘情况下降，各大轻稀土厂家有抛售行为，下游感受到市场情绪转换，交易情况下滑，场内价格回落。轻稀土供应量正常，加之近期采购不积极，场内货源挤压，市场价格承压下滑。此期间国内重稀土镝系价格也相应回落，虽然国内稀土收储计划中中重稀土占年度产量比重

较大，有望对中重稀土供需和价格形成较大影响，加之目前缅甸封关仍然对国内的中重稀土进口供应产生紧缩影响，但是收储情况不确定，场内需求不见好转，镝系价格逐步下滑，但是铽系价格由于供应紧张，价格一直处于高位水平，但是国内稀土下游采购不积极，场内库存较高，导致国内稀土市场价格回落。

第三阶段为 11 月初至年底，国内稀土市场价格暴涨阶段。国内新能源汽车产量明显增加，加之风电、电子产品等终端行业快速发展，随着疫情趋缓，下游厂商产能利用持续，需求或将持续回暖，钕铁硼的需求方面不断增加，但是国内供应端仍处于收缩态势，供需方面严重失衡，致使国内钕系市场价格涨势疯狂。近期永磁厂家需求备货情况较为积极，由于海外需求较之前有所增加，但是随着 12 月 1 日《中华人民共和国出口管制法》正式生效，市场预期中国稀土出口或将进一步缩减，全球稀土供给或将进一步收缩，届时稀土供应方面更显紧张，促进国内市场价格进一步走高。相对于钕系市场价格大幅走高，国内重稀土市场价格也有相应的上涨，镝铽系市场仍是重稀土市场的典范。新形势下稀土战略价值有望持续提升，美国、日本和欧美相应做出将稀土纳入国家战略资源储备计划，稀土战略资源优势凸显，中国是稀土储备大国，稀土储量占全球 37%，同时中国也是稀土出口大国，国家对于稀土行业发展做出相应调整，稀土行业向高质量方向发展，政策利好支持稀土产业发展，国内稀土市场价格走势强劲（见图 7-1）。

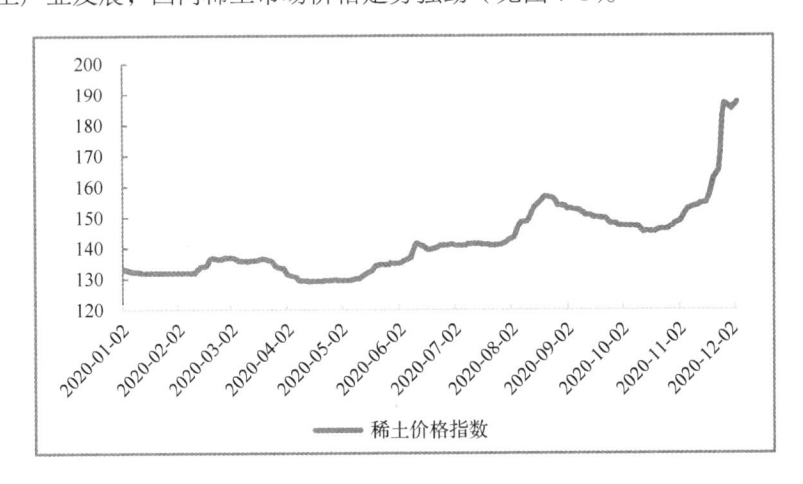

图 7-1 2020 年稀土价格指数

（数据来源：中国稀土行业协会、Wind 数据库，赛迪智库整理，2021 年 4 月）

2. 从具体稀土产品价格走势看

2020 年稀土产品价格总体上在疫情推动的需求结构变化下持续走强，从年初的下行趋势过渡到年中的走弱，最终在年末走出了近两年来最强的一波涨势。从矿产品来看，疫情对稀土产品价格存在一定的影响，其中对轻稀土的影响要大于重稀土，但都是短暂滞销后，迅速出现了反弹，甚至短缺的情况。总体而言，2020 年起伏程度比 2019 年大很多。

中钇富铕矿在 5 月份以前价格持续走低，5 月份之后，由于需求增长，价格逐步走高，最后一个季度价格增幅显著提高。碳酸稀土与之相似，其微妙的差异在于碳酸稀土对于需求的敏感程度更强，出现了明显的拐点。

在稀土矿产品因为价格增长而扩大供应量的时候，镧铈产品由于产量富足、长期的过剩，反而出现价格下行的趋势。2020 年表现得尤其明显。矿产品在 5 月份跌入谷底时，镧铈产品反而出现了一个明显的峰值，在随后的时间里一路走低，直至相对平衡。金属镧的下行趋势更加明显。对于镧铈产品的价格走势变化，较为合理的解释是，受到疫情的影响，与之相关的应用需求（诸如镍氢电池等应用）下降，同时资源供应的增加，进一步加剧了镧铈产品的过剩。

与磁性材料相关的镨钕、铽镝和钆产品，在 2020 年因为其各自在磁性材料中的作用和可替代程度的不同走出了不同的价格趋势。其中镨钕产品在年初走弱，5 月份以后开始一路走强，年末时镨钕合金达到了 50 万元/吨以上的价格。

铽产品几乎全年在走强，虽然在年中时受到疫情短暂的影响涨势有所缓解，但随后继续一路走高。由于在磁性材料中的作用不能与镨钕和铽相比，并且有一定的可替代性，镝产品的波动大于铽产品，涨势也逊色于铽产品。钆产品由于其他方面的应用有所减弱，在 2020 年走出了较弱的趋势。

氧化铕产品由于需求情况没有得到明显改观，在 2020 年仅仅在年中受到了短期的影响。氧化铒产品则由于其稀缺性随同稀土资源价格的波动，在全年呈现了波动上涨的趋势。

总之，2020 年由于疫情导致需求结构发生了较大的变化，人们更加偏爱节能环保的产品，与之相关的磁性材料需求从 2 季度末开始不断增加，推动了稀土主要产品的价格上涨。同时，也是由于需求的不均衡局面进一步加重，稀土产品之间的趋势分化更加严重，镨钕铽镝产品走强，镧铈等产品走弱。在 2020 年 4 季度，稀土产品更是出现了供不应求的局面，价格上涨速度超

过了预期。

2020年上半年镨钕开工率较高，供应稳定，价格变动幅度较小，氧化镨钕的价格维持在27万元/吨～29万元/吨，镨钕金属的价格在34万元/吨～36万元/吨波动，下半年镨钕市场价格整体保持高位运行，主要是因为下游补货增多，现货供应收紧，氧化镨钕和金属镨钕的价格在8月下旬达到了自上年7月份以来的最高位，分别是34.5万元/吨～35万元/吨和44万元/吨～44.5万元/吨。国庆节后受下游需求捕获的影响增多，以及大厂吸收镨钕市场继续上扬。到11月底，镨钕氧化物报价涨到44万元/吨～45万元/吨，金属镨钕的报价在55万元/吨～56万元/吨，虽然12月份价格略有波动，但是受现货供应持续紧缺，以及春节前下游补货预期的存在，对短期镨钕市场的价格仍有支撑。

铽的市场波动较为明显。一季度由于国内疫情爆发，工厂复工推迟以及运输受阻，市场供应偏紧价格走高，3月中旬铽的价格上涨接近190万元/吨，随后由于疫情缓解，多数工厂恢复生产，下游补货结束，价格开始回落。6月份受收储传言再次推高铽的价格到193万元/吨～194万元/吨。国庆节后由于大厂收获下游采购以及铽的价格上涨的带动，铽的价格开始缓慢回升，目前的价格在195万元/吨～197万元/吨，并且仍有不断上涨的趋势。今年特色市场供不应求，并且需求端应用增多，价格没有最高，只有更高。2020年铽的价格一路上涨，到了2012年2月份以来的最高点，到2020年底氧化铽的价格达到了720万元/吨～730万元/吨，目前已突破750万元/吨，未来市场仍有上升的趋势，铽将会是近几年稀土产品中炙手可热，并且潜力巨大的产品（见表7-3）。

表7-3　2020年1—12月我国具体稀土产品平均价格（单位：元/千克）

产品名	纯度	1月	2月	3月	4月	5月	6月
氧化镧	≥99%	12.00	12.00	12.00	11.18	11.00	11.00
氧化铈	≥99%	12.00	12.00	12.00	11.18	11.00	11.00
氧化镨	≥99%	332.31	331.00	322.36	306.09	300.42	299.86
氧化钕	≥99%	290.56	293.85	294.00	280.73	208.42	291.19
氧化钐	≥99.9%	13.00	13.00	13.00	13.00	13.00	13.00
氧化铕	≥99.99%	211.00	211.00	211.00	210.23	210.00	213.10
氧化钆	≥99%	163.38	165.90	165.77	155.05	162.89	175.29
钆铁	≥99% Gd75%±2%	164.56	166.90	167.41	158.05	165.05	176.19
氧化铽	≥99.9%	3521.25	3696.50	4228.64	3928.64	4018.16	4404.76

续表

产品名	纯度	1月	2月	3月	4月	5月	6月
氧化镝	≥99%	1703.13	1747.75	1859.32	1787.73	1846.58	1925.00
镝铁	≥99% Dy80%	1684.38	1725.75	1829.32	1774.09	1825.79	1900.00
氧化钬	≥99.5%	308.88	320.25	364.15	348.95	366.68	401.62
钬铁	≥99% Ho80%	325.00	334.00	375.68	361.59	378.32	413.67
氧化铒	≥99%	155.19	156.45	156.32	149.27	150.42	159.95
氧化镱	≥99.99%	104.00	104.00	104.00	103.00	103.00	102.52
氧化镥	≥99.9%	4300.00	4300.00	4300.00	4229.55	4226.32	4250.00
氧化钇	≥99.999%	21.00	21.00	20.95	20	20.00	20.00
氧化镨钕	≥99% Nd2O375%	279.63	282.20	272.59	261.41	261.41	284.10
镨钕金属	≥99%Nd 75%	356.94	358.05	344.36	331.32	331.32	358.19

产品名	纯度	7月	8月	9月	10月	11月	12月
氧化镧	≥99%	11.00	10.38	10.00	10.00	10.00	10.00
氧化铈	≥99%	11.00	10.83	10.00	10.00	10.00	10.00
氧化镨	≥99%	298.52	327.81	335.59	322.41	332.67	360.22
氧化钕	≥99%	305.96	351.95	358.32	348.18	407.24	502.48
氧化钐	≥99.9%	13.00	13.00	13.00	13.00	13.00	13.00
氧化铕	≥99.99%	215.00	215.00	214.27	213.00	213.00	213.00
氧化钆	≥99%	179.39	186.10	178.18	174.00	176.33	181.52
钆铁	≥99% Gd75%±2%	180.65	186.95	179.09	173.24	176.48	181.65
氧化铽	≥99.9%	4614.13	4818.81	4881.82	4834.41	5452.38	6712.39
氧化镝	≥99%	1859.13	1839.52	1724.09	1646.76	1757.86	1936.52
镝铁	≥99% Dy80%	1843.48	1824.76	1719.09	1635.59	1740.48	1922.17
氧化钬	≥99.5%	420.13	433.33	426.41	419.35	464.90	588.26
钬铁	≥99% Ho80%	432.22	445.38	437.77	431.29	476.90	605.13
氧化铒	≥99%	162.00	161.76	159.27	159.00	159.00	172.26
氧化镱	≥99.99%	102.00	102.00	102	102.00	102.00	102.00
氧化镥	≥99.9%	4250.00	4250.00	4250.00	4250.00	4250.00	4250.00
氧化钇	≥99.999%	20.00	20.00	20.00	20.00	20.00	20.22
氧化镨钕	≥99% Nd2O375%	293.91	334.19	335.82	326.65	368.33	413.04

续表

产品名	纯度	7月	8月	9月	10月	11月	12月
镨钕金属	≥99% Nd 75%	370.87	422.57	425.23	411.53	463.19	517.78

数据来源：稀土行业协会，赛迪智库整理，2021年4月。

与历史价格相比，2020年，氧化钕、氧化钆、钆铁、氧化铽、氧化镝、镝铁、氧化钬、钬铁的平均价格与2016—2019年相比，均有不同程度的上涨（见表7-4）。

表7-4　2016—2020年我国具体稀土产品平均价格比较（单位：元/千克）

产品名	2016年	2017年	2018年	2019年	2020年
氧化镧	11.8	15.1	14.5	12.5	10.9
氧化铈	10.4	13.7	15.0	12.1	10.9
氧化镨	314.2	426.1	425.0	380.1	322.4
氧化钕	259.5	334.7	327.9	308.1	327.7
氧化钐	14.1	13.1	13.5	12.4	13.0
氧化铕	586.3	562.4	352.5	238.3	212.5
氧化钆	71.7	92.9	125.0	160.7	172.0
钆铁	86.0	112.6	133.5	169.1	173.0
氧化铽	2665.6	3404.4	3006.1	3495.0	4592.7
氧化镝	1259.3	1217.0	1170.3	1638.2	1802.8
镝铁	1277.3	1235.9	1188.1	1637.7	1785.4
氧化钬	269.7	415.3	403.2	347.6	405.2
钬铁	285.0	426.6	418.7	369.0	418.1
氧化铒	185.2	178.7	169.4	163.9	158.4
氧化镱	190.0	190.0	190.0	133.3	102.7
氧化镥	5325.0	5325.0	4887.1	4256.8	4258.8
氧化钇	26.9	25.2	21.0	20.5	20.3
氧化镨钕	258.2	342.0	332.7	307.6	309.4
镨钕金属	330.6	442.9	426.0	390.1	390.9

数据来源：根据稀土行业协会数据整理，2021年4月。

三、经济效益分析

根据稀土上市公司已公布的 2020 年年报,北方稀土的主营业务收入为最高,其中,实现营业收入 212.46 亿元,实现利润总额 8.33 亿元。6 家稀土集团主营业务收入和利润总额均实现增长。稀土深加工应用企业则普遍盈利状况较好,其中横店东磁所获利润总额最高(见表 7-5)。

表 7-5　稀土上市公司 2020 年业绩比较

上市公司	营业总收入（亿元）	同比增长（%）	利润总额（亿元）	同比增长（%）
北方稀土	212.46	17.43	11.08	31.29
广晟有色	101.86	125.89	0.60	-15.47
厦门钨业	189.64	9.02	10.76	94.29
五矿稀土	16.56	0.56	3.12	195.63
中科三环	46.52	15.31	2.13	-36.09
宁波韵升	23.99	23.13	2.14	765.91
正海磁材	19.54	8.64	1.36	60.98
银河磁体	6.04	0.25	1.73	0.57
中钢天源	16.72	21.04	1.97	22.71
横店东磁	81.06	23.50	11.20	46.10

数据来源:根据 Wind 上市公司数据整理,2021 年 4 月。

四、进出口贸易情况

1. 从出口来看

2020 年我国稀土产品出口 3.54 万吨,同比减少 23.49%,出口额 3.44 亿美元,同比减少 21.88%;出口均价为 9.70 美元/千克,同比增加 2.13%。其中,稀土化合物出口约 2.93 万吨,同比减少 25.90%,出口额约 2.63 亿美元,同比减少 18.84%,均价 8.99 美元/千克,同比增加 9.55%;稀土金属出口约 6193 吨,同比减少 9.60%,出口额约 8080 万美元,同比减少 30.37%,均价 13.05 美元/千克,同比减少 22.98%。

2020 年我国稀土永磁产品出口总量约 40835 吨,出口额约 17.8 亿美元。受席卷全球的新冠疫情影响,2020 年稀土永磁产品的出口量与出口额较上年涨幅有限,基本保持平稳。稀土永磁铁是我国稀土永磁产品最主要的出口形式,占比接近 90%,同时稀土永磁铁目前享受海关出口退税优惠政策。2020

年我国稀土永磁铁出口量约 35981 吨，较上年增长 2%；出口均价 46.4 美元/千克，与上年基本持平。从历史数据来看，近几年我国稀土永磁铁的出口量呈持续增长的趋势。速凝永磁片和钕铁硼磁粉出口市场与稀土永磁铁相比则更加集中，主要以日、德两国为主，其中 2020 年出口日本的速凝永磁片和钕铁硼磁粉的数量占总量比分别达到 98.05% 和 70.66%（见表 7-6、图 7-2、图 7-3）。

表 7-6　2020 年稀土产品出口情况

	出口量（吨）	同比（%）	出口额（百万美元）	同比（%）	出口均价（美元/吨）
1—2月	5489.2	-17.3	42.5	-42.1	7742.48
3月	5551.4	19.2	54.3	-50.0	7598.40
4月	4316.7	-0.3	32.8	-19.8	9213.69
5月	2865.3	-21.3	26.4	-25.0	10197.73
6月	2892.8	-27.1	29.5	-40.6	15676.11
7月	1620.3	-69.1	25.4	-48.8	14498.05
8月	1641.6	-62.3	23.8	-32.4	9434.43
9月	2003.3	-43.9	18.9	-37.2	9701.53
10月	2288.3	-37.1	22.2	-22.9	11068.13
11月	2611.1	-28.6	28.9	2.8	9406.12
12月	4167.5	-23.1	39.2	-12.1	9701.67
合计	35447.5	-23.49	343.9	-21.88	7742.48

数据来源：中商产业研究院数据库，2021 年 4 月。

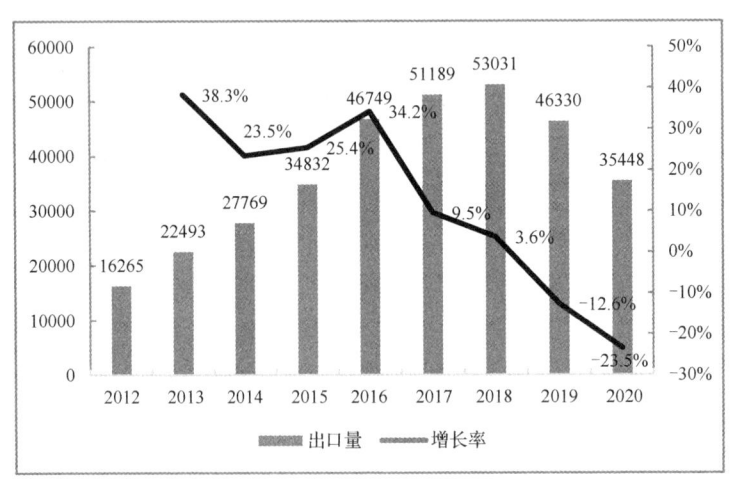

图 7-2　2012—2020 年稀土产品出口量及增长率（单位：吨）

（数据来源：赛迪智库根据中商产业研究院数据库整理，2021 年 4 月）

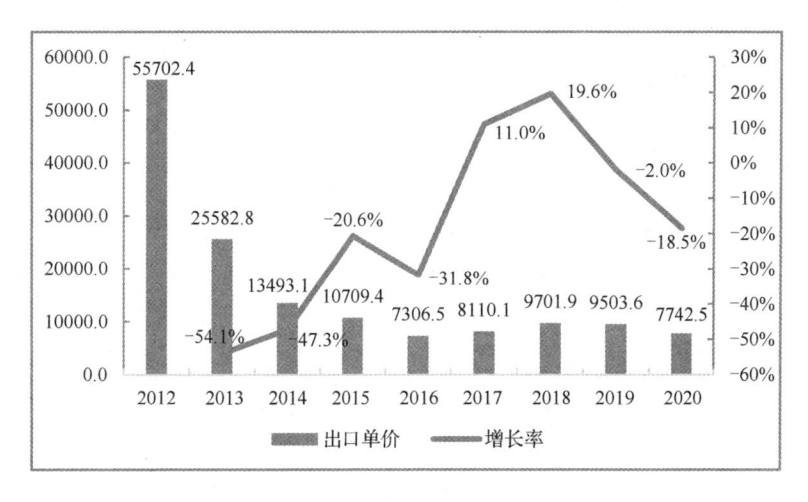

图 7-3　2012—2020 年中国稀土产品出口平均单价（单位：美元/吨）
（数据来源：中商产业研究院数据库，2021 年 4 月）

按元素分类，镧类产品出口量为 13322 吨，占比 37.58%，同比下降 31.32%；出口额为 4008 万美元，占比 11.65%，同比下降 16.68%。铈类产品出口量为 7587 吨，占比 21.4%，同比下降 16.73%；出口额为 1746 万美元，占比 5.08%，同比下降 12.36%。镧铈类合计占总出口量的 58.99%，占总出口额的 16.73%。镨类产品出口量为 108 吨，占比 0.31%，同比增长 40.77%；出口额为 538 万美元，占比 1.56%，同比增长 5.81%。钕类产品出口量为 634 吨，占比 1.79%，同比减少 29%；出口额为 3239 万美元，占比 9.42%，同比减少 30%。铕类产品出口量为 4.8 吨，占比 0.01%；出口额为 28.8 万美元，占比 0.08%。铽类产品出口量为 86.5 吨，占比 0.24%，同比减少 29.58%；出口额为 5318 万美元，占比 15.46%。镝类产品出口量为 155 吨，占比 0.44%，同比减少 1%；出口额为 4647 万美元，占比 13.51%，同比增长 17%。钇类产品出口量为 2891 吨，占比 8.16%；出口额为 1202.8 万美元，占比 3.5%。其他不按元素分类的产品出口量为 10657 吨，占比 30%，同比减少 20%；出口额为 1.37 亿美元，占比 40%，同比减少 33%。镨钕铽镝类出口量合计占总量的 2.78%，出口额合计占总出口额的 40%。全部出口稀土产品折合稀土氧化物约 3.18 万吨（见表 7-6）。

表 7-6 2020 年按元素分类稀土产品出口情况（单位：吨，万美元，%）

元素	出口量	占比	出口额	占比	折氧化物	占比
镧	13322.39	37.58	4008.00	11.65	12018.28	37.83
铈	7587.32	21.40	1746.44	5.08	6319.09	19.89
镨	108.42	0.31	537.98	1.56	111.62	0.35
钕	633.85	1.79	3239.39	9.42	657.55	2.07
铕	4.78	0.01	28.75	0.08	4.78	0.02
铽	86.55	0.24	5318.03	15.46	88.79	0.28
镝	155.07	0.44	4646.87	13.51	156.18	0.49
钇	2891.12	8.16	1202.83	3.50	2532.99	7.97
其他	10657.46	30.07	13662.52	39.73	9878.74	31.10
合计	35446.97	100.00	34390.81	100.00	31768.01	100.00

2020 年，我国稀土产品共出口到 58 个国家和地区，出口数量排名前 20 的占总出口数量的 98.99%，出口额占 96.96%。其中，出口日本约为 1.16 万吨，占 32.82%，同比减少 29.38%，出口额为 1.69 亿美元，占 49.17%，同比减少 21.78%。出口美国约为 8719 吨，占 24.6%，同比减少 42.97%，出口额为 5102.9 万美元，占 14.84%，同比减少 35.64%。

国内稀土出口企业涉及 22 个省、自治区和直辖市。从出口数量看，内蒙古自治区居第一名，出口量约为 1.21 万吨，占 34.22%，同比减少 16.65%，出口额为 4975 万美元，占 14.47%，同比减少 29.83%。从出口额看，江苏省居第一位，出口额为 6481 万美元，占 18.85%，同比减少 22.62%，出口量为 4427 吨，占 12.49%，同比增加 21.55%。

2. 从进口来看

2020 年，我国进口稀土产品 47641 万吨，进口额为 5.03 亿美元。其中，稀土化合物约为 47593.9 吨，进口额约为 4.98 亿美元；进口稀土金属约为 47.47 吨，进口额为 487.61 万美元。

从进口的国家和地区来源看，从缅甸进口量为 35515 吨，占 74.55%，同比增长 23.57%，进口额为 3.88 亿美元，同比增长 154%。从马来西亚进口量为 8146 吨，占 17.1%，同比下降 19.37%，进口额为 5585 万美元，同比下降 26%。从越南进口量为 2128 吨，占 4.47%，同比增长 148%，进口额为 1638 万美元，占 3.26%，同比增长 83.75%。从印度进口量为 856.7 吨，占 1.8%，同比增长24.22%，进口额为188.3万美元，同比增长3.9%。

2020年受疫情和中美贸易摩擦的影响，稀土的出口规模有所下降。据海关公布的统计数据，2020年共出口稀土及其制品量为7.82万吨，出口金额约为21.67亿美元，其中出口稀土量为3.54万吨，出口金额约为3.44亿美元，稀土在出口量和出口金额两方面的占比分别为45.27%和15.87%。折算后，每吨稀土平均价格为0.97万美元。

从时间角度来看，稀土产品在2月份出现了大幅度缩减后，于3月份报复性反弹，随后持续下行，直到3季度才开始逐步增长，到了年末增速快速攀升，出口金额的趋势与出口量类似。总体看，2020年前期稀土出口主要受制于物流阻断，而后半程则受制于国外市场的复苏节奏，年末的出口量、出口价呈现齐增趋势，表明国外市场在2020年末开始大规模恢复。

如图7-3所示，2020年稀土出口价格波动较大，由于统计口径包含了各种类别的稀土金属和稀土氧化物，结合稀土价格趋势，可以推断每个月出口的稀土产品种类变化较大。

第二节　需要关注的几个问题

一、进一步规范行业秩序，支持稀土产业整合

近年来，各部委联合规范稀土行业秩序成效显著，"黑稀土"得以有效遏制。要继续巩固当前行业秩序的局面，防止"黑稀土"抬头，筑牢行业健康发展基础。建议持续保持严厉打击非法"黑稀土"的高压态势，利用稀土追溯体系、稀土专用发票和海关税号等工具，加大流通领域的整治。同时建议尽快出台有关法规，对所涉企业和个人从严从重处罚，形成震慑。

二、对国内外稀土资源的获取予以政策性支持

为保障中国国内的稀土供应，鼓励六大稀土集团走出去，合理有效地利用国外资源。建议从政策上支持海外稀土资源的获取和开发利用，从而优化调整稀土资源的结构布局，建立中国稀土产业的海外战略支点，补充国内中重稀土资源供应，以达到促进行业平稳健康发展的最终目的。关于国内稀土资源方面，重视和加紧国内稀土原矿的探转采权证工作的推进力度，在政策方面予以支持。

三、加大南方稀土矿产资源开采技术的研发

建议国家支持重点企业在离子型稀土矿开采技术进步方面进行探索，加大镁盐工艺环保认证的协调推进力度。在环保督查的高压态势下，南方合法合规矿山纷纷停产，大量海外稀土矿涌入国内，一度改变了中重稀土供应格局，并有可能进一步影响到我国稀土的行业根基。针对现行南方离子型稀土矿开采技术现状无法满足环保标准的现实，急需改进和探索形成新的离子型稀土矿开采技术规范。建议国家鼓励有条件的重点企业和科研单位在前瞻性的环保标准下开展新的工艺技术试验，鼓励扶持企业和科研单位探索促进离子型稀土矿开采技术进步。

四、在中美贸易摩擦格局下提高稀土国际话语权

中美贸易摩擦进入了新阶段，美国对华贸易政策不断加码升级。稀土作为我国优势资源和高新科技领域的关键元素，可以发挥更大的作用。目前，我国已形成了六大稀土集团为主导的行业格局，作为出口管理的一项举措，国家可以引导我国稀土出口统一集中于六大稀土集团，这样有利于出口秩序的规范和行业稳定发展。同时建议有关部门牵头开展中美贸易摩擦格局下的稀土行业政策研究，正确引导社会舆论，使大家对打"稀土牌"有一个正确客观的认知：稀土不仅仅是中国有，海外储量也很可观。面对这样的现实情况，我们要理智的认识到稀土作为中美贸易战的武器是有一定局限性的；在贸易战中完全禁止向美国出口稀土，在实际操作中也困难重重。只有先确保我国稀土行业秩序更加有序完善，才能最终体现我国稀土的战略价值，逐渐拿回国际话语权，保证我国稀土在国际上的大国地位。

区 域 篇

第八章

东部地区

2020年,我国东部地区乙烯主要石油化工产品产量同比增加,硫酸、纯碱等产量同比降低;粗钢产量在全国占比略有下降、产品价格震荡运行;十种有色金属产量总体保持稳定,铜铝铅锌价格先跌后涨;水泥产量同比增加,平板玻璃产量同比降低,水泥价格震荡先跌后涨。

第一节 石油化工行业

一、生产情况

2020年,东部地区乙烯产量为1632.3万吨,同比增长5.5%,其中,广东省乙烯产量最高,超过365万吨,产量增幅较大的地区依次为浙江、江苏、福建。2020年,东部地区硫酸产量为1981.1万吨,同比下降6.5%。除天津外,其他所有省份产量均下降,其中降幅较大的地区依次为上海、江苏、辽宁。山东省硫酸产量最高,超过541万吨。2020年,东部地区烧碱产量为1862.0万吨,同比减少0.2%,其中降幅较大的地区依次为江苏、广东、福建。山东省产量最大,在东部地区产量中的占比达到52.8%(见表8-1)。

表8-1 2020年东部地区主要石油化工产品生产情况

地 区	乙 烯 产量(万吨)	乙 烯 同比(%)	硫 酸 产量(万吨)	硫 酸 同比(%)	烧 碱 产量(万吨)	烧 碱 同比(%)
北京	81.7	0.4	—	—	—	—
天津	111.8	-17.4	21.6	12.5	82.3	-4.9
河北	—	—	181.1	-2.3	125.4	8.7

续表

地 区	乙 烯 产量（万吨）	乙 烯 同比（%）	硫 酸 产量（万吨）	硫 酸 同比（%）	烧 碱 产量（万吨）	烧 碱 同比（%）
辽宁	183.9	-1.7	142.4	-7.0	76.5	-0.1
上海	206.1	-2.4	5.5	-36.0	70.7	-5.0
江苏	220.3	16.6	252.9	-20.5	247.2	-10.1
浙江	204.2	35.2	274.3	-9.8	208.4	3.8
福建	138.7	14.1	332.8	-2.9	35.9	-7.9
山东	119.9	-1.6	541.1	-0.6	982.4	2.2
广东	365.7	5.0	229.4	-6.0	33.2	-9.3
海南	—	—	—	—	—	—
东部地区	1632.3	5.5	1981.1	-6.5	1862.0	-0.2

数据来源：Wind 数据库，2021 年 4 月。

二、市场情况

以江苏省为例，2020 年甲醇价格走势呈抛物线形状，上半年甲醇价格震荡下行，由年初的接近 2500 元/吨下降到年中的约 1500 元/吨，降幅接近 70%。下半年以来，甲醇价格震荡走高，年底收于约 2500 元/吨（如图 8-1 所示）。

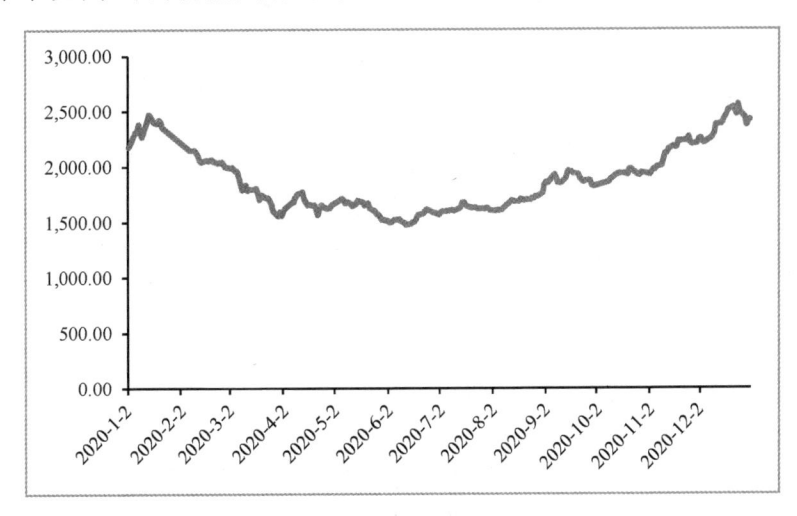

图 8-1　2020 年江苏甲醇市场价格走势（单位：元/吨）

（数据来源：Wind 数据库，2021 年 4 月）

第二节 钢铁行业

一、生产情况

2020 年，我国东部地区生铁、粗钢和钢材产量分别为 55413.0 万吨、63741.3 万吨和 85495.4 万吨，同比增速分别为 12.5%、5.0%和 9.2%（见表 8-2）。2020 年东部地区生铁、粗钢和钢材产量占全国总产量的比重分别为 62.4%、60.5%和 64.5%，生铁比重较上年同期略有上升，粗钢、钢材略有下降。

表 8-2　2020 年东部地区钢铁生产情况

地区	生铁 产量（万吨）	生铁 同比（%）	粗钢 产量（万吨）	粗钢 同比（%）	钢材 产量（万吨）	钢材 同比（%）
北京	—	—	0.0	—	184.4	8.0
天津	2198.9	6.1	2171.8	-1.0	5724.1	4.9
河北	22903.8	5.2	24977.0	3.4	31320.1	10.2
辽宁	7235.2	5.5	7609.4	3.4	7578.4	4.5
上海	1411.3	-5.3	1575.6	-3.9	1879.6	3.3
江苏	10022.9	36.4	12108.2	0.8	15004.9	5.6
浙江	852.8	2.1	1457.0	7.9	3806.7	9.8
福建	1106.2	6.6	2466.5	3.2	3861.7	3.3
山东	7523.2	30.4	7993.5	25.7	11269.3	21.3
广东	2158.7	3.5	3382.3	4.7	4866.2	7.9
海南	—	—	—	—	—	—
东部地区	55413.0	12.5	63741.3	5.0	85495.4	9.2

数据来源：Wind 数据库，2021 年 4 月。

二、市场情况

2020 年，东部地区螺纹钢价格先下行后震荡上行，年底价格快速上涨。以直径为 20mm 的 400MPa 螺纹钢价格为例，2 月份后价格快速下行，3 月份到 5 月份价格一直低位震荡运行，5 月份后价格逐渐缓慢回升，11 月后价格震荡快速上涨，在 12 月下旬到达年内高点。12 月末，北京、天津、广州、上海和唐山的价格分别为 4050 元/吨、4100 元/吨、4730 元/吨、4480 元/吨和 4130 元/吨，均高于上年同期水平（见表 8-3）。

表 8-3　2020 年东部重点城市 HRB400 20mm 螺纹钢价格（单位：元/吨）

时　　间	北京	天津	广州	上海	唐山
2019 年 12 月末	3,590.00	3,620.00	4,160.00	3,730.00	3,600.00
2020 年 1 月下旬	3,610.00	3,630.00	4,160.00	3,750.00	3,570.00
2020 年 2 月末	3,370.00	3,410.00	3,810.00	3,420.00	3,310.00
2020 年 3 月末	3,390.00	3,420.00	3,800.00	3,470.00	3,430.00
2020 年 4 月末	3,450.00	3,460.00	3,720.00	3,460.00	3,410.00
2020 年 5 月末	3,640.00	3,650.00	3,930.00	3,600.00	3,630.00
2020 年 6 月末	3,710.00	3,730.00	3,850.00	3,570.00	3,680.00
2020 年 7 月末	3,720.00	3,770.00	3,990.00	3,640.00	3,690.00
2020 年 8 月末	3,720.00	3,740.00	4,040.00	3,740.00	3,760.00
2020 年 9 月末	3,670.00	3,710.00	3,980.00	3,680.00	3,660.00
2020 年 10 月末	3,760.00	3,790.00	4,110.00	3,820.00	3,820.00
2020 年 11 月末	3,820.00	3,870.00	4,400.00	4,130.00	4,000.00
2020 年 12 月末	4,050.00	4,100.00	4,730.00	4,480.00	4,130.00

数据来源：Wind 数据库，2021 年 4 月。

2020 年，东部地区热轧板卷价格先下行后震荡上行，年底价格快速上涨后稍稍回落。以 4.75mm 热轧板卷价格为例，2 月初价格下行后持续低位运行，到 5 月份，价格开始逐步恢复，9 月初价格小幅回落后平稳运行，11 月开始价格快速上涨，12 月下旬达到年内高点，之后小幅回落。2020 年年底，北京、天津、广州、上海、邯郸的 4.75mm 热轧板卷价格分别为 4590 元/吨、4460 元/吨、4630 元/吨、4600 元/吨和 4510 元/吨，较上年底分别上涨 23.7%、19.3%、20.3%、17.3%和 20.3%（见表 8-4）。

表 8-4　2020 年东部重点城市 4.75mm 热轧板卷价格（单位：元/吨）

时　　间	北京	天津	广州	上海	邯郸
2019 年 12 月末	3,710.00	3,740.00	3,850.00	3,920.00	3,750.00
2020 年 1 月下旬	3,740.00	3,750.00	3,840.00	3,880.00	3,680.00
2020 年 2 月末	3,380.00	3,380.00	3,450.00	3,500.00	3,340.00

续表

时间	北京	天津	广州	上海	邯郸
2020年3月末	3,330.00	3,300.00	3,310.00	3,290.00	3,330.00
2020年4月末	3,360.00	3,340.00	3,320.00	3,300.00	3,310.00
2020年5月末	3,620.00	3,650.00	3,640.00	3,610.00	3,610.00
2020年6月末	3,710.00	3,730.00	3,730.00	3,740.00	3,710.00
2020年7月末	3,860.00	3,850.00	3,930.00	4,000.00	3,810.00
2020年8月末	3,960.00	3,960.00	4,010.00	4,060.00	3,950.00
2020年9月末	3,820.00	3,850.00	3,820.00	3,830.00	3,800.00
2020年10月末	3,850.00	3,860.00	3,920.00	3,950.00	3,860.00
2020年11月末	4,060.00	4,070.00	4,240.00	4,210.00	4,060.00
2020年12月末	4,590.00	4,460.00	4,630.00	4,600.00	4,510.00

数据来源：Wind数据库，2021年4月。

第三节　有色金属行业

一、生产情况

2020年，东部地区十种有色金属产量保持稳定，达到1330.3万吨，同比下降1.5%，占全国总产量的21.6%，较上年减少1.5个百分点。其中，降幅较大的地区依次为天津、浙江、山东，降幅分别为35.7%、14.1%、3.7%。山东省十种有色金属产量为929.2万吨，占东部地区总产量的69.8%，较上年下降8.1个百分点（见表8-5）。

表8-5　2019—2020年东部地区十种有色金属生产情况

地区	2020年 产量（万吨）	2020年 同比（%）	2019年 产量（万吨）	2019年 同比（%）
山东	929.2	-3.7	965.3	-6.6
辽宁	124.6	-2.5	127.8	11.5
福建	74.0	0.8	73.4	49.0
江苏	97.3	34	72.6	14.5
浙江	54.2	-14.1	63.1	1.0
广东	46.1	7.5	42.9	1.3
河北	4.0	0	4.0	-8.9

续表

地 区	2020年 产量（万吨）	2020年 同比（%）	2019年 产量（万吨）	2019年 同比（%）
天津	0.9	-35.7	1.4	-35.9
上海	-		0.1	-92.5
东部地区	1330.3	-1.5	1350.6	0.3

数据来源：Wind 数据库，2021 年 4 月。

二、市场情况

以上海为例，2020 年年初，铜现货平均价格震荡下行，3 月下旬跌至年内低点 36470 元/吨，之后震荡上行。7—9 月，铜价小幅微调。10 月以后震荡上行，12 月中旬达到年内高点 59115 元/吨，较年内低价上涨 62.1%（见图 8-2）。

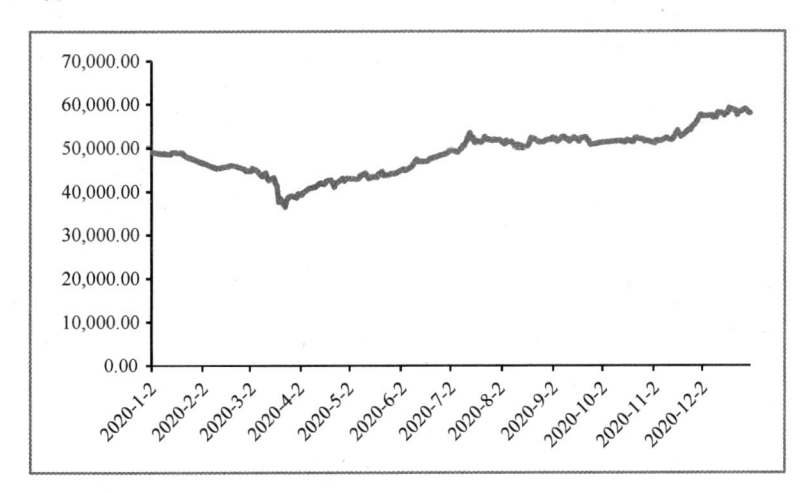

图 8-2　东部地区典型城市铜市场价格

（数据来源：Wind 数据库，2021 年 4 月）

2020 年铝现货平均价格走势与铜价基本相同。年初，铝现货平均价格震荡下行，3 月下旬跌至年内低点 11210 元/吨，之后震荡上行。7—9 月，铝价小幅微调。10 月以后震荡上行，12 月上旬达到年内高点 17080 元/吨，较年内低价上涨 52.4%（见图 8-3）。

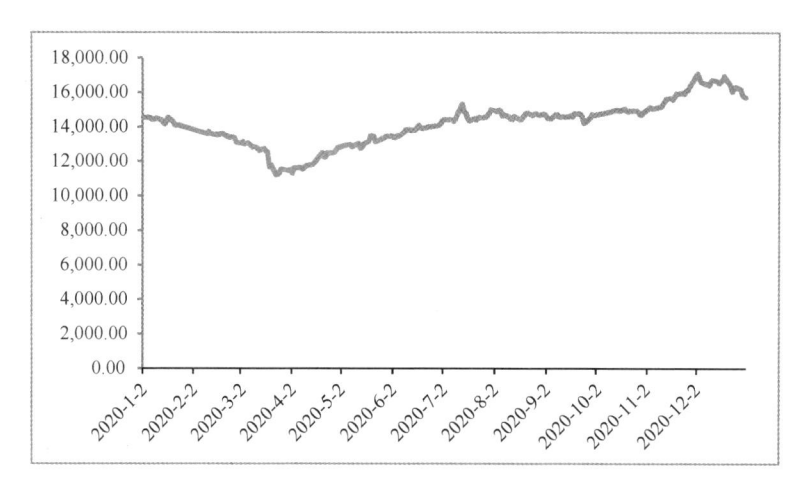

图 8-3 东部地区典型城市铝市场价格

（数据来源：Wind 数据库，2021 年 4 月）

第四节 建材行业

一、生产情况

2020 年 1—12 月，东部地区水泥产量为 91215.7 万吨，从产量来看，最高的为广东省（17075.6 万吨），最低的为北京市（286.9 万吨），从增速来看，最高的为辽宁省（15.8%），最低的为天津市（-19.8%）。平板玻璃产量为 51136.6 万重量箱，产量最高的为河北省（13728.4 万重量箱），增速最高的为山东省（9.5%）（见表 8-6）。

表 8-6　2020 年 1—12 月东部地区主要建材产品生产情况

区 域	水 泥 产量（万吨）	同比（%）	平 板 玻 璃 产量（万重量箱）	同比（%）
北京	286.9	-10.0	47.7	-16.2
天津	551.5	-19.8	3152.1	-5.2
河北	11717.5	14.5	13728.4	-7.3
辽宁	5335.1	15.8	4682.7	-7.4
上海	389.5	-9.4	-	-
江苏	15312.9	-4.6	1740.4	-4.9

续表

区　　域	水　泥		平 板 玻 璃	
	产量（万吨）	同比（%）	产量（万重量箱）	同比（%）
浙江	13236.1	-1.2	4253.3	-5.4
福建	9703.8	2.8	5361.6	4.8
山东	15768.0	9.8	7782.1	9.5
广东	17075.6	2.2	9963.7	-0.3
海南	1838.8	-8.9	424.6	-13.9
东部地区	91215.7	3.4	51136.7	-2.2

数据来源：Wind 数据库，2021 年 4 月。

二、市场情况

2020 年，东部地区水泥价格整体呈现抛物线形状，上半年价格震荡下行，下半年震荡上行。最低价出现在 7 月、8 月的石家庄，为 395 元/吨。最高价出现在 1 月份的上海，价格为 593 元/吨（见表 8-7）。

表 8-7　2020 年东部地区水泥价格（单位：元/吨）

月份	北京	天津	石家庄	上海	南京	济南
1 月	484.0	479.0	521.0	593.0	571.0	586.0
2 月	483.0	475.0	506.0	560.0	552.0	559.0
3 月	481.0	473.0	501.0	499.0	516.0	524.0
4 月	471.0	460.0	464.0	481.0	504.0	487.0
5 月	473.0	461.0	461.0	495.0	499.0	481.0
6 月	479.0	461.0	457.0	489.0	480.0	482.0
7 月	477.0	455.0	395.0	419.0	426.0	478.0
8 月	476.0	450.0	395.0	454.0	445.0	465.0
9 月	485.0	458.0	408.0	482.0	492.0	484.0
10 月	504.0	478.0	465.0	518.0	528.0	525.0
11 月	504.0	474.0	465.0	528.0	540.0	525.0
12 月	500.0	459.0	475.0	538.0	548.0	525.0

数据来源：Wind 数据库，2021 年 4 月。

第九章 中部地区

2020年，我国中部地区乙烯产量同比下降，硫酸、烧碱等主要石油化工产品产量同比增加，甲醇价格先跌后涨；粗钢产量在全国占比同比略有提升，生铁和钢材等略有降低，螺纹钢和热轧板卷价格震荡运行；十种有色金属产量较为平稳，在全国占比略有下降，铜铝铅锌价格震荡上涨；水泥产量同比略有增加，价格总体呈先跌后涨态势。

第一节 石油化工行业

一、生产情况

2020年，中部地区乙烯产量为313.0万吨，同比下降10.5%；中部地区硫酸产量为2571.9万吨，同比增长5.2%，其中湖北省硫酸产量最高，达到837.6万吨；中部地区烧碱产量为650.3万吨，同比增长23.0%，其中江西省、安徽省产量增幅较大，同比分别增长183.0%、11.0%（见表9-1）。

表9-1　2020年中部地区主要石油化工产品生产情况

地 区	乙 烯 产量（万吨）	乙 烯 同比（%）	硫 酸 产量（万吨）	硫 酸 同比（%）	烧 碱 产量（万吨）	烧 碱 同比（%）
山西	-	-	44.4	-10.1	48.7	-3.4
吉林	86.0	-0.8	79.9	-7.1	2.6	0
黑龙江	131.1	1.9	5.5	31.0	22.7	0.9
安徽	-	-	673.9	16.9	85.5	11.0
江西	0.6	-77.8	287.5	-0.4	180.0	183.0

续表

地　区	乙　烯		硫　酸		烧　碱	
	产量（万吨）	同比（%）	产量（万吨）	同比（%）	产量（万吨）	同比（%）
河南	24.9	-12.3	435.6	4.1	170.7	-1.9
湖北	69.8	-22.4	837.6	-1.3	80.4	0.5
湖南	0.6	-95.5	207.5	20.9	59.7	2.2
中部地区	313.0	-10.5	2571.9	5.2	650.3	23.0

数据来源：Wind 数据库，2021 年 4 月。

二、市场情况

甲醇价格以安徽为例，价格走势与江苏类似，为抛物线形状，上半年价格震荡下跌，下半年价格震荡上行，全年市场价格在 1500 元/吨～2500 元/吨震荡（见图 9-1）。

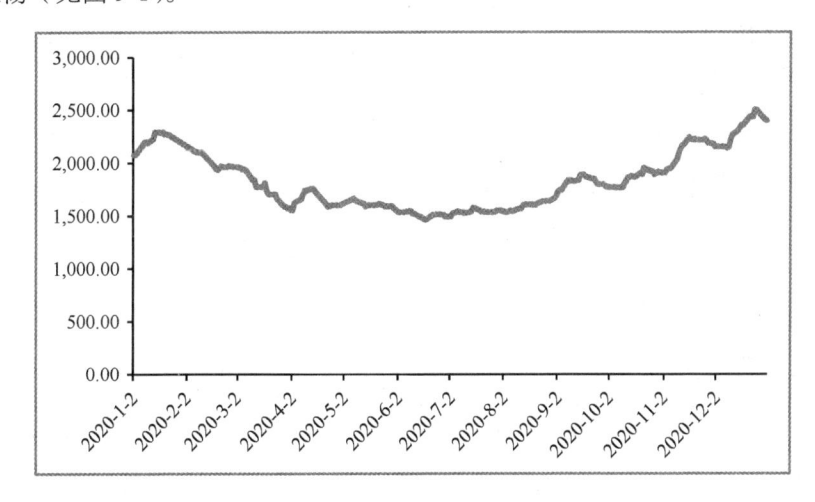

图 9-1　2020 年安徽甲醇市场价格走势（单位：元/吨）

（数据来源：Wind 数据库，2021 年 4 月）

第二节　钢铁行业

一、生产情况

2020 年，中部地区生铁、粗钢和钢材的产量分别为 20831.6 万吨、25229.1 万吨、26035.7 万吨，分别同比增长 5.9%、8.1%和 8.8%。2020 年中部地区

生铁、粗钢和钢材产量占全国总产量的比重分别为 23.5%、24.0%和 19.7%，粗钢占比略有提高，生铁和钢材占比略有下降（见表 9-2）。

表 9-2　2020 年中部地区钢铁生产情况

地　区	生　铁 产量（万吨）	生　铁 同比（%）	粗　钢 产量（万吨）	粗　钢 同比（%）	钢　材 产量（万吨）	钢　材 同比（%）
山西	6089.1	9.6	6637.8	9.9	6181.5	10.5
吉林	1407.7	12.0	1525.6	12.5	1661.6	7.6
黑龙江	863.1	7.8	986.6	10.1	879.0	12.4
安徽	2537.3	0.3	3696.7	14.7	3607.5	14.2
江西	2332.1	5.1	2682.6	6.2	3093.9	10.7
河南	2769.5	7.6	3530.2	7.0	4233.4	10.3
湖北	2727.4	-1.4	3557.2	-1.5	3649.1	-3.2
湖南	2105.4	6.7	2612.9	9.5	2729.7	11.3
中部地区	20831.6	5.9	25229.1	8.1	26035.7	8.8

数据来源：Wind 数据库，2021 年 4 月。

二、市场情况

2020 年，中部地区螺纹钢价格先下行后震荡缓慢上行，年底价格快速上涨。以直径为 20mm 的 400MPa 螺纹钢价格为例，2 月中旬后价格快速下行，之后价格低位震荡，缓慢上行，11 月后价格震荡快速上涨，11 月中旬到 12 月中旬出现短暂震荡平台，后价格又快速上涨，在 12 月下旬到达年内高点。12 月末，武汉、合肥、长沙、郑州和太原直径为 20mm 的 400MPa 螺纹钢价格分别为 4440 元/吨、4560 元/吨、4560 元/吨、4240 元/吨和 4150 元/吨，分别较上年末上涨 16.5%、14.6%、15.7%、13.1%和 12.2%（见表 9-3）。

表 9-3　2020 年中部重点城市 HRB400 20mm 螺纹钢价格（单位：元/吨）

时　间	武汉	合肥	长沙	郑州	太原
2019 年 12 月末	3,810.00	3,980.00	3,940.00	3,750.00	3,700.00
2020 年 1 月下旬	3,810.00	3,970.00	3,970.00	3,780.00	3,730.00
2020 年 2 月末	3,560.00	3,710.00	3,680.00	3,620.00	3,630.00
2020 年 3 月末	3,560.00	3,670.00	3,680.00	3,630.00	3,630.00
2020 年 4 月末	3,520.00	3,680.00	3,670.00	3,650.00	3,610.00

续表

时间	武汉	合肥	长沙	郑州	太原
2020年5月末	3,680.00	3,830.00	3,840.00	3,800.00	3,740.00
2020年6月末	3,590.00	3,800.00	3,760.00	3,710.00	3,750.00
2020年7月末	3,660.00	3,890.00	3,870.00	3,740.00	3,780.00
2020年8月末	3,760.00	3,980.00	3,980.00	3,810.00	3,810.00
2020年9月末	3,680.00	3,870.00	3,840.00	3,800.00	3,760.00
2020年10月末	3,780.00	3,970.00	3,960.00	3,880.00	3,840.00
2020年11月末	4,130.00	4,260.00	4,300.00	4,110.00	4,030.00
2020年12月末	4,440.00	4,560.00	4,560.00	4,240.00	4,150.00

数据来源：Wind 数据库，2021 年 4 月。

2020 年，中部地区热轧板卷价格先下行后震荡上行，年底价格快速上涨后回落。以 4.75mm 热轧板卷价格为例，2 月初价格下行后持续低位运行，5 月中旬价格震荡上行，9 月份价格小幅回落后平稳运行，11 月开始价格快速上涨，12 月下旬达到年内高点后回落。2020 年年底，武汉、合肥、长沙、郑州、太原 4.75mm 热轧板卷价格分别为 4660 元/吨、4700 元/吨、4670 元/吨、4530 元/吨和 4470 元/吨，分别较上年末上涨 19.2%、17.5%、17.9%、17.4% 和 19.5%（见表 9-4）。

表 9-4　2020 年中部重点城市 4.75mm 热轧板卷价格（单位：元/吨）

时间	武汉	合肥	长沙	郑州	太原
2019年12月末	3,910.00	4,000.00	3,960.00	3,860.00	3,740.00
2020年1月下旬	3,850.00	3,980.00	3,880.00	3,830.00	3,740.00
2020年2月末	3,600.00	3,620.00	3,580.00	3,440.00	3,540.00
2020年3月末	3,410.00	3,500.00	3,510.00	3,420.00	3,460.00
2020年4月末	3,340.00	3,430.00	3,450.00	3,410.00	3,380.00
2020年5月末	3,650.00	3,650.00	3,700.00	3,680.00	3,630.00
2020年6月末	3,760.00	3,820.00	3,830.00	3,780.00	3,760.00
2020年7月末	3,920.00	4,000.00	3,960.00	3,890.00	3,870.00
2020年8月末	4,040.00	4,110.00	4,110.00	3,990.00	3,970.00
2020年9月末	3,920.00	3,950.00	3,960.00	3,870.00	3,860.00
2020年10月末	3,980.00	4,030.00	4,000.00	3,930.00	3,920.00

续表

时 间	武汉	合肥	长沙	郑州	太原
2020 年 11 月末	4,200.00	4,200.00	4,300.00	4,130.00	4,030.00
2020 年 12 月末	4,660.00	4,700.00	4,670.00	4,530.00	4,470.00

数据来源：Wind 数据库，2021 年 4 月。

第三节 有色金属行业

一、生产情况

2020 年，中部地区十种有色金属产量较上年增加 41 万吨至 1264.9 万吨，同比增长 3.3%，占全国总产量的 20.5%，较上年降低 0.5 个百分点。其中，河南省十种有色金属产量同比减少 3.9%，为 418.6 万吨，占中部地区总产量的 33.1%，较上年降低 2.5 个百分点（见表 9-5）。

表 9-5　2019—2020 年中部地区十种有色金属生产情况

地 区	2020 年 产量（万吨）	2020 年 同比（%）	2019 年 产量（万吨）	2019 年 同比（%）
河南	418.6	-3.9	435.5	-5.7
安徽	224.6	11.1	202.2	11.3
湖南	215.0	10.9	193.9	-0.6
江西	202.5	8.5	186.6	7.9
山西	97.8	-6.3	104.4	-17.5
湖北	80.6	-6.1	85.8	11.0
吉林	12.6	-3.8	13.1	3.8
黑龙江	13.2	473.9	2.3	0.0
中部地区	1264.9	3.3	1223.9	0.2

数据来源：Wind 数据库，2021 年 4 月。

二、市场情况

以郑州为例，2020 年年初，铜现货平均价格震荡下行，3 月下旬跌至年内低点 36550 元/吨，之后触底反弹。7—9 月，铜价小幅回调。10 月以后震荡上行，12 月中旬铜价达年内高点 59150 元/吨，较年内低点上涨 61.8%（见图 9-2）。

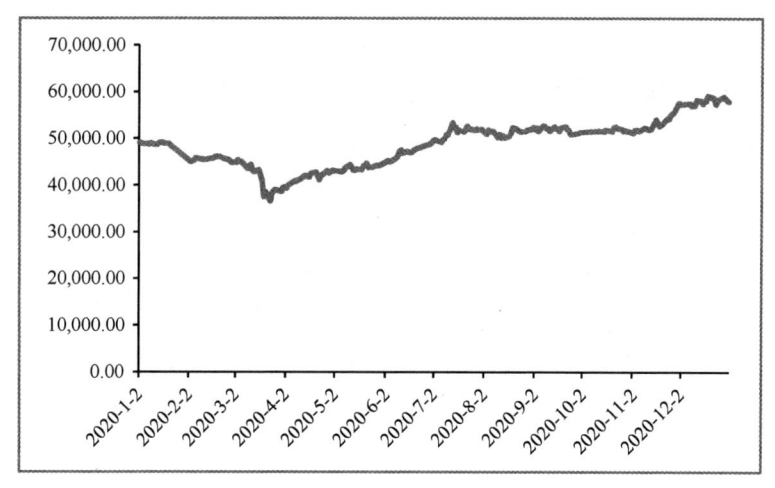

图 9-2　中部地区典型城市铜市场价格

（数据来源：Wind 数据库，2021 年 4 月）

2020 年铝现货平均价格走势与铜价基本相同。年初，铝现货平均价格震荡下行，3 月下旬跌至年内低点 11210 元/吨，之后震荡上行。7—9 月，铝价小幅微调。10 月以后震荡上行，12 月上旬达到年内高点 17090 元/吨，较年内低价大幅上涨 52.5%（见图 9-3）。

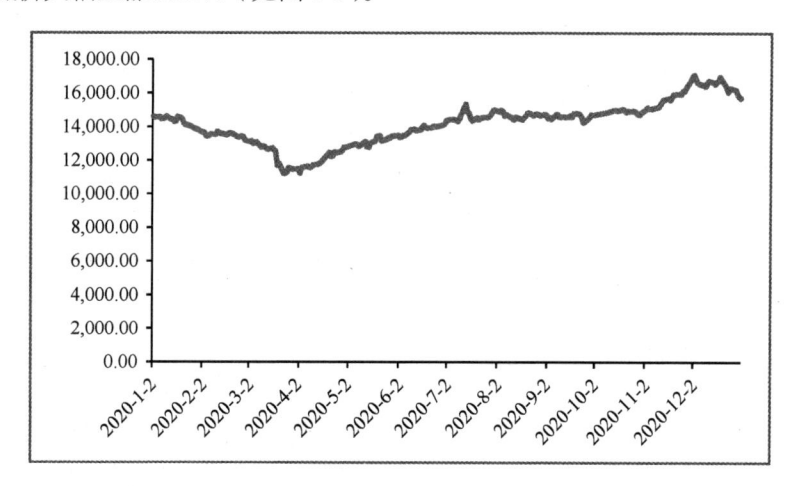

图 9-3　中部地区典型城市铝市场价格

（数据来源：Wind 数据库，2021 年 4 月）

第四节 建材行业

一、生产情况

2020年1—12月，中部地区水泥产量为66324.5万吨，同比增长1.0%，从产量看，最高的为安徽省（14176.2万吨），最低的为吉林省（1991.1万吨），从增速看，最高的为河南省（12.0%），最低的为湖北省（-13.0%）。平板玻璃产量为24090万重量箱，同比增长1.3%，其中产量最高的为湖北省（9584.5万重量箱），增速最高的为山西省（21.9%）（见表9-6）。

表9-6 2020年1—12月中部地区主要建材产品生产情况

区域	水泥产量（万吨）	同比（%）	平板玻璃产量（万重量箱）	同比（%）
山西	5387.2	8.1	2252.2	21.9
吉林	1991.1	10.5	1199.0	1.9
黑龙江	2135.0	8.0	399.1	-0.9
安徽	14176.2	1.3	4489.2	5.8
江西	9769.7	1.5	445.0	0.7
河南	11721.9	12.0	1899.6	-3.7
湖北	10108.7	-13.0	9584.5	-6.9
湖南	11034.7	-1.4	3821.4	12.6
中部地区	66324.5	1.0	24090	1.3

数据来源：Wind数据库，2021年4月。

二、市场情况

2020年，中部地区水泥价格走势与东部地区大体相似，上半年震荡下行，下半年震荡上行。年内最高价出现在1月份的郑州，价格为588元/吨。最低价出现在8月、9月的太原，价格为375元/吨。太原水泥价格整体较其他中部地区略低（见表9-7）。

表 9-7　2020 年中部地区水泥价格（单位：元/吨）

月份	太原	合肥	郑州	武汉	长沙
1月	442.0	503.0	588.0	559.0	535.0
2月	412.0	503.0	569.0	544.0	526.0
3月	413.0	493.0	496.0	544.0	490.0
4月	414.0	483.0	470.0	527.0	459.0
5月	414.0	480.0	499.0	510.0	469.0
6月	390.0	480.0	501.0	509.0	486.0
7月	377.0	436.0	416.0	487.0	467.0
8月	375.0	417.0	448.0	470.0	462.0
9月	375.0	440.0	491.0	497.0	481.0
10月	385.0	478.0	484.0	485.0	514.0
11月	385.0	491.0	519.0	509.0	519.0
12月	385.0	509.0	545.0	535.0	523.0

数据来源：Wind 数据库，2021 年 4 月。

第十章

西部地区

2020年，我国西部地区硫酸等主要石油化工产品产量同比减少，乙烯、烧碱等产品产量同比增加。甲醇价格先跌后涨；生铁、粗钢和钢产量同比略有增加，螺纹钢和热轧卷板价格震荡运行；十种有色金属产量在全国占比增加，铜铝铅锌价格震荡运行；水泥、平板玻璃产量同比略有上升，水泥价格区域差异明显。

第一节 石油化工行业

一、生产情况

2020年，西部地区乙烯产量为214.7万吨，同比增长27.3%；西部地区硫酸产量为3779.1万吨，同比减少13.6%，其中云南省硫酸产量最高，超过1566万吨；西部地区烧碱产量为1131.1万吨，同比增长5.7%，其中广西、甘肃、宁夏增幅较大，同比分别增长33.5%、13.0%、10.9%（见表10-1）。

表10-1 2020年西部地区主要石油化工产品生产情况

地区	乙烯 产量（万吨）	乙烯 同比（%）	硫酸 产量（万吨）	硫酸 同比（%）	烧碱 产量（万吨）	烧碱 同比（%）
内蒙古	4.0	-13.0	494.9	17.7	332.2	8.1
广西	-	-	444.1	15.9	82.4	33.5
重庆	-	-	59.4	-63.2	35.1	-2.8
四川	-	-	513.0	-21.2	120.4	-0.7
贵州	-	-	195.7	-72.2	-	-

续表

地　区	乙　烯		硫　酸		烧　碱	
	产量（万吨）	同比（%）	产量（万吨）	同比（%）	产量（万吨）	同比（%）
云南	-	-	1566.4	7.3	22.9	-12.3
西藏	-	-	-	-	-	-
陕西	-	-	119.2	3.7	118.8	10.0
甘肃	69.7	30.8	248.3	-24.3	36.4	13.0
青海	-	-	13.7	75.6	19.6	-53.7
宁夏	-	-	63.2	7.8	73.1	10.9
新疆	141.0	27.3	61.2	-25.7	290.2	7.7
西部地区	214.7	27.3	3779.1	-13.6	1131.8	5.7

数据来源：Wind 数据库，2021 年 4 月。

二、市场情况

甲醇价格以广西为例，价格走势与江苏、安徽总体类似，呈抛物线形状，上半年价格震荡下行，下半年震荡上行。全年市场价格在 1500 元/吨～2500 元/吨震荡（如图 10-1 所示）。

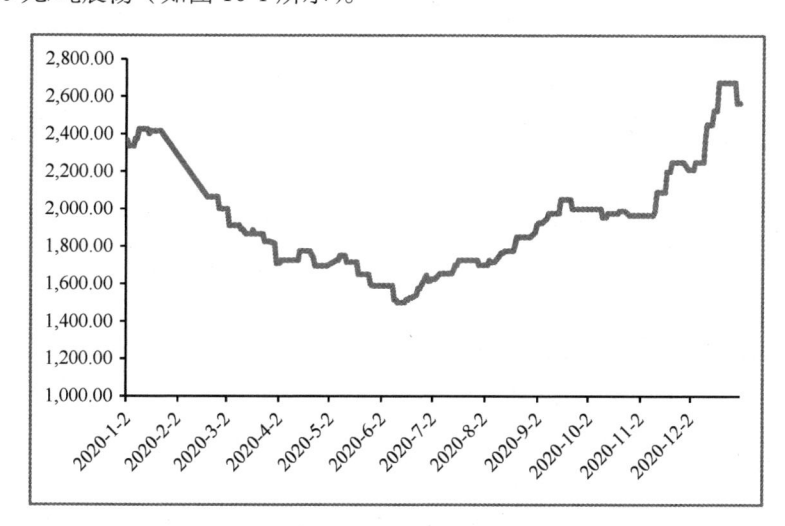

图 10-1　2020 年广西甲醇市场价格走势（单位：元/吨）

（数据来源：Wind 数据库，2021 年 4 月）

第二节 钢铁行业

一、生产情况

2020年，西部地区生铁、粗钢和钢材产量为12507.5万吨、16311.6万吨和20958.4万吨，分别同比增长4.3%、4.6%和15.1%。2020年西部地区生铁、粗钢和钢材产量占全国总产量的比重分别为14.1%、15.5%和15.8%，生铁、粗钢占比略有下降，钢材占比略有提高（见表10-2）。

表10-2 2020年西部地区钢铁生产情况

地区	生铁 产量（万吨）	生铁 同比（%）	粗钢 产量（万吨）	粗钢 同比（%）	钢材 产量（万吨）	钢材 同比（%）
内蒙古	2380.8	3.4	3119.9	17.6	2883.9	12.5
广西	1457.1	-0.6	2724.2	2.3	4731.2	41.4
重庆	637.8	4.4	900.0	-2.3	1310.0	15.3
四川	2136.8	0.3	2792.6	2.2	3437.2	3.9
贵州	368.6	5.0	461.9	4.4	741.1	4.7
云南	1873.3	4.8	2233.0	3.6	2640.7	13.7
西藏自治区	-	-	-	-	-	-
陕西	1232.2	-0.4	1521.5	6.3	2020.0	-0.9
甘肃	782.3	18.7	1059.2	20.7	1102.7	17.7
青海	160.3	5.6	193.2	8.1	189.1	4.7
宁夏	320.0	164.8	-	-	482.0	57.4
新疆	1158.3	-1.0	1306.1	5.6	1420.5	3.8
西部地区	12507.5	4.3	16311.6	4.6	20958.4	15.1

数据来源：Wind数据库，2021年4月。

二、市场情况

2020年，西部地区螺纹钢价格波动运行，呈现"W"态势。以直径为20mm的400MPa螺纹钢价格为例，2月下旬后价格下行，4月中旬达到低点，随后上行到6月中旬出现波峰，之后缓慢下行，11月后价格震荡快速上涨，在12月下旬到达年内高点后稍微回落。12月末，重庆、成都、贵阳、昆明、西安、兰州和乌鲁木齐螺纹钢的价格分别为4470元/吨、4370元/吨、

4440 元/吨、4780 元/吨、4150 元/吨、4310 元/吨、4070 元/吨，分别较上年末下降 14.9%、11.8%、11.6%、8.6%、10.7%、11.9%和 13.1%。（见表 10-3）。

表 10-3　2020 年西部重点城市 HRB400 20mm 螺纹钢价格（单位：元/吨）

时　　间	重庆	成都	贵阳	昆明	西安	兰州	乌鲁木齐
2019 年 12 月末	3,890.00	3,910.00	3,980.00	4,400.00	3,750.00	3,850.00	3,600.00
2020 年 1 月下旬	3,910.00	3,920.00	4,050.00	4,410.00	3,770.00	3,850.00	3,620.00
2020 年 2 月末	3,770.00	3,720.00	3,860.00	4,370.00	3,650.00	3,830.00	3,620.00
2020 年 3 月末	3,670.00	3,690.00	3,790.00	4,260.00	3,590.00	3,740.00	3,640.00
2020 年 4 月末	3,670.00	3,680.00	3,770.00	4,280.00	3,600.00	3,730.00	3,700.00
2020 年 5 月末	3,820.00	3,870.00	3,920.00	4,420.00	3,740.00	3,890.00	3,960.00
2020 年 6 月末	3,720.00	3,750.00	3,840.00	4,180.00	3,680.00	3,820.00	4,000.00
2020 年 7 月末	3,800.00	3,770.00	3,850.00	4,210.00	3,720.00	3,800.00	3,910.00
2020 年 8 月末	3,910.00	3,840.00	3,980.00	4,290.00	3,740.00	3,880.00	3,780.00
2020 年 9 月末	3,730.00	3,670.00	3,820.00	4,140.00	3,670.00	3,820.00	3,560.00
2020 年 10 月末	3,840.00	3,810.00	3,890.00	4,200.00	3,800.00	3,850.00	3,650.00
2020 年 11 月末	4,150.00	4,130.00	4,120.00	4,480.00	3,990.00	3,970.00	3,750.00
2020 年 12 月末	4,470.00	4,370.00	4,440.00	4,780.00	4,150.00	4,310.00	4,070.00

数据来源：Wind 数据库，2021 年 4 月。

2020 年，西部地区热轧板卷价格先下行后震荡上行，年底价格快速上涨后回落。以 4.75mm 热轧板卷价格为例，2 月份价格下行后持续低位运行，5 月份价格震荡缓慢上行，12 月初价格快速上涨，12 月下旬达到年内高点后回落。2020 年年底，重庆、成都、昆明、西安、兰州和乌鲁木齐的价格分别为 4760 元/吨、4780 元/吨、4870 元/吨、4590 元/吨、4680 元/吨和 4550 元/吨，分别较上年末上涨 19.9%、18.3%、19.7%、20.8%、21.9%和 18.2%。（见表 10-4）。

表 10-4　2020 年西部重点城市 4.75mm 热轧板卷价格（单位：元/吨）

时　　间	重庆	成都	昆明	西安	兰州	乌鲁木齐
2019 年 12 月末	3,970.00	4,040.00	4,070.00	3,800.00	3,840.00	3,850.00
2020 年 1 月下旬	3,960.00	4,030.00	3,990.00	3,800.00	3,840.00	3,830.00
2020 年 2 月末	3,600.00	3,670.00	3,660.00	3,600.00	3,720.00	3,830.00

续表

时　　间	重庆	成都	昆明	西安	兰州	乌鲁木齐
2020年3月末	3,610.00	3,700.00	3,650.00	3,500.00	3,560.00	3,730.00
2020年4月末	3,560.00	3,630.00	3,620.00	3,400.00	3,530.00	3,630.00
2020年5月末	3,810.00	3,850.00	3,810.00	3,670.00	3,720.00	3,730.00
2020年6月末	3,860.00	3,970.00	3,940.00	3,830.00	3,830.00	3,830.00
2020年7月末	3,910.00	3,980.00	4,050.00	3,910.00	3,920.00	3,950.00
2020年8月末	4,000.00	4,030.00	4,100.00	3,890.00	4,030.00	4,030.00
2020年9月末	3,850.00	3,900.00	4,000.00	3,850.00	4,030.00	3,960.00
2020年10月末	3,940.00	3,990.00	3,970.00	3,830.00	4,040.00	4,080.00
2020年11月末	4,160.00	4,230.00	4,190.00	4,060.00	4,150.00	4,080.00
2020年12月末	4,760.00	4,780.00	4,870.00	4,590.00	4,680.00	4,550.00

数据来源：Wind数据库，2021年4月。

第三节　有色金属行业

一、生产情况

2020年，西部地区十种有色金属产量达到3672.9万吨，较上年同期增加9.4%，占全国总产量的57.9%，较上年同期增加2个百分点。其中，内蒙古十种有色金属产量位居西部首位，产量达到725.5万吨，较上年同期增加14.3%，占西部地区十种有色金属总产量的20.3%。新疆十种有色金属产量同比减少0.9%。此外，云南、四川、广西等产量增速较快（见表10-5）。

表10-5　2019—2020年西部地区十种有色金属生产情况

地　　区	2020年 产量（万吨）	2020年 同比（%）	2019年 产量（万吨）	2019年 同比（%）
内蒙古	725.5	14.3	634.9	17.7
新疆	613.8	-0.9	619.6	-5.2
云南	511.4	26.2	405.1	13.5
广西	413.7	10.7	373.8	25.6
甘肃	350.6	6.6	329.0	-1.9
青海	268.4	7.0	250.9	0.8
陕西	221.2	7.7	205.4	3.1

续表

地 区	2020 年		2019 年	
	产量（万吨）	同比（%）	产量（万吨）	同比（%）
贵州	163.4	5.4	155.1	19.6
宁夏	127.2	-4.6	133.4	-1.9
四川	120.5	24.2	97.0	14.8
重庆	56.3	-9.5	62.2	7.9
西藏	0.9	3.4	0.87	-10.7
西部地区	3572.9	9.4	3267.2	4.7

数据来源：Wind 数据库，2021 年 4 月。

二、市场情况

以西安为例，2020 年年初，铜现货平均价格震荡下行，3 月下旬跌至年内低点 36600 元/吨，之后触底反弹。7—9 月，铜价小幅回调。10 月以后震荡上行，12 月中旬铜价达年内高点 59150 元/吨，较年内低点上涨 61.6%（见图 10-2）。

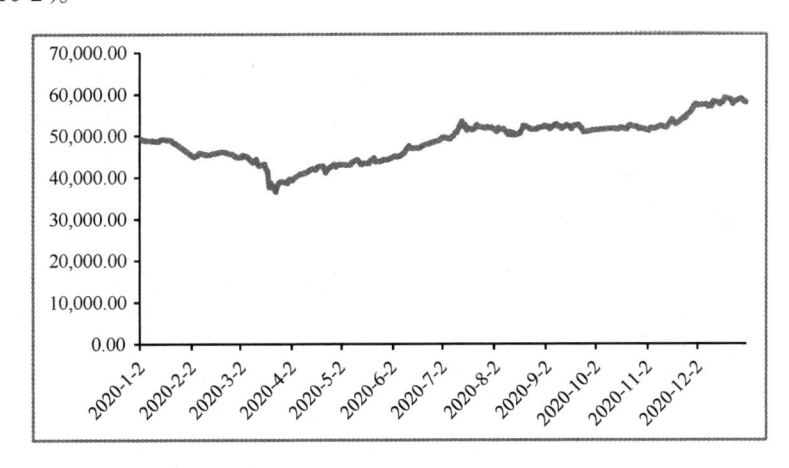

图 10-2 西部地区典型城市铜市场价格

（数据来源：Wind 数据库，2021 年 4 月）

2020 年铝现货平均价格走势与铜价基本相同。年初，铝现货平均价格震荡下行，3 月下旬跌至年内低点 11240 元/吨，之后震荡上行。7—9 月，铝价小幅微调。10 月以后震荡上行，12 月上旬达到年内高点 17100 元/吨，较年内低点大幅上涨 52.1%（见图 10-3）。

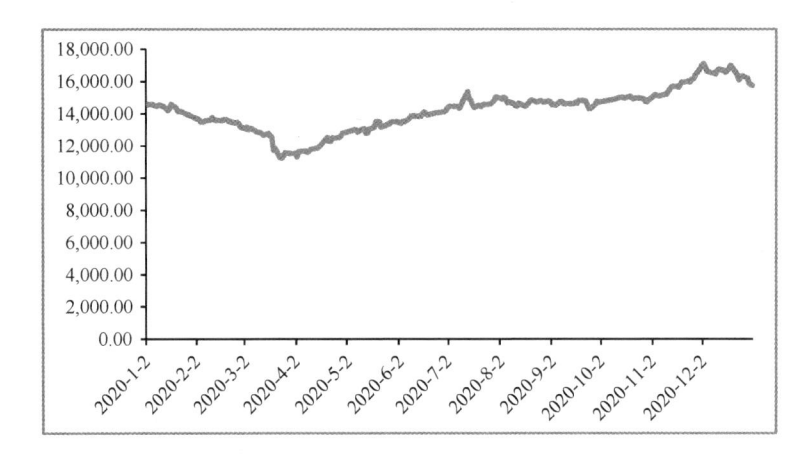

图 10-3　部地区典型城市铝市场价格

（数据来源：Wind 数据库，2021 年 4 月）

第四节　建材行业

一、生产情况

2020 年 1—12 月，西部地区水泥产量为 80150.9 万吨，从产量看，最高的为四川省（14495.8 万吨），最低的为西藏自治区（1085.0 万吨）；从增速看，最高的为内蒙古（8.2%），最低的为青海省（-9.2%）。平板玻璃产量为 19345.6 万重量箱，其中产量最高的为四川省（5885.7 万吨），增速最高的为广西（124.2%）（见表 10-6）。

表 10-6　2020 年 1—12 月西部地区主要建材产品生产情况

区　域	水　泥 产量（万吨）	同比（%）	平板玻璃 产量（万重量箱）	同比（%）
内蒙古	3532.4	8.2	1041.2	4.9
广西	12137.1	1.8	2650.2	124.2
重庆	6505.2	-3.7	1596.4	24.9
四川	14495.8	2.3	5885.7	1.6
贵州	10797.4	-1.8	1655.3	-5.5
云南	12984.7	1.1	2449.3	39.9
西藏	1085.0	0.4	-	-

续表

区　域	水　泥		平板玻璃	
	产量（万吨）	同比（%）	产量（万重量箱）	同比（%）
陕西	6798.9	2.7	2222.5	13.0
甘肃	4651.2	5.5	519.3	-6.7
青海	1216.3	-9.2	74.3	-41.4
宁夏	1977.5	4.7	422.7	0.2
新疆	3969.4	3.5	828.7	6.3
西部地区	80150.9	1.3	19345.6	16.5

数据来源：Wind 数据库，2021 年 4 月。

二、市场情况

2020 年，西部地区水泥价格总体平稳，总体呈现先跌后涨再跌的发展趋势。年内最高价出现在 1 月份的西安，价格为 557 元/吨。最低价出现在 12 月份的呼和浩特，价格为 331 元/吨（见表 10-7）。

表 10-7　2020 年西部地区水泥价格（单位：元/吨）

月份	呼和浩特	南宁	重庆	成都	昆明	西安
1 月	377.0	468.0	453.0	530.0	358.0	557.0
2 月	377.0	446.0	448.0	529.0	338.0	547.0
3 月	377.0	441.0	437.0	492.0	327.0	540.0
4 月	370.0	423.0	424.0	459.0	327.0	517.0
5 月	370.0	442.0	440.0	446.0	335.0	535.0
6 月	359.0	454.0	449.0	468.0	362.0	532.0
7 月	347.0	416.0	448.0	468.0	377.0	517.0
8 月	357.0	404.0	433.0	456.0	377.0	482.0
9 月	347.0	420.0	410.0	441.0	377.0	483.0
10 月	343.0	432.0	406.0	434.0	357.0	515.0
11 月	343.0	446.0	423.0	464.0	357.0	515.0
12 月	331.0	472.0	425.0	461.0	382.0	531.0

数据来源：Wind 数据库，2021 年 4 月。

园区篇

第十一章

石油化工行业重点园区

2020年是化工行业转型升级的关键时期，加快建设一批产业特色显著、上下游协调配套、资源综合循环利用、公用平台运转高效、一体化智能化管理的先进化工园区显得尤为重要，综合来看，呈现绿色化水平进一步提升、世界级石化基地构建加速、标准化体系雏形初现、智慧化管理更受重视的特点。其中发展较好的典型园区有宁波石化经济技术开发区和成都新材料产业功能区。

第一节 宁波石化经济技术开发区

一、园区概述

宁波石化经济技术开发区（以下简称"经开区"），于1997年11月经宁波市政府批准设立，2006年3月经浙江省政府批准升级为省级开发区。2010年12月，经国务院批准升格为国家级经济技术开发区，并定名为宁波石化经济技术开发区。2008年12月，被国家发改委和工信部认定为国家新材料高技术产业基地化工新材料基地。2010年1月，被工信部认定为国家新型工业化产业示范基地。2011年1月，被科技部认定为国家化工新材料高新技术产业化基地。2014年7月，国家发改委办公厅、财政部办公厅联合确定为国家循环化改造示范试点园区，是全国七大石化产业基地之一。2017年被工信部认定为全国第一批绿色园区，也是浙江省第一家。

经开区地处经济发达的长江三角洲南翼，宁波东北部辽阔的海涂上，依江临海。园区总用地面积约40平方公里。园区利用镇海液体化工码头、镇海炼化、丰富的滩涂资源、方便快捷的交通运输网络、活跃的浙江民营经济

和民间资本等优势，坚持按照"规划先导、基础先行、分步实施、内外资并举"和可持续发展的工作要求，本着"外向型、高起点"和"持续、快速、安全、健康"的发展理念，结合石油化工行业的特点，努力营造一个以炼油和乙烯项目为支撑、以液体化工码头为依托、上下游产业一体化、资源配置集约化、生产与生态环境均衡协调的石化和化工新材料专业园区。

二、发展经验

一是围绕产业链实施强链补链工程。经开区重点围绕园区高性能合成橡胶产业链、高端合成树脂产业链、炼化一体化与化工新材料产业链，着力推动产业基础高级化、产业链现代化，实现重点产业链关键环节创新突破。按照"研发突破一批、规模量产一批、协同创新一批"的原则，建立健全重点产业链关键环节强链补链项目储备机制，实现产业链关键环节核心技术产品的自主可控，进一步夯实制造业基础。

二是实施绿色发展。紧紧围绕宁波建设国际港口名城、打造东方文明之都发展战略，坚定不移地走高质量发展之路，积极推动石化产业绿色发展、融合发展、协同发展，助推名城名都建设，努力打造一个极具竞争力的世界级的绿色石化基地。

第二节 成都新材料产业功能区

一、园区概况

成都新材料产业功能区（以下简称"功能区"）位于成都市西北部，地处彭州市隆丰街道，距成都市区40公里、彭州市区10公里，功能区管理面积87.4平方公里（覆盖隆丰街道全域），其中产业发展区规划面积15平方公里，包括成都石油化学工业园和先进材料产业园。2019年，获批四川省首批院士（专家）产业园、四川省新型工业化产业示范基地等称号。功能区以四川石化和川西气田丰富的石油化工产品和天然气资源为依托，重点发展炼化一体化、石化循环利用、化工先进材料、精细及专用化学品、天然气利用等产业，打造绿色、智慧、循环化工园区，建设国际一流、国内领先的中国有机新材高地。功能区总体空间按"一区两园六组团"（两园：成都石油化学工业园和先进材料产业园；六组团：炼化一体化组团、综合利用及化工先进材料组团、仓储物流组团、先进材料及精细化学品组团、天然气利用组团、

综合服务组团），"一水一带一湿地"（小石河、环园区生态带、湔江生态湿地）布局。其中，成都石油化学工业园占地面积 8.4 平方公里（包括产业用地 6.4 平方公里，铁路编组站等配套设施用地 2 平方公里）；先进材料产业园规划面积 6.6 平方公里（包括起步区 2 平方公里、预留区 3.5 平方公里、仓储物流区 0.5 平方公里、综合配套服务区 0.6 平方公里）。

截至目前，功能区已签约产业化项目 17 个，总投资约 440 亿元，引进大连理工成都研究院、石化装卸站等 10 个产业链配套项目。其中，四川石化、三菱化学等 8 个项目已建成投产；科之杰、宏鼎等 9 个项目正在办理开工前期手续。功能区依托环氧乙烯、聚乙烯、碳五、碳九等原料供给优势，已初步形成以奥克化学为代表的环氧乙烷产业集群；以聚地石油为代表的石化循环利用产业集群；以朗盈、昱泰、晟源为代表的碳五碳九综合利用产业集群。功能区现有四川石化、三菱化学、四川奥克、佳化化学等各类企业 25 家，其中规模以上工业企业 5 家、入驻世界 500 强 2 家、行业龙头企业 7 家。其中四川石化是由中国石油天然气股份有限公司和成都石油化工有限责任公司共同投资建设的西南地区第一家特大型石化企业，三菱化学公司是日本最大的化学公司，在功能区投资建设功能塑料项目。

二、发展经验

一是功能区实现员额管理机制。推动功能区人员员额制管理，以专业化的统一管理、竞聘上岗选拔为核心，按照"一般干部双向选择、中层干部竞聘上岗"的原则进行选拔；以岗定薪，按绩取酬为导向，引入竞争机制，形成不唯身份、不唯资历、重能力、重业绩、重贡献的收入分配和人才选拔导向，最大限度地激活干部队伍创业热情。

二是明确功能区运营体制，稳步推进"去行政化"改革。按照"管委会+平台公司"的运营模式，加快推进功能区基础设施及公共配套设施建设。通过"去行政化"改革促进管理职能系统转变、力破体制机制对人才潜力的限制以及传统行政壁垒对服务效能的限制，构建起"架构优化调整，压实责任担当，深化产城融合"的全链条服务。

三是不断优化功能区生产要素供给，行政审批权限下沉园区，为入园项目提供便捷的政务服务。建立水、电、气、公用工程等生产要素保障体系和价格协商机制。完善重点项目投融资银政企对接机制，帮助优质企业运用各

级资本市场进行直接融资。开设绿色通道，加快缩短从公司注册到开工勘验时间。持续开展"项目攻坚"行动，建立"专案、专班、专员、专业"的"四专"服务体系和"即受即办、当日清零"工作机制，高效推动项目招引和落地建设。

第十二章

钢铁行业重点园区

中国经济进入了换挡期，中国钢铁也进入了调整期，钢铁行业的智能制造体现在从机械化、自动化向智能化、绿色化方向发展。各地积极响应中央钢铁行业经济转型战略部署，建设综合性、专业性的钢铁聚集生产基地，延深钢铁产业链，增加产品附加值。比较典型的产业园区有京津唐钢铁工业基地和马鞍山钢铁生产基地。

第一节 京津唐钢铁工业基地

一、园区概况

京津唐钢铁工业基地（以下简称"基地"），是以首都钢铁公司为主，由唐山钢铁公司、天津钢铁及其他地方的钢铁公司等组成，是全国重要的钢铁基地之一、较大的优质炼焦煤基地。钢铁产品产量占据全国总产量的10%。其中，成品钢材产量占全国钢铁产量的13%。基地资源丰富，拥有迁安、滦县等冀东铁矿基地大铁矿，开滦、京西等煤田等大型煤矿，交通便利，拥有天津、秦皇岛等港口。基地首钢集团经近十年的改建、扩建，年生产能力达到300万吨，钢、特种钢材产量大幅提升，各项经济指标均保持国内领先。产品布局方面唐钢以炼钢、轧钢为主，为产品链的上游，天津市以中小型钢材和金属制品为主。

二、发展经验

一是加快基地结构调整、增强创新驱动，延伸基地产业链。在做精做强钢铁产业的同时，构建工程技术、贸易物流、节能环保、金融投资、信息技术、新材料及化工能源、废钢等多元产业协同发展新格局。

二是不断强化基地绿化制造水平，开展环保治理。进行生态修复、土壤修复、烟气粉尘治理、环境设施专业化运营，在水处理药剂及工艺化学品开发、环保除尘产品制造等领域形成了自主核心技术，设绿色园区，发展绿色经济，开展绿色行动，实现人、企业、环境和谐共生。

第二节 马鞍山钢铁生产基地

一、园区概述

马鞍山钢铁生产基地（以下简称"基地"）位于安徽省东部马鞍山市内，毗邻南京，仅靠长江三角洲城市群，交通便利。基地具有丰富的铁矿和煤炭资源，附近的宁芜铁矿是我国主要铁矿产地之一，基地临近淮南、淮北煤产基地。基地依托马鞍山钢铁股份有限公司，形成了机械深加工及成套设备制造、新材料及环保产业等特色产业群体。主要产品有各种铸造用生铁、用于制造铁路运输的火车轮、轮箍、各种异型断面的环形件、各种角钢及中小型钢材等。生铁产量大于钢产量，1990年年产生铁223万吨、钢204万吨、钢材154万吨，是江南重要的生铁基地。

目前，马鞍山钢铁生产基地主要依托马鞍山钢铁集团形成，工业基地以马钢集团的产品为原料展开钢铁产品的深加工。形成了汽车及零部件制造、食品及乳制品、机械深加工及成套设备制造、新材料及环保产业等特色产业群体，基地内除马钢公司外还有美国KKR、蒙牛乳业、广东科达等一批知名企业先后入驻。

二、发展经验

一是积极响应国家经济结构转型号召，产业基地加快基地结构调整、增强创新驱动，延伸基地产业链。在做精做强钢铁产业的同时，构建了矿产资源、工程技术、贸易物流、节能环保、金融投资、信息技术、新材料及化工能源、废钢等多元产业协同发展新格局。

二是不断强化基地绿化制造水平，开展生态修复、土壤修复、烟气粉尘治理、环境设施专业化运营，并在水处理药剂及工艺化学品开发、环保除尘产品制造等领域形成了自主核心技术。

第十三章

有色金属行业重点园区

有色金属及合金行业遵循"稳中求进"的总基调，积极推进有色金属工业发展方式转变，加快发展与实施智能制造、实现产业转型升级、提质增效正在成为业内的共识及奋发的方向。其中发展较好的典型园区有湖南资兴经济开发区和江西贵溪经济开发区。

第一节　湖南资兴经济开发区

一、园区概况

湖南资兴经济开发区（以下简称"经开区"）是1992年经湖南省人民政府批准设立的省级开发区，位于湖南省东南部，地处湘粤赣三省交汇处，是湖南对接粤港澳的前沿，是郴州开拓国际市场的重要基地，处于珠三角资本扩散和产业梯度转移的重要承接带，是红三角经济圈中的重要城市。在"开发经营园区，招商稳商促商，强化基础环境，打造东江新城"的指导思想引领下，经过十几年努力，已有国内外知名企业的上市公司先后落户经开区。2020年12月25日，湖南郴州正威新材料科技城项目一期年产10万吨精密铜基导体新材料项目正式投产。目前，入驻企业有湖南炬神电子有限公司、湖南金旺铋业股份有限公司、湖南明大新型炭材料有限公司、郴州福鑫有色金属有限公司、郴州市金贵银业股份有限公司、保来得（郴州）粉末冶金制品有限公司、郴州捷胜复合材料有限公司、郴州金山冶金化工有限公司、郴州市强旺新金属材料有限公司、郴州湘金有色金属有限公司、湖南祥云精细化工制造有限公司等，形成了有色金属、金属制品为主的特殊有色金属园区。

二、发展经验

一是优化环境政策。建立依法、规范的工作检查制度。对鼓励投资企业的执法检查，必须与市优化经济发展环境办公室联系备案，并实行"首查警示免罚制"。即首次检查发现一般违规问题，只帮助整改，不予罚款。严禁各部门的乱罚款、乱收费、乱摊派的"三乱"行为。

二是加强激励奖励。园区增加引资激励，对引进固定资产投资新上工业生产项目，按照一定比例进行奖励。

三是加强金融支持。市中小企业信用担保中心对符合担保条件的工业园区内企业提出贷款担保。对高科技产业和符合资兴产业政策且有市场潜力的产业给予重点支持。

第二节 江西贵溪经济开发区

一、园区概况

江西贵溪经济开发区（以下简称"经开区"）位于江西省贵溪市，总体规划面积为 10 平方千米。目前，经开区共有企业和项目 217 个，其中工业企业 176 个、贸易企业 21 个、物流企业 7 个、三产服务企业 13 个。该区已形成以铜产业、光电产业为主导，化工建材、医药食品、机械制造为辅的产业发展格局。入驻企业有江西龙一再生资源有限公司、铜基新材料、连展科技（江西）有限公司、江西天施康中药股份有限公司、江西天施康中药股份有限公司、光宝科技（鹰潭）有限公司、鹰潭兴业电子金属材料有限公司、鹰潭众鑫成铜业有限公司、江西贝融循环材料股份有限公司、南昌齿轮有限责任公司、江西沪航实业有限公司、鹰潭江南铜业有限公司等。

二、管理经验

一是推进铜产业优化升级。按照"布局合理、用地集约、产业集聚、优化升级"的目标，围绕铜精深加工产业精准发力，主动求变，开辟铜产业发展新战场，搭建铜精深加工企业承载新平台，不断提高铜产业首位度。

二是强化招商引资驱动项目建设。紧盯产业龙头企业，制定"一企一策"招商目录，精准发力招大引强。在此基础上，采取"一对一""点对点"式的"叩门招商"，持续跟进解决项目洽谈过程中遇到的瓶颈问题，推动项目早签约、早落地。

三是创新工业污染治理模式。通过改善居住环境、强化源头治理、推进土壤修复、发展产业转型等，解决了企业发展和群众生活的突出矛盾，走出了一条社会治理新路子。

第十四章

建材行业重点园区

2020年,建材行业重点园区建设主要以常州武进绿色建筑产业园区和成都青白江工业园较为突出。武进绿色建筑产业园区,形成了绿色研发、绿色建筑设计、绿色建筑材料生产的全国领先的绿色建筑产业集聚区、建筑科技集成创新区、绿色生活推广示范区、低碳技术国际合作区。成都青白江工业园不断创新市场化机制和企业服务机制,建立了"管委会＋专业运营企业"体制和"五位一体"管理体系市场化机制,构建横向到边、纵向到底的"精准服务"三级网格集成管理体系,创新制定条块结合机制,为企业提供全覆盖、全生命周期服务。

第一节 常州武进绿色建筑产业园区

一、园区概述

常州武进绿色建筑产业园区（以下简称"园区"）位于武进中心城区西南部、太湖东岸线,西接西太湖滨湖新城,东靠中心城区,南邻武进高新城区,园区总面积约15.6平方公里。一期建设主要包括10万平方米的绿色建筑体验馆和绿色建材交易区,8万平方米的研发中心等。2011年8月,由住房和城乡建设部发函,在常州市武进区设立"绿色建筑产业集群示范区",2012年6月区党工委、管委会正式揭牌。2018年11月,园区成功入选中国建材园区20强。园区主要建设布局为绿色建筑现代服务业聚集区、绿色居住示范区、绿色建材产业园、绿色节能环保设备产业园、绿色建筑工业化产业园、绿色建筑国际交流产业园。截至2020年年底,园区共引进了包括绿色建筑科技研发、绿色建筑设计等领域的生产性服务业企业400余家,包括

万科、招商、中建材等知名企业落户，注册资金超过 100 亿元，绿色建材、绿色设备、建筑工业化以及新能源等绿色建筑产业规模以上企业达到 380 家，产值超过 700 亿元。

二、发展经验

一是园区以"特色发展、先行先试、双轮驱动、引领辐射"为发展思路，重点发展绿色建筑科技与服务业、绿色建筑制造业、商贸物流业、会展金融业等，并形成多项绿色支撑功能。形成了绿色建筑商贸流通、科技研发、产品生产、标准制定、技术服务的活跃区。

二是园区坚持以核心区集聚资源、集成示范带动全区提升品质、转型升级，努力打造世界一流、全国领先的绿色建筑产业集聚区、建筑科技集成创新区、绿色生活推广示范区、低碳技术国际合作区。

第二节 成都青白江工业园

一、园区概况

成都清白江工业园区（以下简称"园区"）位于成都市区东北部，规划 19 平方公里，起步 8 平方公里，中远期发展到 30 平方公里。定位为"高标准，生态工业区"。区内云集了大中型企业 2000 余家，其中规模以上企业 73 家，包含冶金、化工、建材、机械四大产业。近年，园区坚持以推进校院企地深度融合发展为抓手，推动科技、人才、资本、信息、服务创新要素融合互动。现青白江工业园区已拥有国家级企业技术中心 1 家、省级技术中心 6 家、国家高新技术企业 27 家、省级创新型企业 14 家、知识产权试点优势培育示范企业 11 家。其中，共有 25 家重点企业与高校签署深度合作协议，与四川大学王琪院士团队、成都玉龙化工共建高性能高分子材料研究中心，与攀钢研究院合作共建成都金属材料产业技术研究院，支持区域内企业建成各级各类研发平台 22 个，其中孵化出多个绿色建材项目。近年来，白江区不断突出产业发展的顶层设计，进一步优化产业布局，引进江河幕墙、北新房屋等多个建材企业。园区通过推进老工业区转型升级，提升产业能级，强化产业链条互通，集产学研用一体化，突出发展绿色建材产业，建设"国内领先""西部一流"的建筑工业化产业基地，引领全国绿色建材产业迈向高质量发展。

二、发展经验

一是市场化机制。进一步优化"管委会+专业运营企业"体制和"五位一体"管理体系,与区国有平台公司签订产城运营综合投资协议,成立产城运营工作专班,抽调专人开展工作。与攀成钢、川化集团等大型企业有建立合作开发利益共享机制。

二是企业服务机制。全力创建国际化营商环境,构建横向到边、纵向到底的"精准服务"三级网格集成管理体系,创新制定条块结合机制,为企业提供全覆盖、全生命周期服务;搭建合作共享平台,开展金融机构、科研院所进园区活动。

第十五章

稀土行业重点园区

2020年年初以来，稀土行业保持了平稳运行态势，新能源汽车、节能家电、电动工具、工业机器人等行业为稀土永磁材料行业发展提供了重要支撑。主要典型园区为福建龙岩稀土工业园区和冕宁稀土高新产业园。福建龙岩稀土工业园区通过创新管理模式和以商引商模式，实现园区迅猛发展。冕宁稀土高新产业园在产品链延伸和绿色制造资源综合利用方面实现了较好发展。

第一节 福建龙岩稀土工业园区

一、园区概述

福建龙岩稀土工业园区位于长汀县策武镇，总规划面积12.82平方公里，建设面积7.98平方公里，总投资60亿元。2010年4月，龙岩市、长汀县、厦门钨业股份有限公司三方共同出资成立稀土工业园开发建设有限公司，按市场化运作方式开发、建设、管理稀土工业园。于2012年1月升格为省级工业园区。长汀县把稀土产业作为经济发展的主导产业，列入"双培育"工程。2013年，获批福建省新型工业化产业示范基地。2018年打造成为全县两大百亿级产业之一。目前，长汀县共有稀土企业14家（含在建），其中规模企业4家、亿级企业3家。园区中包括全国六家大型稀土集团之一的厦门钨业股份有限公司全资子公司长汀金龙稀土有限公司，世界500强日本信越化学株式会社独资公司信越（长汀）科技、上市央企中石油集团公司、中电科11所等。

二、发展经验

该园区之所以发展迅猛，一方面是创新管理模式。探索了一套"政府主导控制资源，多县产矿、集中分离、利益共享，以精深加工为导向统筹配置稀土资源"的管理机制，对全市稀土资源进行"五统一"（即统一规划、统一开采、统一价格、统一收购、统一分配）管理，避免了小矿山、小分离厂一哄而上，造成资源浪费和重复建设。另一方面是采取以商引商模式。通过企业上下游关系，厦门钨业在园区新上了钕钴永磁材料项目和钛酸钡粉体项目，并牵线引进下游应用企业——上海比路电子智能音圈马达项目。

第二节 冕宁稀土高新产业园

一、园区概述

冕宁稀土高新产业园区（以下简称"园区"）于 2007 年由凉山州政府批准成立。2012 年，被四川省发改委认定为四川省循环经济示范园区；2014 年，四川省科技厅等七部门批准冕宁稀土高新产业园区为四川省特色高新技术产业化基地；2015 年，冕宁稀土高新产业园区组建四川唯一的稀土专业技术研发机构——凉山稀土产业技术研究院；截至目前，中国工程院院士、材料学专家涂铭旌教授作为首席专家已经进站工作，其团队总人数为 15 人，包括正高级研究员 2 人、副高级研究员 2 人、中级职称人员 2 人、其他人员 9 人；园区建设共分两期进行，一期规划建设面积为 5 平方公里，分为 A 区和 B 区，A 区为稀土及伴生矿采选区，规划建设面积 3 平方公里，以江铜集团为主进行规划建设；B 区位于冕宁县复兴镇和石龙乡接合部，规划面积 2 平方公里，为稀土精深加工工业区，包括稀土配套产业的产业集群，着力拓展稀土及伴生矿精深加工项目，打造稀土配套产业集群。二期规划建设面积达 12 平方公里，依托现有园区，将后山乡马鞍山村地块、双河堡子地块和泸沽兴塘工业区及漫水湾北大方正周边纳入园区总体规划。园区主要入驻企业有四川江铜稀土有限责任公司、冕宁茂源稀土科技有限公司、四川万凯丰新能源科技有限公司、冕宁矿业等。

二、发展经验

一是推动产业优化升级。依托稀土资源优势，聚集稀土产业发展，推进

稀土产业优化升级，形成稀土高新材料产业发展高地，打造中国西南稀土产业基地。二是实施绿色发展，强化资源综合利用。园区既抓产业链延伸，又抓资源综合利用，冶炼分离、单一混合金属、合金材料、磁材、电池、电动车、萤石重晶石深加工等产业正日渐丰盈。

企 业 篇

第十六章

万华化学集团股份有限公司

第一节　企业基本情况

万华化学集团股份有限公司（以下简称"万华化学"）是一家全球化运营的化工新材料公司，依托不断创新的核心技术、产业化装置及高效的运营模式，为客户提供更具竞争力的产品及解决方案。作为一家全球化运营的化工新材料公司，万华化学拥有烟台、宁波、四川、福建、珠海、匈牙利六大生产基地及工厂，形成了强大的生产运营网络；此外，烟台、宁波、北京、北美、欧洲五大研发中心已完成布局，并在欧洲、美国、日本等十余个国家和地区设立子公司及办事处，致力于为全球客户提供更具竞争力的产品及综合解决方案。

公司主要从事聚氨酯（MDI、TDI、聚醚多元醇）、乙烯、丙烯及其下游 HDPE、LLDPE、PP、PVC、丙烯酸、环氧丙烷等系列石化产品，SAP、TPU、PC、PMMA、有机胺、ADI、水性涂料等精细化学品及新材料的研发、生产和销售。其中 MDI、TDI 是制备聚氨酯最主要的原料之一，聚氨酯具有橡胶、塑料的双重优点，广泛应用于化工、轻工、纺织、建筑、家电、建材、交通运输等领域。公司现已发展成为极具竞争优势的聚氨酯、石化、精细化学品及新材料供应商，全球领先的 MDI 供应和服务商，全球 TDI、ADI、聚醚、TPU 等产品主流供应商。公司进入丙烯、乙烯行业，逐步做大石化产业集群。大力培育高技术、高附加值的精细化学品及新材料产业集群，通过技术创新，构建上下游一体化竞争优势，提升客户多元化、差异化产品供应和服务能力。

第二节　企业经营情况

2020年，万华化学总资产达1337.53亿元，较上年同期增长38.08%；实现主营业务收入734.33亿元，较上年同期增加7.91%；归属于母公司股东的净利润为100.41亿元，较上年同期降低0.87%；每股收益3.20元，较上年同期降低0.93%。

第三节　企业经营战略

万华化学始终坚持以客户需求为先导，以技术创新为核心，以人才为根本，以卓越运营为坚实基础，以优良文化为有力保障，以资本运作为辅助手段，围绕高技术、高附加值的化工新材料领域实施一体化、相关多元化（市场、技术）、精细化和低成本的发展战略，致力于发展成为全球化运营的一流化工新材料公司。

万华化学始终坚持以科技创新为第一核心竞争力，持续优化产业结构，业务涵盖聚氨酯、石化、精细化学品产业。资源循环利用：充分使用资源、减少废弃物、从产品中获取最大价值，在产品和材料的使用寿命结束时回收并将其再生，并在整条价值链以最佳方式利用产品和资源，最大限度利用原材料。例如，使用可再生原料替代一定数量的化石原料，开发生物可降解和生物基产品，塑料回收再加工。绿色化学工艺：秉承原料绿色化、过程绿色化、产品绿色化的原则，在化学产品设计、制造和应用过程中，避免和减少使用对人类健康和生态环境有毒有害物质，采用创新工艺，提高经济性，减少三废和有害物。绿色材料方案：基于材料的结构性能和用户需求，进行材料开发、替代和升级，在材料生产、加工和使用过程中，使用更加绿色环保的解决方案，践行化学让生活更美好的理念。例如，汽车轻量化、无醛人造板、水性涂料、可降解塑料。

第十七章 河钢集团

第一节　企业基本情况

河钢股份有限公司（下文简称"河钢"）是全球产能规模最大的钢铁材料制造及综合服务商之一，目前拥有一级子公司30余家，员工12万余人；经营业务以钢铁材料为主业，横跨资源、证券、物流、贸易、装备制造等多个板块。河钢是15家世界钢协执委会成员之一，已连续9年跻身世界企业500强。在中国钢铁企业综合竞争力评级中，河钢曾获"竞争力极强"最高评级，2016年还获得世界钢铁工业可持续发展卓越奖。

第二节　企业经营情况

2020年，河钢股份有限公司总资产2411.72亿元，较上年同期增长8.09%；实现主营业务收入1076.57亿元，较上年同期下降11.39%；归属于母公司股东的净利润16.98亿元，较上年同期降低33.33%；每股收益0.12元，较上年同期降低39.74%。

第三节　企业经营战略

延伸产业链，打造多点创效的价值链。第一，开展钢板深加工服务。为了适应市场形势及高端客户的差异化需求，河钢不断创新营销模式，探索钢板主业产业链延伸，挖掘钢板深加工潜力，为客户带来更大的价值体验。第二，大力发展纵剪产品。河钢唐钢商贸公司依托加工配送优势，立足自身纵剪产线产能积极开发金属包装、取暖设施制造等市场空间较大的终端用户群体，将市场开发至唐山北部和秦皇岛等地区。第三，加快建设板材精深加工基地。以钢材深加工产业为主导，积极发展冷轧薄板、冷弯型钢以及为机电配套、电缆桥架等高附加值产品的钢材深加工业务。

大力发展非钢产业，培育新的效益增长极。第一，构建非钢产业体系。河钢重点培育资源综合利用、节能环保、钢材延伸加工、工程技术、社会服务等业务，初步形成了矿山资源、现代物流、金融证券、钢铁贸易、装备制造等五大产业板块，实现了与钢铁主业的协同发展。第二，培育新的效益增长极。公司立足"机械制造、再制造产业、维保检修、绿色产业"等四个中心，努力打造品牌工程及品牌产品，不断培育新的效益增长极。冷却壁、烧结台车、钢包、钢包车、扇形段、炉壳、托圈等已成为公司的拳头产品，还逐步实现了连铸结晶器、扇形段、中板轴承座、烧结耙齿轴、各种减速机、阀门、火车轮对等各类产品的修复，成为国内钢铁机修行业进行支承辊堆焊修复为数不多的单位。

秉持绿色创造理念，引领行业绿色发展。第一，河钢实现了"一键式"全封闭自动化炼钢和洁净化炼钢，具备了国内品种规格最全、产能规模最大、节能环保指标一流的技术装备优势。建成华北最大的水处理中心，建成河北省第一个燃气—蒸汽联合循环发电项目，建成亚洲最大的全封闭原料厂，建设世界上规模最大的钢厂尾气制乙醇中试装置等。第二，实现从"绿色制造"向"制造绿色"的跨越。河钢在国内首推能源成本管理，建成5个能源管控系统；推广应用干熄焦、燃气蒸汽联合发电、高炉煤气余压发电、高炉喷煤、转炉负能炼钢、连铸坯热装热送和直接轧制等六大节能技术，实现了清洁化、节能化炼铁和"一键式"全封闭自动化、洁净化炼钢。

第十八章 江西铜业股份有限公司

第一节 企业基本情况

江西铜业股份有限公司是由江西铜业集团公司和相关国际铜业（中国）投资有限公司等四家公司联合发起设立的有限公司，主要从事有色金属、稀贵金属的采选、冶炼、加工及相关技术服务，以及硫化工及其延伸产品、精细化工产品的生产等。同时涉及金融、贸易等领域，形成了铜、稀贵金属、稀土、硫化工、金融和贸易六大业务板块。公司拥有8家矿山、5家冶炼厂、6家铜加工企业等，在国内属于铜精矿自给率较高的企业，具有较强的资源优势。

第二节 企业经营情况

2020年上半年，江西铜业股份有限公司总资产1522.44亿元，较上年同期增长12.85%；实现主营业务收入1466.25亿元，较上年同期增长40.05%；归属于母公司股东的净利润7.87亿元，较上年同期降低44.27%；每股收益14.89元，较上年同期降低2.28%。

第三节 企业经营战略

业务布局完整，具有完整的一体化产业链优势。集团为中国最大的综合性铜生产企业，已经形成了以铜和黄金的采矿、矿选、冶炼、加工，以及硫化工、稀散金属提取与加工为核心业务的产业链，同时经营范围涉及金融、

贸易等多个领域。公司年产铜精矿含铜超过 20 万吨，阴极铜产量超过 140 万吨，加工铜产品超过 100 万吨。

  行业领先的专业技术优势。集团拥有行业领先的铜冶炼及矿山开发技术。贵溪冶炼厂在国内首家引进全套闪速冶炼技术，整体生产技术和主要技术经济指标已经达到国际先进水平。德兴铜矿在国内首家引进国际采矿设计规划优化软件和全球卫星定位卡车调度系统。恒邦股份冶炼技术实力雄厚，作为首家采用氧气底吹熔炼—还原炉粉煤底吹直接还原技术处理高铅复杂金精矿的专业工厂，在中国黄金十大冶炼企业中排名第一。

  管理和人才优势。公司管理团队经验丰富，长期积极参与公司治理，具有行业内专业、领先的管理水平。此外，公司亦储备了大量的矿山与冶炼人才，具备复制、经营同类型矿山和冶炼企业的扩张能力及优势。

第十九章 彩虹显示器件股份有限公司

第一节 企业基本情况

彩虹显示器件股份有限公司成立于 1992 年 7 月 29 日，位于陕西省咸阳市秦都区高新区高科一路一号，于 1996 年 5 月 20 日在上海证券交易所上市，实际控制人为咸阳市国资委。彩虹显示器件股份有限公司是我国平板显示器件领域唯一的具有"面板+基板"上下游产业联动效应、具备国际竞争力的行业领军企业，也是我国第一只彩管、第一只彩色玻壳、第一块等离子显示屏、第一块 OLED 显示屏、第一块 G5 和 G6 液晶基板玻璃、第一块溢流下拉法盖板玻璃的诞生地。在数十年的发展历程中，公司始终坚持自主技术创新，全力以赴推动电子玻璃产业发展，积极进行产品结构调整和产业升级，成为我国唯一一家具备 5 代、6 代、7.5 代、8.5 代基板玻璃制造能力的企业。企业拥有相关产业授权专利 400 余件，内容涵盖产品配方、关键装备、核心工艺、应用技术的全过程，形成了完整的自主知识产权保护体系。

第二节 企业经营情况

2020 年，彩虹显示器件股份有限公司总资产 411.02 亿元，较上年同期减少 1.61%；实现主营业务收入 104.48 亿元，较上年同期增长 78.29%；归属于母公司股东的净利润-8.07 亿元，较上年同期降低 1344.22%；每股收益-0.225 元，较上年同期降低 1350%。

第三节　企业经营战略

践行高质量发展战略。公司紧跟国家发展战略和产业导向，借助国家部委及地方政府在产业配套、金融支持等方面的扶持，将发展重点聚焦于国家战略新兴基础材料，比如新型平板显示产业，树立公司在平板显示领域的高质量发展战略。公司通过自主研发和技术合作，实现平板显示产业的高质量发展战略；通过实施科技创新引领和产业链协同发展，推动重点项目建设，突破了核心关键技术；通过滚动修订战略发展规划，深化产业整体布局、拓展产业链、调整产业结构，实现产品升级换代。在液晶面板业务方面，充分发挥已建成的 G8.6 代 TFT-LCD 液晶面板产能，提高稼动率，增加出货量；建设好新型显示技术创新中心研发平台，实施人才储备及新技术研发。积极加快推进下一代大尺寸 W-OLED 显示面板技术研发，尽快实施产业化，为显示面板产业技术升级、可持续发展提供技术保障；通过技术创新不断推出具有市场竞争力的显示新产品，提升市场竞争力；在基板玻璃业务方面，推进自主知识产权的首条 G8.5+基板玻璃试生产、量产及批量销售工作；多区域启动 G8.5+基板玻璃产线复制建设，重点推进高世代基板玻璃产业规模扩张，加快推进 LTPS/OLED 基板玻璃产业化，打破高世代、高精细基板玻璃行业垄断；努力提升基板玻璃技术水平，逐步缩小技术差距、健全产品系列、壮大产业规模，形成 G6、G8.5+TFT+LCD、G6LTPS/OLED 主要客户市场；加快科技创新、加大科技投入，重新审视产业布局，迈向产业发展的中高端，实现稳健、快速高质量发展。

推行创新型管理体系。公司推行新形势下适合企业自身发展的创新型管理体系和模式。依托多年来积累的先进管理经验，公司在技术创新研发、产品质量提升、生产成本管控、安全环保治理等多方面推行协同、绿色、快速的发展模式；在产业结构和产业配套方面，将液晶基板玻璃产业链外延到显示面板产业，在技术提升、结构调整、产品升级、规模结构等领域形成贯通产业链上下游、具有联动效应的产业结构，突出企业的产业配套优势。

实行可持续研发创新。公司坚持自主研发创新和可持续研发创新，已经建成平板显示玻璃工艺技术国家实验室、陕西省显示器工程技术中心和陕西省新型显示产业技术创新中心。依托创新平台，高世代（G8.5+）、高分辨（LTPS/OLED）基板玻璃技术研发及产业化进程显著加快，基板玻璃等主营

业务得到了可持续性技术支撑。显示面板产业通过技术创新研发实现产品规格和品种的多样化，满足市场 8K 高清、大尺寸（65 寸以上）、超薄、窄边框等技术要求，实现液晶面板产品差异化市场战略。同时，公司积极研发 WOLED 新型显示面板技术，为公司发展增加新动力。

第二十章

北京中科三环高技术股份有限公司

第一节 企业基本情况

北京中科三环高技术股份有限公司是一家从事磁性材料及其应用产品研发、生产和销售的高新技术企业，是由隶属于中国科学院的北京三环新材料高技术公司联合美国 TRIDUS 公司、宁波电子信息集团公司、台全（美国）公司、宁波联合集团股份有限公司和联想集团控股公司等五家发起人于 1999 年 7 月 23 日发起设立，并于 2000 年 4 月 20 日在中国深交所上市。

公司是从事钕铁硼磁性材料及其应用产品的生产、销售和研发的企业，主营产品为烧结钕铁硼、黏结钕铁硼、软磁铁氧体和电工自行车，产品主要应用领域为计算机硬盘驱动器、光盘驱动器、风力发电、汽车电机及核磁共振成像仪等，公司中高端产品钕铁硼 12000 吨/年，是全球第二大、中国最大的钕铁硼永磁体制造商，是目前国内唯一一家具有国际钕铁硼材料销售权的企业。公司中高端产品营收占比达 60%，参股两家上游稀土公司，与五矿有色签署了战略合作协议。

第二节 企业经营情况

2020 年，公司总资产 70.92 亿元，较上年同期增长 9.67%；实现主营业务收入 46.52 亿元，较上年同期下降 15.31%；归属于母公司股东的净利润 1.29 亿元，较上年同期降低 35.66%；每股收益 0.1214 元，较上年同期降低 35.67%。

第三节 企业经营战略

以市场为导向，以客户需求为牵引。公司是国家级企业技术中心，以中科三环研究院为基础，以下属企业研发团队为前哨，构建了研究院和各下属企业团队互为补充、协同配合、运转高效的创新组织架构。同时，公司与国家磁学开放实验室、中科院物理所、北京大学、北京航空航天大学、北京科技大学、北京工业大学、哈尔滨工业大学、钢铁研究总院、北京有色金属研究总院等高校和科研机构维持紧密合作，有效提高了公司研究开发工作的理论深度。公司的研究开发方向同时兼具前瞻性和商业实用性，研发项目紧密围绕稀土永磁产业技术发展，并与客户研发部门保持产品全生命周期的密切合作关系，为客户提供最优化的应用解决方案。

持续加大技术改造和革新力度。公司通过对工艺、技术、设备等方面的改进不断提升产品的竞争力，在生产一线建立由技术人员和现场工人共同构成的创新小组，对生产工艺的各个环节不断进行优化改进，完善生产工艺、设备仪器、结构布局。在烧结钕铁硼磁体研发方面，公司成功研发了大型真空甩带设备和配套生产线，实现了快淬钕铁硼磁粉的稳定批量生产，性能达到了国际先进产品的同等水平，增强了公司在钕铁硼磁体市场的竞争力。公司还拓展了压缩成型、注射成型的产品适应性，开发了磁体—金属/塑料件一体成型的新技术，并广泛应用于新能源汽车、节能家电微特电机和传感器应用等领域。

政　策　篇

第二十一章

2020 年中国原材料工业政策环境分析

2020 年，我国宏观调控政策向原材料工业倾斜的力度进一步加大，助力材料产业更好的转型升级。内容具体包括：一是巩固钢铁、水泥、电解铝等行业去产能成果；二是推动钢铁、有色、建材、稀土工业高质量发展；三是发挥再生资源在原材料工业中的作用；四是把握碳达峰、碳中和给原材料工业带来的新契机。目前，需完善的配套政策包括新材料扶持政策需加强、质量提升标准体系需完善、危化品企业搬迁改造政策需细化。

第一节 国家宏观调控政策

一、巩固钢铁、水泥、电解铝等行业去产能成果

2020 年，各地区、各有关部门继续统筹做好职工安置、"僵尸企业"处置、结构调整、兼并重组、转型升级等工作，深化存量调整，大力提升供给效率，继续推进钢铁、水泥、电解铝等行业化解过剩产能工作。为了更好地推进原材料行业合理化解过剩产能工作，国家发展改革委、工业和信息化部等部委在出台《关于做好 2019 年重点领域化解过剩产能工作的通知》的基础上继续出台《关于做好 2020 年重点领域化解过剩产能工作的通知》，准确把握 2020 年去产能总体要求，着力巩固去产能成果，对 2016—2019 年淘汰落后产能项目实施"回头看"，严防已经退出的项目及产能死灰复燃，继续深化钢铁行业供给侧结构性改革，持续推进煤炭上大压小、增优汰劣，积极稳妥推进煤电优化升级，加快"僵尸企业"处置，严格控制产能总量，统筹做好去产能保供应稳预期工作。2020 年 12 月工信部发布《钢铁行业产能置换实施办法（征求意见稿）》《水泥玻璃行业产能置换实施办法（修订稿）》，

明确了可实施产能等量置换的五种情形。

二、推动钢铁、有色、建材、稀土工业高质量发展

2020年，党中央和国务院制定《中共中央关于制定国民经济和社会发展第十四个五年规划和二〇三五年远景目标的建议》，明确坚持新发展理念，坚持稳中求进工作总基调，以推动高质量发展为主题，以深化供给侧结构性改革为主线，以改革创新为根本动力，以满足国民经济建设和人民日益增长的美好生活需要为根本目的，统筹发展和安全，更好融入以国内大循环为主体、国内国际双循环相互促进的新发展格局，发挥市场配置资源的决定性作用，更好发挥政府作用。为加快构建现代化的钢铁产业体系，更好地推动钢铁工业高质量发展，2020年12月工信部编制《关于推动钢铁工业高质量发展的指导意见（征求意见稿）》，力争到2025年，钢铁工业基本形成产业布局合理、技术装备先进、质量品牌突出、智能化水平高、全球竞争力强、绿色低碳可持续的发展格局。2020年7月工业和信息化部和自然资源部印发《关于下达2020年度稀土开采、冶炼分离总量控制指标的通知》，目的是严格遵守环境保护、资源开发、安全生产，不断提升稀土开采、冶炼分离、精加工和后端应用的技术工艺水平和原材料转化率，助推稀土行业高质量发展。

三、发挥再生资源在原材料工业中的作用

2020年，受新冠肺炎疫情、国际关系等因素影响，再生资源在原材料工业中的作用已上升到国家安全层面，是重要的战略资源，2020年社会再生资源的供给结构发生了根本性改变。7月1日起国家标准《再生黄铜原料》（GB/T38470—2019）、《再生铜原料》（GB/T38471—2019）、《再生铸造铝合金原料》（GB/T38472—2019）正式实施，为再生黄铜原料、再生铜原料和再生铸造铝合金原料的国内外贸易管理提供了技术依据。根据2020年《中华人民共和国海关进出口商品规范申报目录及释义》，进口规范申报要求的要求，在《再生黄铜原料》（GB/T38470—2019）、《再生铜原料》（GB/T38471—2019）、《再生铸造铝合金原料》（GB/T38472—2019）中，对再生黄铜原料、再生铜原料和再生铸造铝合金原料的用途、特征状态、原料来源、金属总含量、铜含量、黄铜含量、铝及铝合金含量、回收率、包装等要素分别做出了规定，进口时需对照标准要求如实申报。10月19日，生态环境部、海关总署、商务部、工业和信息化部联合发布了《关于规范再生黄铜原料、再生铜

原料和再生铸造铝合金原料进口管理有关事项的公告》，起到规范再生黄铜原料、再生铜原料和再生铸造铝合金原料的进口管理，推动再生金属产业高质量发展的巨大作用。2020年12月31日，生态环境部、国家发改委、海关总署、商务部、工业和信息化部发布公告，自2021年1月1日起，符合《再生钢铁原料》标准的再生钢铁原料可自由进口，有助于更好发挥再生资源在原材料工业中的压舱石作用，缓解资源紧张态势。

四、把握碳达峰、碳中和给原材料工业带来的新契机

2020年9月，习近平主席在第七十五届联合国大会一般性辩论上的讲话宣布我国二氧化碳排放力争于2030年前达到峰值，努力争取2060年前实现碳中和。2020年《政府工作报告》提出，要扎实做好碳达峰、碳中和各项工作。碳达峰、碳中和行动，给我国有色金属工业发展带来了机遇与挑战。党中央和国务院发布《中华人民共和国国民经济和社会发展第十四个五年规划和2035年远景目标纲要》，明确提出落实2030年应对气候变化国家自主贡献目标，制定2030年前碳排放达峰行动方案。完善能源消费总量和强度双控制度，重点控制化石能源消费。实施以碳强度控制为主、碳排放总量控制为辅的制度，支持有条件的地方和重点行业、重点企业率先达到碳排放峰值。推动能源清洁低碳安全高效利用，深入推进工业、建筑、交通等领域低碳转型。加大甲烷、氢氟碳化物、全氟化碳等其他温室气体控制力度。提升生态系统碳汇能力。锚定努力争取2060年前实现碳中和，采取更加有力的政策和措施。碳达峰、碳中和倒逼工业转型升级发展，为原材料工业发展带来新机遇。

第二节 尚需完善的配套政策

一、新材料配套政策尚需加强

"十三五"期间，我国高度重视新材料产业扶持政策体系的构建，已经通过制定规划、出台专项等方式，形成了一批政策措施，但政策内容相对零散，中小企业扶持、人才、金融支持、科技成果转化、卡脖子关键技术突破等政策有待加强。因此，要针对中小企业和民营企业，出台相关科技创新创业扶持政策和措施，使其在细分领域、小批量多品种领域发挥作用，促进产业主体多元化。通过平台建设，加强产业链上下游之间的信息沟通和合作互动，并积极开展信息发布和技术推广，促进技术与资金的有效结合，加快实

现成果转化。创新人才激励政策和引进条件,加大人才培养力度,形成以项目为纽带,科技发展与人才发展相互促进、相互支撑的良好局面。加强金融政策向科技企业的有效传导,打通创新链、资金链、产业链,使三者真正联动起来,有效衔接。

二、完善标准体系

健全的标准体系是原材料行业规范市场经济秩序、调整产业结构、转变发展方式、增强自主创新能力、实现高质量发展的重要保障。目前,我国原材料行业标准体系还不完善,存在技术指标宽泛,产品标准和应用标准之间脱节,国内标准在国际市场的认可度和影响力不高,标准对产品、技术、装备和服务"走出去"的促进作用不足等问题,难以满足原材料工业高质量发展的要求。因此,要加大力度制定实施标准化战略的纲领性文件,做好石化、化工、钢铁、有色、建材、稀土等主要行业的标准化体系研究和完善工作。推动制定质量分类分级规范,鼓励开展团体标准应用示范。明确具有技术先进性、经济合理性和应用广泛性的质量标准标杆,持续开展重点产品对标达标。充分发挥行业组织、科研机构和学术团体及相关标准化专业组织等主体在标准实施中的作用,推动、监督和评估标准的实施。加强标准外文版的翻译和出版,强化国际标准化合作。

三、碳达峰、碳中和政策体系和实施路径尚未确立

我国二氧化碳排放力争2030年前达到峰值,力争2060年前实现碳中和,是向全世界做出庄严承诺。工业是我国碳排放的主要领域之一,原材料工业是我国工业中碳排放的重点一环,行业碳排放量占全社会碳排放较大比重。"十三五"期间原材料行业超前谋划,宝武钢铁、中石化等龙头企业快速响应,在促进行业低碳绿色发展方面探索出了一系列好的经验做法,研发储备了一批节能减排关键技术,取得了初步成效,为我国原材料行业碳达峰、碳中和的实施路径提供重要借鉴。

原材料工业要进一步加强顶层设计,做好系统谋划,锚定"两个重大节点",围绕钢铁、石油化工、有色金属、建材、稀土等重点行业,加强各方力量统筹,形成工作合力,与"十四五"规划做好衔接,科学制定碳达峰实施方案,明确措施、路径和时间节点要求,力争率先达峰、率先中和,为我国全面实现碳达峰、碳中和做出应有贡献。

第二十二章

2020 年中国原材料工业重点政策解析

2020 年，我国对原材料工业制定了一系列重点政策。在综合性政策方面，有《京津冀及周边地区工业资源综合利用产业协同转型提升计划（2020—2022 年）》等。在行业政策方面，国家出台了一系列重要文件，一方面通过对钢铁、石化、稀土、建材、有色等传统产业进行优化升级，大力推进后疫情时期复工复产工作，提升发展质量和效益，印发了《工业和信息化部办公厅关于开展产业链固链行动 推动产业链协同复工复产的通知》等一系列相关文件；另一方面针对新材料行业印发《重点新材料首批次应用示范指导目录（2019 年版）》等相关文件，推进国家新材料产业资源共享平台建设。

第一节 综合性政策解析

一、《工业和信息化部办公厅关于开展产业链固链行动 推动产业链协同复工复产的通知》

（一）政策出台背景

自新冠肺炎疫情爆发以来，党中央、国务院审时度势，带领全国各族人民采取非常规手段，打响了疫情防控的人民战争、总体战、阻击战。疫情得到有效遏制后，又及时调整策略，统筹疫情防控和经济发展，分区分级分类分时有序恢复经济发展秩序。习近平总书记多次强调，产业链环环相扣，一个环节阻滞，上下游企业都无法运转。要坚持全国一盘棋，维护统一大市场，促进上下游、产供销、大中小企业整体配套、协同复工，切实提高复工复产的整体效益和水平。3 月 10 日，李克强总理主持召开国务院常务会议，部署

进一步畅通产业链资金链，推动各环节协同复工复产。

在党中央、国务院的坚强领导下，在各地区、各有关部门的密切配合和共同努力下，复工复产呈现出有序推进、积极向好的态势。但目前企业仍存在复工未全面复工、复工未全面达产的情况，生产负荷相对较低，产能利用率不高，特别是产业链上下游复工复产不协同，部分环节受阻，整体运转效率不高。同时，国际疫情蔓延也对我国产业链复工复产工作带来较大不确定性。

为贯彻党中央、国务院关于统筹做好疫情防控和经济社会发展的部署，落实国务院常务会议关于推动产业链协同复工复产的要求，部署工信系统推动解决产业链协同复工复产问题，进一步推进工作，制定印发了该通知（以下简称《通知》）。

（二）政策主要内容

根据国务院常务会议部署，工业和信息化部牵头，联合国家发展改革委等15个部门成立了推动产业链协同复工复产工作专班，统筹推进工作。《通知》为发挥专班作用，对工业和信息化部各司局、地方工业和信息化主管部门，分别提出了工作要求，合力推动产业链协同复工复产。

一是切实发挥推动产业链协同复工复产工作专班作用，促进产业链上下游、大中小企业协同复工复产，实现良性互动。加强统筹协调，采取"一事一议""一企一策"方式，推动解决龙头企业及其核心配套企业复工复产中的跨部门跨地区问题，帮助企业尽快复工复产。

二是各地工业和信息化主管部门结合实际建立跨部门工作专班。加强对行业龙头企业及核心配套企业的跟踪服务，结合本地产业特色，梳理形成一批龙头企业及核心配套企业名单，开展精准对接。加大对中小型关联企业的融资支持。加强对企业反映问题的分类梳理，能够属地解决的要及时解决，对需要国家层面协调解决的跨部门跨地区问题要及时向工业和信息化部反映。

三是部机关有关司局分批梳理行业龙头企业及其产业链上下游未复工达产的核心配套企业名单。加强与各地及重点企业的沟通联系，建立日调度制度，加强研究分析和跟踪服务，逐项解决地方和企业反映的问题。对跨部门跨地区问题要及时提交国务院推动产业链协同复工复产工作专班研究。部复工复产联络员工作组要深入基层，及时掌握第一手情况，积极协调解决问题，推动政策落实。

（三）政策影响

发布《通知》，深入学习领会习近平总书记关于统筹做好疫情防控和经济社会发展工作的重要指示精神，贯彻落实党中央、国务院决策部署，按照国务院常务会议关于推动产业链协同复工复产工作要求，在分区分级精准防控的同时，有序推动全产业链加快复工复产。坚持以大带小、上下联动和内外贸协同，聚焦重点产业链，以龙头企业带动上下游配套中小企业，特别是"专精特新"中小企业，增强协同复工复产动能。加强统筹指导和协调服务，打通产业链、供应链堵点，落实各项支持政策，协调解决企业实际困难，畅通产业链、资金链循环，维护产业链稳定。大力推动复工复产，有效地缓解了企业仍存在复工未全面复产、复工未全面达产的情况，生产负荷相对较低，产能利用率不高，特别是产业链上下游复工复产不协同，部分环节受阻，整体运转效率不高等切实存在的问题。

二、《京津冀及周边地区工业资源综合利用产业协同转型提升计划（2020—2022年）》

（一）政策出台背景

京津冀及周边地区（北京、天津、河北、山西、内蒙古、山东、河南）钢铁、煤电、化工等重化工业集聚，工业固废和废旧物资产生量大，综合利用潜力大。据统计，2017年北京、天津、河北、山西、内蒙古、山东、河南七省市（区）一般工业固废产生量约为13.7亿吨/年，占全国工业固废年产生量的41%；废钢铁、废旧电器电子产品、废纸、废塑料等主要再生资源年回收利用量约1.5亿吨，占全国41%左右。

当前，京津冀及周边地区正处于实现工业绿色发展的攻坚阶段，资源综合利用产业面临着重要历史机遇，但产业发展不平衡、区域协同不充分，产业集中度还有待进一步提高，综合利用项目同质化等问题仍普遍存在。从战略全局的高度推动京津冀及周边地区工业资源综合利用产业协同转型升级，是落实京津冀协同发展战略的重要内容，是推动区域高质量发展、培育绿色新动能的重要抓手，对于解决城乡建设砂石料短缺重大民生问题、改善区域生态环境质量具有重要现实意义。

（二）政策主要内容

该计划从综合利用效益、产业聚集区、技术创新中心、骨干企业以及体制机制建设等方面提出发展目标。到 2022 年，区域年综合利用工业固废量 8 亿吨，主要再生资源年回收利用量达到 1.5 亿吨，产业总产值突破 9000 亿元，形成 30 个特色鲜明的产业集聚区，建设 50 个产业创新中心，培育 100 家创新型骨干企业。区域协同机制较为完善，基本形成大宗集聚、绿色高值、协同高效的资源循环利用产业发展新格局。

根据区域工业资源综合利用产业发展基础和转型提升目标要求，提出协同利用工业固废制备砂石骨料、推进大宗冶金与煤电固废协同利用、壮大工业固废高值化利用产业规模、提高废旧金属利用水平、推动废旧高分子材料高效利用、加快退役动力电池回收利用、推进资源综合利用产业集聚发展、推动生产系统协同处理城市废弃物、建设绿色雄安、创新引领协同发展等 10 项主要任务。

（三）政策影响

该计划明确积极开展资源综合利用立法研究，鼓励出台地方性法规，落实资源综合利用增值税、所得税、环境保护税等优惠政策，推动综合利用产品纳入政府绿色采购目录。充分利用绿色制造系统解决方案供应商等政策，支持符合条件的重点项目建设。加大地方财政支持力度，将区域综合利用纳入重点支持范围。此外，进一步创新融资方式，充分发挥各类金融机构在产业基金、银行信贷、债券、融资租赁、知识产权质押贷款等方面的作用，解决企业融资难、融资贵问题。其中新材料产业相关内容对完善我国新材料产业的构建有着强力的推动作用。通过推动不同地区新材料产业不同侧重的结合发展，以经济发展为推动力，深化我国新材料行业改革，对我国新材料产业的建设有着积极的意义和重大作用。

第二节　行业政策解析

一、《关于开展燃料电池汽车示范应用的通知》

（一）政策出台背景

财政部、工业和信息化部、科技部、国家发展改革委、国家能源局《关

于开展燃料电池汽车示范应用的通知》（以下简称《通知》）。

2009 年以来，中央财政一直采取对消费者给予购置补贴的方式，支持燃料电池汽车发展。截至 2020 年 7 月，我国累计推广燃料电池汽车超过 7200 辆，建成加氢站约 80 座，社会资本投入积极性明显提高。但是，我国燃料电池汽车产业仍面临核心技术和关键零部件缺失、企业创新能力不强、加氢设施建设难等突出问题。为深入贯彻落实新发展格局要求，更好地推动我国燃料电池汽车产业持续健康、科学有序发展，政策调整优化势在必行。

2020 年 4 月，财政部联合工业和信息化部、科技部、国家发展改革委发布了《关于完善新能源汽车推广应用财政补贴政策的通知》（财建〔2020〕86 号），明确提出"调整补贴方式，开展燃料电池汽车示范应用"。按照上述思路，五部门通过召开座谈会、基层调研等多种方式，听取了地方、企业、行业组织、研究机构和专家学者的意见，经认真研究后，明确了燃料电池汽车示范应用政策方案，最终形成了《通知》。

（二）政策主要内容

《通知》主要包括正文和附件《燃料电池汽车示范城市群申报指南》（以下简称《申报指南》）两部分。正文明确了四方面内容：一是支持方式，将采取"以奖代补"方式，对入围示范的城市群，按照其目标完成情况核定并拨付奖励资金；二是示范内容，示范城市群应找准应用场景，完善政策环境，聚焦关键核心技术创新，构建完整产业链；三是示范城市群选择，采取地方自愿申报、专家评审方式确定示范城市群，鼓励申报城市群打破行政区域限制，强强联合，自愿组队，取长补短；四是组织实施，示范城市群应确定牵头城市，明确任务分工，强化沟通协调，统筹推进示范。五部门将依托第三方机构和专家委员会，全程跟踪指导示范工作，并实施节点控制和里程碑考核。

《申报指南》是城市群申报示范的重要参考，明确了示范城市群申报基础条件、选拔流程、示范目标和实施方案编制要求等内容。《申报指南》还带有《燃料电池汽车城市群示范目标和积分评价体系》（以下简称《评价体系》）和《燃料电池汽车示范应用实施方案编制大纲》（以下简称《编制大纲》）2 个附件。其中：《评价体系》明确了示范城市群应实现的具体目标和相应的奖励积分标准，是考核各示范城市群示范成效和拨付奖励资金的重要依据；

《编制大纲》规定了实施方案的格式和相关要求，各城市群应严格按照《编制大纲》，科学编制示范工作实施方案。

（三）政策影响

《通知》是全面贯彻落实党的十九大精神，深入落实《中共中央国务院关于开展质量提升行动的指导意见》的具体体现。《通知》的出台，有利于构建一个健康的产业链，达成资源、要素合理配置，技术、市场及政策有效协同。五部门将选择符合条件的城市群，依托燃料电池汽车产业链上优秀企业开展示范应用，推动产业持续健康发展，大力推进相关新材料产业建设，构建完整产业链。

二、《重点新材料首批次应用示范指导目录（2019年版）》

（一）政策出台背景

新材料是先进制造业的支撑和基础，其性能、技术、工艺等直接影响电子信息、高端装备等下游领域的产品质量和生产安全。新材料进入市场初期，需要经过长期的应用考核与大量的资金投入，下游用户首次使用存在一定风险，客观上导致了"有材不好用、好材不敢用"、生产与应用脱节、创新产品推广应用困难等问题。

建立新材料首批次保险机制，新材料的性能、技术、工艺等直接影响电子信息、高端装备等下游领域的产品质量和生产安全。保险机制提升我国新材料产业整体发展水平具有重要意义。

自2017年以来，工业和信息化部联合财政、保监部门开展了重点新材料首批次应用保险补偿机制试点工作。为做好2019年首批次试点工作，工业和信息化部组织修订了《重点新材料首批次应用示范指导目录》。

（二）政策主要内容

目录中列出了先进基础材料、关键战略材料、前沿新材料3大类共331个品类的重点新材料，内容包括材料名称、性能要求及应用领域。其中先进基础材料大类下有先进钢铁材料、先进有色金属材料、先进化工材料、先进无机非金属材料、其他材料5个小类，共涉及228个品类的重点材料；关键战略材料大类下有高性能纤维及复合材料、稀土功能材料、先进半导体材料和新型显示材料、新型能源材料4个小类，共涉及83个品类的重点材料；

前沿新材料大类下有9个品类的材料，主要为石墨烯及粉末材料，共涉及20个品类的重点材料。

（三）政策影响

《重点新材料首批应用示范指导目录（2019年版）》中新材料品种应用领域是2018年版目录的延续并有所增加。2019年版目录符合《新材料产业发展指南》提出的重点领域发展方向，目录中的产品在品种、规格、性能或技术参数等方面有重大突破，具有自主知识产权，处于市场验证或初期应用阶段，技术含量和附加值高，市场前景广阔，具有较强的示范意义。推行重点新材料首批应用保险补偿机制，有助于加速解决新材料应用的初期市场瓶颈，激活和释放下游行业对新材料产品的有效需求。

三、《各类监控化学品名录》

（一）政策出台背景

发布《各类监控化学品名录》是履行《禁止化学武器公约》的客观需要。2020年6月3日，经国务院批准，工业和信息化部第52号令公布了《各类监控化学品名录》（以下简称《名录》），自公布之日起施行。为了更好地理解和执行《名录》，工业和信息化部产业政策与法规司负责人对《名录》进行了解读。

（二）政策主要内容

此次《名录》发布，按照规章立法程序和相关法律法规要求，主要开展了以下工作。

一是组织有关专家对缔约国大会决议中化学品中文名称进行复核，通过外交途径将有关化学品中文名称修订情况反馈给禁止化学武器组织。

二是研究形成《名录（修订草案）》。

三是征求《名录》部际联席会议成员单位、省级工业和信息化主管部门的意见，并通过"中国政府法制信息网"和部门户网站两次向社会公开征求意见。

四是按程序报请国务院批准《名录（修订草案）》。

（三）政策影响

《名录》的发布是使中国对化学用品及相关设备和技术、化学品生产、经营、使用和进出口等一系列相关活动更加完善。《名录》的进一步细化对我国化工行业在落实国家政策，履行有关国际义务，维护国家安全和社会公共利益，规范我国有关敏感物项出口管理，维持对外经贸活动的正常秩序等领域具有重要意义。

热 点 篇

第二十三章

中国化工与中化集团加快战略性合并重组

第一节 背景意义

2020年,中央经济工作会议着重强调,要增强产业链供应链自主可控能力。虽然我国是世界化工大国,但市场主体较分散,行业聚集效应较弱。中国化工与中化集团作为以化工为主业的中央企业,中国化工具有较好的化工产业基础和研发基础,中化集团在化肥领域高度参与中国农业,同时管理着中国战略石油储备,与更为专注下游领域特殊化学品和农用化学品的中国化工,有高度的互补性和协同性。中国化工与中化集团的战略性合并重组,能够有效提升化工行业的产业链供应链自主可控能力。

第二节 主要内容

中化集团与中国化工均为世界财富500强公司,中化集团拥有员工约6万人,业务涵盖能源、化工、农业、金融等不同业务领域,设有能源、化工、农业、地产和金融五大事业部,控制中化国际、中化化肥、中国金茂等多家上市公司;中国化工则是国内最大的化工企业,拥有约16万员工,业务涵盖化工新材料及特种化学品、农用化学品、石油加工及炼化产品、橡胶轮胎、化工装备和科研设计等领域,拥有鲁西化工、扬农化工、中化化肥、安道麦、安迪苏等上市企业。

2018年,中国化工董事长任建新宣布退休,中化集团董事长宁高宁开始兼任中国化工董事长和党委书记。2019年,宁高宁表示,中化集团和中国化工集团正在大力推进两化合作,切实提高中国在全球能源、化工和农业领域

的创新能力和产业地位,但双方就此合并一事并未进行表态。

2020年,"两化合并"正式开始。1月,两家企业的合并在农业板块开启,中化集团下属农业板块的主要资产将注入中国化工旗下的先正达集团。同时,中国化工也将所持有的先正达股份有限公司的全部股份和安道麦股份有限公司74.02%股份,悉数划转至先正达集团。9月,在国务院新闻办举行的企业家代表与中外记者见面会上,中化集团董事长、中国化工集团董事长宁高宁表示,中国化工集团和中化集团合并重组正在进行中。12月,中国化工集团与中国中化集团合并方案确定,由两家并为一家新控股公司,由国资委监管。

2021年3月,国资委正式披露,经报国务院批准,中化集团与中国化工实施联合重组,新设由国资委代表国务院履行出资人职责的新公司,中化集团和中国化工整体划入新公司。中化集团和中国化工将遵照相关法律法规和监管机构的要求,积极稳步推进本次联合重组,重组后的新公司涵盖生命科学、材料科学、基础化工、环境科学、橡胶轮胎、机械装备、城市运营、产业金融等业务领域。至此,"两化合并"尘埃落定。

第三节 事件影响

中化集团与中国化工联合重组将进一步优化资源配置,将有助于打造一家行业领先的综合性化工集团,进一步优化企业资源配置,淘汰落后产能,形成产业链的有机协同互补,增强科技研发和创新能力,释放企业活力。这将努力突破关键材料瓶颈,确保我国化工行业产业链供应链的安全可控。,提供高水平的农资与农业综合服务,推动我国农业转型升级;大力推进节能减排,为我国实现碳达峰、碳中和目标贡献化工行业力量。

同时,两家企业重组合并后,一家年营收将近1万亿元、员工规模超过22万人的巨无霸企业即将浮出水面,这势必改变全球化工行业的格局,不仅有利于中央企业进一步做强做优,也将进一步提升我国化工行业的国际话语权。

第二十四章

铁矿石价格连续走强创新高

第一节 背景意义

中国粗钢产量占全球的比重达 60%，使得我国对铁矿石的需求非常之大。虽然我国铁矿储量大，但品位低，开采难度大，导致我国的铁矿石主要依赖进口，我国是全球最大的铁矿石进口国，连续四年保持在 10 亿吨以上高位，铁矿石进口价格深刻影响我国钢铁行业。同时，我国铁矿石进口中 60%以上进口来自澳大利亚，不到 20%来自巴西。因此，在我国铁矿石进口上，澳大利亚占据着绝对的主导权，而我国和澳大利亚等国的贸易关系变化，将深刻影响我国铁矿石的价格。

第二节 主要内容

2020 年，进口铁矿石期货价格从 80 美元附近，涨至 180 美元左右，几乎翻了一倍，创下了近 8 年的价格新高，达到了历史第二高位价格，铁矿石价格大幅上涨已经远远超过市场预期。市场分析价格上涨原因，一方面，铁矿石供应端不及预期。例如，受铁矿石巨头淡水河谷巴西溃坝事故影响，再加上澳大利亚的铁矿石巨头供货量的减少，实际产量不及预期在一定程度上助推了铁矿石的价格。另一方面，钢厂存在补库需求。虽然钢铁重镇唐山严格执行限产政策，但产量有边际回升预期。虽然整体复产上升空间有限，但 4 月份部分钢企高炉已恢复生产。随着炼钢利润提升，非唐山地区的钢厂产量有增长动力。

同时，随着新冠肺炎疫情的缓解，释放了压抑的信用扩张和消费投资需

求，推动全球经济进入上行周期，同时也带来通胀的快速上行，在这样的背景下，大宗商品的价格走势普遍被大家看好，一定程度上也推动铁矿石价格的走高。但是，随着铁矿期现价格的连续飙升，也有业内人士认为铁矿石暴涨缺乏基本面支撑，受资金面非理性情绪的影响，铁矿石整体价格水平明显高估，已偏离供需基本面，资本炒作迹象明显。

为应对铁矿石价格强势运行，工信部会同有关部门，积极采取举措推动稳定铁矿石价格。一方面，修订《钢铁行业产能置换实施办法》，严禁钢铁新增产能，通过限制粗钢产量进而实现稳定铁矿石价格的目标。另一方面，加强铁矿石价格运行监测和价格监管，稳定市场预期，做好舆情引导，防范市场恐慌性购买和囤货，并配合有关部门坚决打击垄断市场、恶意炒作铁矿石价格等违法违规行为。同时，支持上下游企业建立长期的稳定合作关系，协同应对市场价格波动风险，鼓励钢铁企业进行期货套期保值交易。

第三节　事件影响

我国是世界上最大的钢铁生产国，原钢产量约占世界总产量的一半。随着疫情后各行各业有序恢复，尤其是大型基建工程的投入，对于铁矿石需求也在加大。铁矿石价格疯狂上涨，不仅影响我国钢铁企业正常生产和经营，也阻断了刚恢复正常的疫情后的经济社会运行，对于中国经济的发展来说是非常危险的，需要引起行业管理部门和全社会的高度关注。另外，此次铁矿石价格上涨深刻反映了中国目前缺乏对铁矿石市场定价权的掌控，掌握市场定价权的国家，便可以通过调整铁矿石的进口价格来影响中国经济，这也是我国为奠定未来经济有利发展必须面对和解决的问题。

第二十五章

再生铜原料、再生铝原料国家标准公布

第一节 背景意义

我国是铜和铝的消费大国，但矿石原料储量有限和需求增加，供需矛盾越来越突出，铜和铝矿石原料供应日渐紧张，越来越多的企业将目光转移到再生铜和铝。废杂铜和铝再生利用，为满足我国铜和铝消费需求做出了重要贡献，是我国有色金属工业重要的组成部分。与生产等量原生金属相比，再生铜和铝有效节能节水、减少固体废物和减少二氧化硫排放，为我国资源节约、环境保护和节能减排能够做出较大贡献。

第二节 主要内容

2020年10月，为规范再生黄铜原料、再生铜原料和再生铸造铝合金原料的进口管理，生态环境部、海关总署、商务部、工信部联合发布了《再生黄铜原料》（GB/T38470—2019）、《再生铜原料》（GB/T38471—2019）、《再生铸造铝合金原料》（GB/T38472—2019）等国家标准。标准自2020年11月1日起执行，为再生黄铜原料、再生铜原料和再生铸造铝合金原料的国内外贸易管理提供了技术依据，对符合标准的再生黄铜原料、再生铜原料和再生铸造铝合金原料，明确为不属于固体废物，可按普通货物进口。

《再生黄铜原料》（GB/T38470—2019）、《再生铜原料》（GB/T38471—2019）、《再生铸造铝合金原料》（GB/T38472—2019）中，对再生黄铜原料、再生铜原料和再生铸造铝合金原料的用途、特征状态、原料来源、金属总含量、铜含量、黄铜含量、铝及铝合金含量、回收率、包装等要素分别做出了

规定，明确夹杂物、水分、化学成分等质量要求及环保要求的设定依据，对再生铜和铝原料的检验方法、取制样、组批、检验判定规则进行了详细说明，对于规范国内再生资源回收，引导进口高品质再生原料，推动铜和铝产业高质量发展具有十分重要的意义。

第三节　事件影响

三项国家标准的发布，不仅适用于再生铜和铝原料产品的进口管理，也适用于国内再生原料产品的流通贸易，表明国家对再生有色金属产业的重视，不仅有利于降低铜和铝加工成本，提升中国制造业竞争力，对我国有色金属工业节能减排、构建绿色制造体系形成有力支撑，也能够影响推动国家正在大力开展的碳达峰和碳中和的目标实现。同时，随着2021年我国将全面实施固体废物零进口，三项国家标准提高高品质原料进口，推动战略金属资源有效利用，对我国有色金属产业全球化发展提供有力支持。

第二十六章

《关于促进砂石行业健康有序发展的指导意见》发布

第一节 背景意义

砂石是不可或缺的最基本建筑材料，主要源于山川河流，由区域市场就近供应。随着我国工程建设中砂石骨料消费呈逐年增长，以及经过多年大规模开采天然砂石资源逐渐减少，建设工程需求量持续增加，造成区域性供需短期失衡，砂石价格大幅上涨。同时，一些地方对砂石基础性重要性认识不足，行业整治工作简单粗放，造成低质砂石进入市场，增加基建投资和重大项目建设成本的同时，影响工程建设进度，并带来质量安全隐患。另外，受全国范围内砂石骨料价格高、资源短缺的影响，砂石行业利润大幅提升，砂石行业生产和管理乱象突出，急需采取措施妥善解决。

第二节 主要内容

近年来，我国出台了多项砂石行业政策。2019年，水利部发布《水利部办公厅关于加快规划编制工作、合理开发利用河道砂石资源的通知》，工信部等十部门和单位发布了《关于推进机制砂石行业高质量发展的若干意见》，然资源部发布《关于实施海砂采矿权和海域使用权"两权合一"招拍挂出让的通知》和《关于推进矿产资源管理改革若干事项的意见（试行）》。这些政策文件主旨要求"各地既要严厉打击非法采砂"，又要"在保证安全和生态的前提下，通过科学规划、有效监管，合理开发利用砂石资源"。

第二十六章　《关于促进砂石行业健康有序发展的指导意见》发布

2020年3月，国家发改委、工信部、自然资源部等十五部门和单位联合印发了《关于促进砂石行业健康有序发展的指导意见》(以下简称《意见》)，这是国家出台的关于砂石行业又一个专门的指导文件。《意见》针对砂石的不同类型和用途，采取了区别对待的政策，合理控制河湖砂开采，严格规范海砂使用，大力发展和推广应用机制砂石，又鼓励利用再生砂石；鼓励和支持综合利用废石、矿渣和尾矿等砂石资源，推动工程施工采挖砂石统筹利用，对防汛抢险等应急用砂石建立应急开采机制；《意见》决定建立砂石保供稳价工作协调机制，推动砂石行业主管部门的政策联动，定期会商研究相关问题。《意见》特别指出，各地区要进一步提高认识砂石行业健康有序发展重要性，做好砂石保供稳价、促进行业健康有序发展，切实落实主体责任。

第三节　事件影响

随着我国经济不断发展，城镇化建设速度加快，基础设施建设对砂石需求量相应持续增加。《意见》的发布，统筹考虑各类砂石资源整体发展趋势，加强砂石资源开发整合，逐步过渡到依靠机制砂石满足建设需要为主，在规划布局、工艺装备、产品质量、污染防治、综合利用、安全生产等方面加强联动，加快推动机制砂石产业转型升级，加快建立并逐步完善机制砂石产品及应用标准规范体系，不断推动砂石行业高质量发展。

第二十七章

国家稀土功能材料创新中心批复组建

第一节 背景意义

2019年习近平主席在江西考察时,强调稀土是重要的战略资源,也是不可再生资源,"要加大科技创新工作力度,不断提高开发利用的技术水平,延伸产业链,提高附加值"。创新是推动稀土产业高质量发展的关键支点,也是塑造我国稀土产业发展新优势的重要抓手。而国家制造业创新中心,是应对科技革命引发的产业变革,抢占全球产业技术创新制高点,突破涉及国家长远发展和产业安全的关键技术瓶颈的重要科技力量。稀土行业推动国家技术创新建设,是推动稀土产业资源优势、研发优势真正转化为产业优势、发展优势的关键。

第二节 主要内容

2019年11月28日,国瑞科创稀土功能材料有限公司创立大会在赣州召开。依托江西省与内蒙古自治区稀土资源优势、产业优势及研发优势,经两省区主管部门同意,由江西省稀土功能材料创新中心和内蒙古稀土功能材料创新中心以"公司+联盟"的模式联合创建国家稀土功能材料创新中心,其运行公司国瑞科创稀土功能材料有限公司由江西理工大学、中国北方稀土(集团)高科技股份有限公司、江西铜业集团有限公司、中国南方稀土集团有限公司、江西省财政投资集团有限公司、中国科学院包头稀土研发中心等16家单位共同出资组建。

2020年3月19日,工信部组织召开国家稀土功能材料创新中心创建方

案专家论证视频会议，通过了《国家稀土功能材料创新中心创建方案》。4月7日，国家稀土功能材料创新中心（由国瑞科创稀土功能材料有限公司组建）获得工信部正式批复，成为我国稀土领域唯一的国家级制造业创新中心。创新中心将围绕稀土磁性、发光、催化、合金等功能材料产业和稀土二次资源回收利用等领域，重点攻克高端稀土功能材料设计、加工、制造一体化技术，稀土新材料批量化制备关键技术，前沿稀土新材料开发及应用技术等，打造集关键共性技术研发、中试孵化、测试验证和成果转移转化为一体的新型创新平台，从而加快稀土功能材料领域关键共性技术突破，不断增强产业创新能力，加快制造强国建设。

第三节 事件影响

国家稀土功能材料创新中心是集政府、科研院所、高校、企业等多方力量共同构建的国际化、专业化创新平台，是为深入贯彻落实习近平总书记对稀土产业发展的重要指示，从战略高度促进稀土关键核心技术突破、推广先进实用技术、调整优化稀土行业结构、发展稀土高端应用，加快推动把我国稀土资源优势有效地转化为发展优势和经济优势，对提升我国稀土行业核心竞争力、支撑稀土产业健康可持续发展、维护我国稀土在全球的战略地位将具有深远意义。

展望篇

第二十八章

主要研究机构预测性观点综述

第一节 石油化工行业

一、中国石油和化学工业联合会

根据宏观经济运行趋势、行业生产、价格走势、结构调整变化综合分析判断，2021年，石油和化工行业经济运行环境将明显改善，主要经济指标有望实现全面增长。预计全行业工业增加值比上年增长约6%，营业收入增长约10%，利润总额增长10%以上，进出口总额增长约8%，其中出口增长约10%。

预计2021年原油表观消费量比上年增长约5%；天然气表观消费量增长约7%；成品油表观消费量增长约5%；化肥表观消费量增长约1%；合成材料表观消费量增长约8%；基础化学原料表观消费量增长约5%，其中乙烯表观消费量增长约4.5%，烧碱表观消费量增长约6%。

二、罗兰贝格

《罗兰贝格"预见2021"中国行业趋势报告》指出，2021年，后疫情时代的化工产业将迎来新一轮增长契机：绿色化、高端化的发展方向将为业内企业创造细分领域的新兴机遇，客户导向的市场趋势也将催生B端产品品牌化等一系列模式创新。2021年，中国化工行业将呈现以下四大趋势。

（一）穿越疫情：化工产业全球复苏，资本市场渐入佳境

2020年，新冠肺炎疫情席卷全球，对各产业带来剧烈冲击。由于部分化

工品类具有生产与生活的刚需属性，加之酒精、表面活性剂、部分聚烯烃等抗疫化工品需求逆势增长，化工产业受疫情影响程度相对可控。随着中国及全球经济回暖，化工产业在越过衰退拐点后，加速复苏进程，经营规模与资本市场表现逐步形成"U型"反转。

2021年，预计投资机构与产业玩家将把握上涨趋势、加强产业布局，全球化工产业兼并收购渐趋活跃，资本市场走势持续向好。

（二）高潜市场：绿色中国蓬勃发展，生物化工逐步兴起

2020年初，国家发改委、生态环境部联合发布"禁塑令"(又称新"限塑令")，决心以更大力度、从全生命周期限制塑料制品的使用。同时，消费者的绿色健康意识日益增强，纯天然、可降解、可持续的生物基材料已成为传统化工品的替代性选择，其部分工艺已逐步凸显成本优势，正迅速受到各界关注及布局。

2021年，PHA（聚羟基 脂肪酸酯）、EPA（二十碳五烯酸）、戊二胺等新兴生物化工产品的消费规模或将快速增长。同时，不同于欧美以大型化工集团布局生物产业的格局，国内科研院及初创企业所对生物化工的发展起到技术引领的关键作用。未来，中国市场将涌现一批技术驱动型的新兴玩家以及成功上市的行业领军企业。

（三）新兴品类：高端应用激活市场，5G材料炙手可热

2020年，5G产业逐步进入规模化发展。有鉴5G网络的高速、短距等特点，新基站与新终端对配套材料提出更高的性能要求，射频、传输、屏蔽、散热等环节催生了各类新材料产品机遇。例如，适用于大功率器件的第三代半导体材料，PCB高频高速覆铜板所需的PTFE、PPE/PPO等新型树脂，，微波介质陶瓷，用于终端壳体的高穿透性与高耐候性玻纤改性树脂。

2021年，杜邦、陶氏、汉高等各大国际化工巨头将继续发挥5G新材料领域的先发优势；我国在本土企业的不断发展与追赶中，也将逐步掀起进口替代的长期征程。

（四）模式创新：客户导向持续演进，B端产品品牌崛起

化工行业竞争日趋激烈，诸多玩家积极探索客户导向型的生产经营模式，力图修筑差异化竞争的"护城河"。

各玩家不仅从供应产品向提供综合解决方案转型，也从售前、售后的阶段性服务向全生命周期的客户合作发展。尤其在纤维、工程塑料等领域，领先玩家正深入挖掘 B 端（针对商家企业）产品品牌化潜力，依托 C 端（针对直接消费者）品牌认可拉动对下游 B 端客户的销售。同时，鞋服等行业的激烈竞争也催生了下游环节对供应链上游品牌化发展的需求。以纤维品牌化为例，全球各大鞋服企业与纤维玩家持续开展深入合作，东丽、莱卡、考杜拉（Cordura）等国际纤维品牌的成功案例将促进中国玩家向高价值、高性能、强粘性的产品和商业模式组合转型。

2021 年，我国化工产业有望开启品牌化发展模式的探索，除了克服技术研发与商业模式的挑战，更重要的是深度转变运营管理模式，匹配前端的发展要求。未来，本土市场有望见证越来越多的 B 端品牌崛起

第二节 钢铁行业

一、冶金工业规划研究院

从全球来看，2020 年受疫情影响，除亚洲外，其他地区钢材需求都出现明显下降。2021 年，随着全球经济复苏，各地区钢材需求将恢复增长。预计 2021 年全球钢铁消费将达到 18.33 亿吨，同比增长 4.9%。

2020 年中国钢材消费量预计达 9.81 亿吨，同比增长 9.6%，2021 年钢材需求还会有小幅增长。2021 年中国钢材消费会达到 9.91 亿吨，同比增长 1%。2021 年，我国的钢材消费总量会在 2020 年的基础上小幅增长。

从各行业用钢需求来看，2020 年，仅建筑和机械两个行业钢材消费量预计就高达 7.32 亿吨，占总消费量比重接近 75%。特别是建筑行业，需求预计达 5.74 亿吨，同比大幅增长 13.4%，远超其他行业。2021 年，建筑和机械用钢需求将继续增长。预测 2021 年，我们国家建筑行业用钢会在 2020 年这么高的基础上继续增长，会达到 5.8 亿吨，增幅会比 2020 年下降，因为基数很高，预计会增长 1%。2021 年，预计机械行业的钢材消费会继续保持增长，消费量大概在 1.6 亿吨，同比增长 1.3%。"

二、世界钢铁协会

全球钢铁需求量在 2020 年下降 0.2% 之后，将在 2021 年增长 5.8%，达到 18.74 亿吨。2022 年，全球钢铁需求将继续增长 2.7%，达到 19.25 亿吨。

目前还在持续的第二波或第三波疫情将在今年第二季度趋于平缓，随着疫苗接种稳步推进，主要钢铁消费国的经济活动将逐渐恢复正常。

虽然新冠肺炎疫情给人们的生命和生活带来了灾难性影响，但全球钢铁行业仍然是幸运的，到 2020 年底全球钢铁需求仅出现小幅收缩。这主要得益于中国令人惊讶的强劲复苏，推动中国钢铁需求增长高达 9.1%，而在其他国家，钢铁需求则萎缩 10.0%。未来几年，发达经济体和发展中经济体的钢铁需求都将稳步复苏，起支撑作用的因素是被抑制的钢铁需求以及政府的经济恢复计划。不过，对于部分最发达经济体而言，要恢复到疫情之前的水平，还需要几年时间。

受疫情影响，建筑业的各个领域将出现不同发展趋势。随着远程办公和电子商务的增加，以及出差旅行的减少，人们对于商业性建筑及差旅设施的需求将会持续下行。与此同时，人们对于电子商务物流设施的需求已经出现增长，并且这一需求将发展成为一个成长型部门。基建项目的重要性增加了，有时甚至成为许多国家复苏经济的唯一手段。在新兴经济体，基建项目将继续构成一个强大的驱动因素。在发达经济体，绿色复苏计划项目和基础设施翻新项目将推动建筑业需求。预计到 2022 年，全球建筑业将恢复到 2019 年的水平。

在全球范围内，在用钢行业中，汽车业的下跌最为显著，预计汽车行业将在 2021 年出现强劲复苏。预计全球汽车业将在 2022 年恢复至 2019 年水平。全球机械业虽然受到 2020 年投资下降的打击，但降幅远低于 2009 年。预计机械业将会较快复苏，另外，还有一个重要因素也将影响机械业，那就是数字化和自动化进程的加速。该方面的投资将会推动机械业增长。再者，可再生能源领域的绿色项目和投资计划也将成为机械业的另一个增长面。

第三节　有色金属行业

一、广发证券

当前，有色金属有望迎来新一轮景气周期，原因如下。

（1）RCEP 签署落地，相关东南亚国家基础设施建设有望提速，带动金属需求大幅增长。

（2）在"碳中和"倡议下，光伏、风电等可再生能源的供电端建设增加，用电端的新能源汽车、充电桩等需求也相应增加，共同带动相关金属需求上

升。需求大幅上涨、但供给受限的背景下，基本金属价格预计将步入景气周期。

铜：供给方面，预计未来三年铜矿产量复合增速为 3%左右，供给增长有限。需求方面，短期电力基建投资、地产竣工、汽车销售等增速表现较好，为铜消费带来了新的增长点；中长期来看，RCEP 的签署落地和"碳中和"的政策指导方针成为铜消费的核心驱动力，叠加海外经济逐步修复、全球通胀预期提升，预计中长期铜价将保持上涨趋势。

铝：氧化铝方面，当前氧化铝存在全球性产能过剩的问题，且 2021 年国内氧化铝新投产（约 740 万吨）和复产（约 1160 万吨）产能较大，因此预计 2021 年氧化铝价格反弹乏力。

电解铝方面，国内电解铝新投产能的投产进度不及预期，且当前国内电解铝行业产能"天花板"基本已经形成，产能增长空间有限。而汽车销售、房产竣工增速提升等因素对电解铝需求形成支撑。因此，预计 2021 年电解铝价格或将维持较高位震荡走势。

锌：受疫情影响，全球锌精矿产量大幅下滑，矿山供给增速不及预期。随着海外逐渐复工复产、消费地产进入后周期对锌的需求增长，供应过剩逐步缓解，锌价或有向上超预期的表现。

二、中国有色金属工业协会

全球有色金属年总产量在 1.2 亿吨左右，中国有色金属年产量 2020 年达到 6168.0 万吨，同比增长 5.5%，产量已超过国外其他国家的产量总和。目前，我国已掌握了铜、铝、铅、锌、镍、锡等品种的选矿、采矿、冶炼的全球最先进技术，实现了生产成本的大幅下降，助推了我国有色金属产量的快速增长。现在国内有色金属市场消费量为 6300 万吨，6000 多万吨的有色金属产量基本被国内市场消化掉。所以，有色金属工业对我国国民经济、国防军工提供了重要的保障和支撑。

2020 年规上有色金属工业企业效益明显好于预期。2020 年，规上有色金属工业企业（包括独立黄金企业）实现营业收入 58266.5 亿元，同比增长 3.8%；实现利润总额 1833.2 亿元，同比增长 19.2%。其中，铜企业实现利润 408.4 亿元，同比增长 7.7%，拉动规上有色金属企业利润增长 1.9 个百分点；铝企业实现利润 628.9 亿元，同比增长 53.0%，拉动规上有色金属企业利润增长 14.2 个百分；黄金企业实现利润 221.6 亿元，同比增长 62.5%，拉动规

上有色金属企业利润增长 5.5 个百分。

从国际宏观经济环境看，2021 年全球主要国家经济将有望逐步复苏，但也存在较大风险和不确定性；看国内经济环境，2021 年是实施"十四五"规划的开局之年，将持续推动扩大内需、改善营商环境、支持创新发展等一系列利好政策，经济增速可能恢复至正常增长水平以上。同时，2021 年国家将继续实行积极的财政政策，货币政策更加注重精确性和灵活性，推动消费转型升级与投资提质增效，加强创新和产业协同发展。

2021 年有色金属行业增速总体将呈"前高后稳"的态势，预测 2021 年有色金属工业主要指标：有色金属生产总体保持平稳运行，全年增幅在 3% 左右；主要有色金属价格上半年将维持高位震荡，也不排除下半年出现回调的可能，但全年年均价格仍将好于 2020 年的年均价格；规上有色金属企业实现利润有望保持增长态势；有色金属行业固定资产投资额大体与 2020 年持平，出现大幅增长或大幅下降的可能性不大；有色金属产品出口下降的态势也有望缓解，但出口大幅回升的可能性不大。

第四节　建材行业

一、中金公司

水泥：核心地区盈利韧性，把握估值与基本面错配窗口期。2021 年，水泥需求预期小幅微增（0~2%），供给整体受控，盈利保持高位韧性。

玻璃：竣工需求向好，供给端边际紧缩，景气正当时。未来两年地产竣工端将维持较高景气度，带动玻璃需求节节攀升，而当前光伏爆发增长期，部分浮法玻璃产能有望转产至光伏玻璃背板，同时冷修仍将作为滚动调节阀，供给整体将呈现收缩状态。当前供紧需增状态下，浮法玻璃价格中枢进一步上移，叠加纯碱价格处于低位，行业将迎来价利齐升的高景气周期。而行业玻璃双龙头旗滨、信义的下游深加工业务，为中期成长进一步打开空间。

玻纤：供给增量降速，海外需求复苏下的顺周期弹性品种。2021 年，预期玻纤海外需求有望从疫情中逐步恢复，同时国内汽车、建筑类需求仍保持旺盛，支撑玻纤内需。同时，行业净新增产能同比明显降速（2019 年 47 万吨，而 2020 年不到 30 万吨），行业供需格局以及产品价格呈延续复苏态势，推动龙头业绩及估值双升。

二、广发证券

从宏观层面来看，房地产销售面积、M2 和社融增速是建材行业的领先指标。领先指标的高景气复苏，意味着在政策不发生重大变化情况下，2021年尤其是上半年建材行业需求不会差。供给方面，水泥、玻璃等细分板块供给受到较大约束，预计新增供给不会出现大幅扩张。因此，就这两个板块而言，供需关系得到优化，行业景气度有望提升。

水泥：新增供给被有效压缩，价格处于高位，行业高景气度有望延续。水泥行业的供给端出现三个有利变化，使得水泥供给的稳定性更强，水泥行业的新增供给被有效控制，盈利增长未带来新增供给的扩张。

2021年，预计水泥行业新增供给仍然较少（2000多万吨），错峰生产和行业协同仍将延续，行业供给维持高稳定性，为行业持续高景气带来牢固基础。但由于水泥价格自 2019 年来持续处于高位态势，因此预计同比增长速度较 2020 年将有所减弱。

浮法玻璃：供需关系继续改善，价格和盈利有望超预期。供给端，预计 2021 年浮法玻璃供给将净减少。2021 年，在综合考虑冷修、复产以及新建产能的情况下，预计浮法玻璃的产能将净减少 1550 吨/天，占目前在产产能的 1%。同时，近期有部分传统浮法玻璃产线计划转产光伏玻璃，会进一步降低浮法玻璃供给。

需求端：竣工回升为浮法玻璃需求提供保障。浮法玻璃下游主要为房地产、汽车、家电和出口。建筑用玻璃大量使用时间是在施工后期、靠近竣工的阶段，一般在竣工交付前完成玻璃安装。由于已销售未竣工部分存在销售合同的刚性约束，竣工终究会回到和销售对应的水平，因此明年竣工回升比较确定，建筑用浮法玻璃的需求得到一定保障。根据广发证券地产研究小组预测，2020 年和 2021 年竣工增速分别为 8%、6%；根据汽车研究小组预测，2021 年乘用车终端销量增速或将达到 15%，景气将显著回升。

综合来看，预计 2021 年浮法玻璃的供需关系将继续改善，价格在需求稳定、新增产能越来越少的情况下易涨难跌。因此，2021 年浮法玻璃的价格和盈利有望超预期。

光伏玻璃：产能受到约束，需求预计持续快速增长，有望保持高景气。

供给端：供给释放速度受到制约。首先，从目前生产光伏玻璃的各公司产能规划来看，2021—2022 年新增产能较大，中国企业光伏玻璃名义产能增速分别约为 60%和 30%，但考虑到各生产线产能投放进度不一，同时产能提升需要一定时间，政策和企业资金、技术实力也会影响各生产线投产节奏，因此实际产能增速会低于名义产能增速，供给释放的速度不一定那么快。其次，预计未来几年光伏玻璃新增供给会受到以下几个因素制约：①包括光伏玻璃在内的整个玻璃行业都受到产能置换政策的监管，新增供给受限；②近期部分传统浮法玻璃产线计划转产光伏玻璃，但这种改造难度较大；③大尺寸硅片的推广使得部分产线生产成本提高。

光伏玻璃是光伏产业链中必不可少的材料之一。未来 2~3 年，随着新增光伏装机持续较快增长，以及双玻组件（用于太阳能电池）渗透率的提升，光伏玻璃的需求量有望快速增长。根据广发证券电新研究团队预测，2020—2022 年的全球光伏新增装机量分别为 120、160、184GW，分别同比增长 4%、33% 和 15%；预计 2020—2022 年双玻组件渗透率将达到 30%、40%、50%。基于上述数据，预计 2020—2022 年光伏玻璃销量同比增长 12%、43%、23%，呈快速增长的态势。结合供需关系综合考虑，明年光伏玻璃的高景气势头有望延续。

第五节　稀土行业

一、广发证券

当前国内稀土矿短缺的问题突出，且从"十三五"规划的实现情况来看，稀土开采指标短期难有大增。而美国、缅甸、澳大利亚等地区的稀土矿已经基本满产且尚未有明确提升规划。因此，在国内开采指标不大幅增加的情况下，稀土供给端预计将处于偏紧的状态。需求端来看，近年来国内外对稀土的需求持续上升，且中期来看仍将稳定增长。在此背景下，稀土价格有望继续上涨，并维持高位运行。

二、平安证券

2020 年，国内稀土市场价格走势均有不同程度的上涨，国内轻稀土市场价格涨幅较大，重稀土市场一直处于高位水平，铽系价格上涨至 10 年新高，加之国家对于稀土行业整顿越来越严，2020 年稀土开采量也有所增加，新能源汽车发展越来越快。

预计 2021 年稀土行业发展将持续改善，国内重稀土市场价格或将维持高位价格，国内轻稀土市场现处于高位水平，2021 年价格或将维持高位为主。

第二十九章

2021年中国原材料工业发展形势展望

第一节 原材料工业总体形势展望

预计2021年,全球经济逐步恢复,国内经济保持稳步增长态势,我国原材料工业生产相对稳定,投资增速有望转正,进出口有所增加,产品价格高位震荡,行业经济效益继续增加。

一、生产规模相对稳定

预计2021年,我国原材料工业生产规模相对稳定,部分产品增速有望加快。

一是全球经济逐步恢复正常。IMF预计,随着疫苗接种范围的扩大和主要发达经济体的财政支持,2021年全球经济将逐步复苏,有望增长6%[1]。IMF同时指出,由于全球各地疫苗普及速度、经济政策支持力度等方面存在差异,所以各个国家和地区的经济复苏速度不一致。发达经济体GDP将增长5.1%,其中美国受益于1.9万亿美元的财政刺激计划和疫苗接种进程加快,GDP增速将超过疫情前水平,达到6.4%;欧元区在疫苗接种计划推进和经济遏制措施逐步放松的带动下,经济将逐步恢复并释放活力,经济增长有望达到4.4%;日本经济复苏势头缓慢,实际经济增长前景取决于疫情走势,预计将增长3.3%[2]。除中国之外的新兴市场和发展中经济体经济恢复缓慢,预计增长

---

[1] IMF,《世界经济展望》
[2] 同上。

6.7%，其中俄罗斯经济增长 3.8%，巴西经济增长 3.7%，东盟五国经济增长 4.9%[①]。受全球经济恢复带动，我国原材料产品国际市场需求将显著增加。

二是我国经济继续保持增长。主要研究机构看好我国经济前景，认为 2021 年我国经济增速有望超过 8%。IMF 预计，2021 年我国经济增速为 8.4%。尽管如此，2021 年是"十四五"的开局之年，我国发展不平衡不充分问题仍然突出，重点领域关键环节改革任务仍然艰巨，推动制造业优化升级仍然是重点任务，传统原材料企业单纯依靠规模扩张的发展模式不可持续，需要走提质增效的发展道路。例如，2021 年我国粗钢产量压减工作逐步开展，粗钢产量同比会下降。

三是主要下游行业需求增长较快。从国际来看，随着各国经济逐步恢复，工业品需求大幅增加，对我国原材料产品需求增加。从国内来看，2020 年，我国房地产开发投资同比增长 7%，增速较 1—11 月提高 0.2 个百分点，其中房屋新开工面积同比下降 1.2%，降幅较 1—11 月有所收窄。受经济逐步回暖影响，预计 2021 年我国房地产市场将保持稳步增长态势。2020 年，我国汽车产销量同比分别下降 2% 和 1.9%，降幅较上年分别收窄 5.5 和 6.3 个百分点，年产销量连续 12 年位居全球第一。预计 2021 年，在一系列刺激汽车消费政策的刺激下，我国汽车产销量有望实现正增长。下游需求强劲复苏有望增加对原材料产品的需求。

二、投资增速有望转正

预计 2021 年，我国原材料工业投资规模有望扩大，投资增速小幅增长。一方面，疫苗接种范围逐步扩大，全球疫情有望得到有效控制，全球经济复苏势头较为强劲，主要经济体制造业逐步恢复，对原材料需求将显著增加。国内企业投资信心增强，有望进一步扩大投资。2020 年，国家发改委批复了 14 个基础设施建设项目，投资金额达到 11454 亿元左右，其中铁路项目 5 个、轨道交通项目 5 个、机场项目 3 个、港航项目 1 个。这些基建项目的实施将显著增加对钢铁、有色金属、建材等原材料产品的需求。另一方面，碳达峰碳中和目标一定程度上限制了原材料工业的规模扩张，抑制了企业的投资冲动。2021 年，国家发改委、工业和信息化部两部门联合开展钢铁去产能"回

---

① IMF，《世界经济展望》

头看",巩固去产能成果,同时重点压减环保绩效水平差、能耗高、工艺装备水平相对落后企业的粗钢产量,确保粗钢产量同比下降。在这种政策导向下,钢铁等原材料企业扩大投资的后劲不足。

三、进出口有所增加

预计 2021 年,我国原材料产品进出口贸易较为活跃。出口方面,全球经济保持较为强劲的复苏势头,主要发达经济体和新兴经济体经济恢复增长,制造业逐步恢复,将增加对我国原材料产品的需求。与此同时,全球新冠肺炎疫情尚未从根本上得到遏制,保护主义、单边主义上升,全球产业链供应链中长期重构面临着较大不确定性,全球供应链将朝着区域化、次区域化方向发展,我国原材料产品出口存在较大的风险。进口方面,我国经济长期向好,发展韧性强劲,双循环新发展格局为我国原材料产品进口提供强大市场支撑。同时,我国多举措支持出口转内销,多措并举支持适销对路的出口产品开拓国内市场,积极扩大商品和服务进口,这些都有利于培育下游消费市场,增加原材料产品的进口。

四、产品价格高位震荡

预计 2021 年,我国原材料产品价格会维持高位震荡的态势。钢材价格在下游需求旺盛、出口恢复增长、环保限产、铁矿石等原燃料价格支撑等因素影响下,将保持高位运行态势,但由于钢价涨幅较大对下游行业带来较大成本压力,所以钢铁价格持续上涨的空间不大,将以高位震荡为主。化工产品价格在全球经济逐步复苏、油价上涨等影响下,有望继续上涨。有色金属产品价格在全球流动性过剩、国际需求恢复带动下,有望继续上涨,其中铜价在铜金融属性和商品属性共同作用下,以及各国央行量化宽松政策影响下,2021 年将继续上涨;铝价受"新基建"中新能源汽车行业、城市轨道交通行业和 5G 基站等建设需求拉动,有望维持恢复性上涨。

五、行业经济效益继续增加

预计 2021 年,我国原材料工业整体经济效益会继续向好。一方面,国际需求逐步增加,国内需求稳定增长,传统原材料产品需求会保持相对稳定的增长态势。5G 基站建设、特高压、城际高速铁路和城市轨道交通等新基建将会显著增加对传统原材料、新材料、新产品的需求。另一方面,我国原

材料工业供给侧改革纵深推进，钢铁等产品有减产要求，碳达峰碳中和承诺履行一定程度上限制了原材料产品的供给，原材料产品供大于需的矛盾将有所缓解。原材料产品价格高位运行，原材料企业经济效益将有所改善。

第二节 分行业发展形势展望

一、石油化工行业

世界银行发布的《全球经济展望》对 2021 年全球经济进行了乐观和悲观两种情景下的预测，疫情得到控制的乐观情境下，全球经济增长接近 5%，经济总量仅恢复到 2019 年水平，悲观情境下，全球经济仅增长 1.6%。2021 年，我国经济增长情况，世界银行和 IMF 预测增速分别高达 7.9% 和 8.1%。随着全球经济，特别是我国经济的逐步回暖，全球石油化工行业迎来复苏大潮，而我国已成为全球石油化工行业增长的引领者。

从全球来看，2021 年化学品市场将逐步回暖。据美国化工理事会（ACC）预测，2021 年，所有地区化工产品产量都将恢复上涨，全球化学品产量反弹 3.9%。尤其是中国引领的亚洲增长前景强劲，中国将增长 5.4%，亚太地区、北美地区、拉美地区、欧洲地区将分别增长 4.4%、4.1%、4.6%、3.1%。原油价格方面，据美国能源信息署（EIA）最新发布的《短期能源展望》预测，随着欧佩克+石油限产协议的达成，以及全球原油需求的回升，2021 年布伦特原油平均价格有望升至约 48.5 美元/桶，但仍低于疫情前水平。

从我国来看，2021 年石油化工行业各经济指标将全面增长，据中国石油和化学工业联合会预计，行业工业增加值、营业收入、进出口将分别同比增长 6%、10%、8%，利润总额增幅将大于 10%。2021 年，我国将有一批石油化工项目投产，如乙烯项目方面，卫星石化 125 万吨/年、盛虹石化 110 万吨/年、古雷炼化 80 万吨/年等，新增产能将近 600 万吨/年。我国石油化工行业将进一步向大型化、基地化方向发展，上下游一体化，管理服务高效化，公用工程、节能、环保、安全、储运等配套集约化效应不断增强，综合实力显著提升。

二、钢铁行业

2020 年，受新冠疫情影响，国内和国际经济遭受了严重冲击。在原料供给、运输困难，工作组织难度加大，下游需求不明，产品库存高企的情况下，

我国钢铁行业整体表现好于预期，为国民经济平稳运行做了有力支撑。2021年，随着新冠肺炎疫苗不断接种，全球范围内疫情预期好转，经济复苏的信心不断增强，同时"碳达峰、碳中和"目标的提出，都将给钢铁行业在2021年的发展带来一定影响。

从供需角度看，我国钢铁需求将小幅增长。2021年，随着疫苗接种数量和接种范围的不断扩大，疫情控制预期不断好转，我国及世界范围内的经济复苏加快将对钢铁需求形成有力支撑，同时在国家实行扩大内需、扩大有效投资、稳定和扩大消费的政策背景下，建筑等下游需求增长将拉动钢铁消费提升。在需求带动影响下，我国钢铁产量仍将高位运行。同时值得注意的是，在2021年全国工业和信息化工作会议上，工信部提出要坚决压缩粗钢产量，确保粗钢产量同比下降。将在一定程度上出现"供减需增"情况。

从进出口角度来看，在国内钢铁需求增加，供给减少情况下，我国将需要适当增加进口。政府、行业要积极引导企业根据下游消费需要优化产品结构，提升产品质量，根据生产需求适当进口钢坯等初级产品。同时，随着国外疫情逐步得到控制，钢材直接出口及间接随下游产品出口需求扩大。

从价格角度来看，工信部提出钢铁行业实行产能产量双控政策，同时河北唐山环保限产升级，钢铁供应趋紧，钢铁需求增长，供需紧平衡下将成为钢材价格的有力支撑。

三、有色金属行业

从整体看，2021年，受供需偏紧、资源价格上涨、货币宽松等多因素综合影响，主要有色金属行业价格将保持高位，平稳运行面临挑战，价格出现过大幅上涨。

铜供需偏紧逐渐缓解。从供给看，2020年南美洲和非洲等铜矿主产区因疫情停工减产致全球铜矿供给下滑，全球前12大铜企2020年前三季度矿产铜产量同比下降3%，随着疫情逐步得到控制，预计2021年精炼铜供给增速达到2.5%；从需求看，中国经济复苏拉动铜需求回暖与铜矿低供给形成剪刀差，随着全球复产复工，铜需求回升，预计2021年铜消费增速5.1%；从库存看，全球铜库存96万吨，位于同期低位。综合判断，铜供给逐步释放，需求回升，库存低位，铜价将保持高位。

铝供应预期偏紧。从供给看，国外产能稳定，中国严控电解铝产能扩张，4500万吨产能指标已规划完毕，预计2021年产能增加276万吨，2022年产能增长小于 50 万吨，预计 2021 年全球年产量增长 3.2%；从需求看，随着地产和基建投资增长，预计 2021 年全球消费量增长 5%；从库存看，电解铝库存 55 万吨位于历史同期低位。综合判断，铝产能释放受到严格控制，需求回升，铝价将保持高位。

四、建材行业

2021 年作为"十四五"的开局之年，随着一系列强基础、增功能和利长远重大项目建设的推进，新型基础设施投资力度的加大，"两新一重"建设有望加速，基建投资仍将保持较快增长，预计 2021 年建材行业整体运行平稳。

从生产角度看，2021 年随着新冠肺炎疫情的影响逐渐减弱，疫情防控常态化，建材行业生产步入正轨，但环保预期依旧保持持续加码态势，"碳达峰、碳中和""限电"等因素预计将对水泥、平板玻璃、建筑卫生陶瓷等主要建材产品生产成本上升，在一定程度上可能对生产带来影响。

从消费角度看，建材产品的市场需求主要集中在房地产、基础设施建设等领域，2021 年作为"十四五"的开局之年，同时在一定程度上为了弥补 2020 年疫情影响，预计基础设施建设进程将进一步加快。从各地公布的 2021 年重点建设投资计划看，投资额都较 2020 年有明显提升，"两新一重"项目成为建设重点，随着各地项目的开工建设，建材产品需求有望快速释放，预计 2021 年建材产品需求量较 2020 年将有所提升。

从价格角度看，随着疫情防控的常态化，下游房地产、基建项目等领域的需求不断释放，预计 2021 年水泥价格将持续保持近两年的稳定局面，除个别区域存在下行风险外，主流市场价格有望依旧保持坚挺，效益有望继续保持稳定。平板玻璃、建筑卫生陶瓷等与水泥相比，需求在后端，预计市场价格变化相对滞后，全年预计较为稳定。

从出口角度看，我国已经成为东南亚等地区主要的水泥出口国，随着东南亚地区水泥产能过剩加剧，预计 2021 年我国水泥进口量有望继续增加。我国的石材、建筑陶瓷、玻璃纤维等建材产品出口受全球疫情影响，出口的整体风险和不确定性将增加，但相比 2020 年出口形势有望好转。

总体看来，预计 2021 年建材行业整体发展运行平稳，发展步入良性发展轨道，随着国家化解过剩产能不放松、"两新一重"项目建设加快，以及大力发展战略性新兴产业和生产性服务业等措施的不断落地，建材行业结构

有望继续优化,特种玻璃、矿物功能材料、功能陶瓷等高附加值产品占比不断提升,行业整体发展质量和效益将有所提高。

五、稀土行业

2021 年是"十四五"开局之年,各地区和各行各业的规划都将陆续落地。自 2020 年 11 月 3 日新华社发表《中共中央关于制定国民经济和社会发展第十四个五年规划和二〇三五年远景目标的建议》以来,各地和各个领域的"十四五"规划编制工作获得了更加明确的方向和更加扎实的推进。古人云提纲挈领,对于我国这样一个大国,不同领域间的协同发展至关重要。

稀土行业上下游唇齿相关,稀土产品的价格没有无休止上涨的理论基础。2021 年稀土行业面临的最大风险是持续了数月的价格涨势何时调整,如何调整。稀土上下游协调发展的问题将再一次成为整个行业的关注焦点,与之相关的还有中国稀土供应安全、如何利用国外稀土资源等议题。显而易见,疫情的冲击带有极大的偶然性,一方面疫情推动了对稀土功能材料需求依赖性较大的节能、环保终端产品的需求,加速了消费结构的转型。另一方面疫情影响了全球稀土资源供应的常态,将资源供应安全问题呈现在各国面前。

"十四五"时期,我国要加快构建以国内大循环为主体、国内国际双循环相互促进的新发展格局,并且 2020 年年底的中央经济会议也明确了强化国家战略科技力量,增强产业链供应链自主可控能力等八项任务,国内整体环境利好我国稀土市场。

稀土行业管理政策方面,2021 年伊始,工信部就《稀土管理条例(征求意见稿)》公开征求意见,释放了我国规范稀土行业管理,推动产业高质量发展的信号。无论稀土市场供需如何变化,在新的一年里,充分发挥我国稀土行业的综合优势,共同维护我国稀土产业链各环节平稳有序发展,关注产业发展的内在因素,走绿色可持续发展之路,在未来,占领稀土科技制高点才是我国稀土产业发展之"王道"。

2021 年,稀土市场将在需求和供应同时稳步增长的环境下逐步走向较为温和的供需关系,稀土产品价格快速上涨的趋势会在下游承压能力不断减弱、新的供应逐渐增加的影响下得到遏制。需求的持续恢复,有可能避免稀土产品价格的快速回落,这将是 2021 年稀土行业最为理想的发展路径。

研究和咨询服务机构 Adamas Intelligence 表示,到 2030 年,全球稀土需求即将大幅增长,行业应该投资开发新的供应源和下游产业以满足市场需求。磁体生产所需的稀土氧化物消费量将以年均 9.7%的速度增长。到 2030 年，全球磁体稀土氧化物消费量将增长 5 倍，其市场容量将从今年的 29.8 亿美元增至 2030 年的 156.5 亿美元；预计同期磁铁稀土氧化物的总需求将以 9.7%的复合年增长率增长，价格预计将以 5.6%至 9.9%的复合年增长率增长，磁体金属，比如钕、镨、镝和铽需求将出现快速增长，而铈和镧过剩加重。到 2030 年，预计钕磁铁年度短缺量为 48,000 吨，全球钕磁铁合金和粉末的短缺量将达到每年 48,000 吨。到 2030 年，每年镨钕氧化物短缺量预计将达到 16,000 吨。

  预计轻稀土的市场价格短期将会坚挺上扬，主要是因为多数工厂吸收库存现货供应偏少，年前下游客户补货需求增多，普通氧化物短期将会在 41 万元/吨～42 万元/吨波动，但不排除由于国家对下游行业的刺激影响，会上涨到 45 万元/吨，镨钕金属的价格短期将会在 51 万元/吨～52 万元/吨浮动，不排除受国内外新能源行业的拉动，价格将会上涨到 55 万元/吨左右。

  重稀土如镝、铽将会维稳或者持续上涨，主要是由于大厂收获以及下游的采购需求增多，国储以及镝、铽多集中在大集团手中，市场操纵能力强，氧化镝的价格短期将会在 195 万元/吨～205 万元/吨区间波动，氧化铽的价格短期将会上涨到 800 万元/吨～900 万元/吨，长期来看价格有可能会涨到 1000 万元/吨甚至更高的价位。

附录 A

疫情对原材料工业的影响研究

（成稿时间：2020 年 4 月 30 日）

原材料工业是国民经济的基础和支柱产业，其发展水平直接影响着制造业发展的质量和效益。2019 年，我国原材料工业（包含采选业）营业收入达 34.8 万亿元，占全部工业营业收入的 32.9%。疫情期间，全社会对防护、消杀用品的需求爆发式激增，作为基础支撑的石油化工行业备受关注。与此同时，疫情也给原材料工业的正常运行带来冲击。智库材料工业研究所参照非典疫情对原材料工业的影响、传统春节期间行业的运行特点，以及相关行业协会、冶金工业规划院、建材规划院等单位和上海钢联、卓创咨询等机构的分析，系统研究了全球新冠疫情对我国原材料工业的影响，以期为新形势下原材料企业的稳步运行建言献策。

一、疫情下我国原材料工业面临的新形势

（一）国际疫情爆发冲击全球经济

新冠疫情在我国已基本得到控制，但在全球却进一步蔓延，成为具有历史影响性的全球性危机。截至 2020 年 4 月 27 日，新冠疫情呈指数型大幅上升。在疫情扩散、"逆全球化"浪潮涌起、世界经济下行等多重因素下，世界经济陷入衰退几成定局。世界范围内资本市场动荡，全球恐慌情绪蔓延。3 月 9 日—18 日，美股在不到两周时间内四次熔断，全球金融市场出现大幅波动。全球贸易增速明显放缓，贸易形势愈发严峻。根据 CPB 全球货物贸易指数，2019 年全球贸易量同比减少 0.5%，为 2008 年全球金融危机以来的首次下降。随着疫情在全球传染范围的扩大，企业营收受到冲击，资金链面临挑战加大，使得投资者信心容易受到影响，不利于跨国投资发展。

（二）疫情新常态下企业生产面临重大挑战

疫情爆发带来的下游需求减少、用工困难、复工延迟、流通减速、成本上升等问题，造成原材料工业短期生产滞后，部分企业勉强维持开工或者半停滞，部分连续生产企业降低生产负荷。随着国内疫情逐步得到控制，国际疫情爆发，疫情可能成为企业现在和将来一直面临的常态化挑战。短期内，企业需要积极复工复产，在避免疫情出现反弹和重新扩散的可控范围内，快速自救恢复业务。从长远来看，企业更是要形成在任何时期、任何情况下的应变和抗风险能力。

（三）物流成为牵一发动全身的关键

原材料工业为运输大户。原油、铁矿、铝土矿、铜精矿等主要生产原料依赖进口，除沿海临港企业外，多数企业涉及跨省域、跨县域运输。钢铁、有色等部分大宗产品产销不匹配，物流运输量庞大。河北、辽宁、江苏、山东、山西五省钢材运出量已占到五省总产量的61.6%，中东部地区外运电解铝占全国的近40%。疫情爆发凸显了物流对于企业生产的关键影响。铁路运力不足，高速禁止通行，物流运输不畅，以及部分企业延期开工，物流运输司机以及运输车辆减少等现实问题都会影响企业物流需求，进而影响企业的正常生产运营。

（四）中小企业受疫情冲击较为严重

中小企业是我国工业经济的重要力量。2019年中国中小工业企业经济运行报告显示，2018年，非金属矿物制品业中小企业户数占制造业中小企业总量的10%，金属制品业为6.8%，化学原料和化学制品制造业为6.6%，橡胶和塑料制品业为5.3%。疫情期间，出于防护需要，各地采取隔离防控、限制人口流动等措施，严重影响中小企业采购、生产、销售等环节。原材料工业批发零售、客运与物流中间投入占比为6%～10%。疫情期间无效的成本支出、漫长的资金周期、高额的融资利息等问题让中小企业经营步履维艰，企业资金压力问题更为突出。

（五）消杀用品生产有力支撑防疫防控

疫情初期，受医院短期需求骤增、全社会恐慌性抢购以及企业复工复产需求量大的影响，口罩、医用酒精、84消毒液等防护消杀用品需求激增，疫

情防控重点物资保障压力巨大。原材料企业积极扩产、转产，高熔融指数聚丙烯、次氯酸钠、医用酒精、双氧水等主要原材料以及塑料瓶、玻璃瓶等包装材料供应充足。在实现疫情防控和物资保障的同时，做好医疗废弃物收集，安全、稳妥、高效完成医疗废弃物处置，杜绝病毒二次传播传染也是有效防控疫情的重点工作之一，已有水泥企业开展水泥窑协同处置医疗垃圾工作。

二、疫情对我国原材料工业的影响

以原材料工业（包括钢铁、化工、有色金属、建材行业）作为研究对象，结合 2019 年 12 月规模以上工业企业财务指标，重点分析需求、固定成本、现金偿债能力、物流和渠道以及劳动力等五个方面对行业的影响，从而评估行业在疫情中的承压能力。

（一）全球疫情爆发带来国内外需求减弱，行业发展形势不容乐观

原材料是需求带动的产业，特别是在目前需求减少、物流不畅通的背景下，疫情对下游需求端的影响大于生产端，造成库存高涨、产品价格下跌，第一季度生产经营形势不容乐观，行业效益下降。以钢铁为例，随着全球疫情的扩散，各国对钢铁的需求延续下降，如果海外疫情进一步失控，影响面继续扩大，全球钢材需求仍将下滑。根据冶金工业规划研究院的预测，2020 年全球钢材消费将下降至 16.0 亿吨，同比下降约 9.1%；其中，除中国外的其他国家和地区钢材消费量将降至 7.5 亿吨，同比下降 13.3%。

（二）钢铁和有色金属固定资产比率较高，受疫情冲击较大

由于疫情停产停工，企业面临各项成本支出的巨大挑战。固定成本是在一定时期内，不受业务量增减变动影响而能保持不变的成本。反映固定成本的费用包括管理费用、财务费用、固定资产折旧。而固定成本在营业收入中占比越高则受疫情的冲击越为显著。

原材料行业中，钢铁和有色金属行业的固定资产比率较高，介于 1.2～1.8 区间，管理和财务费用比率也相对较高，受疫情冲击较大。钢铁、有色金属冶炼、玻璃、石化等大宗产品多为流程型工业，企业在疫情期间保持连续生产。受传统消费淡季影响，水泥、有色加工、塑料加工等企业春节期间停产较多，产能利用率降低。

（三）原材料行业现金偿债能力普遍较差，中小企业和民营企业经营形势恶化

疫情期间，企业由于收入和利润双重冲击下，将面临更大的偿债压力。以应收账款衡量现金状况，以负债总额与利息费用衡量债务压力。则现金资产负债比率越高的行业，现金偿债能力越强，则受疫情的冲击越小。

原材料细分行业的现金资产负债率介于1.7~2.8区间，普遍较差。其中以中小企业和民营企业面临的形势最为严峻。中小型铜冶炼企业，融资成本偏高，铜精矿长单供应不足，自有矿产资源匮乏，受铜精矿加工费大幅下降影响，已经处于亏损边沿，疫情使得部分企业开始减产或停产。我国近10000家铜加工企业多数是中小企业，受疫情影响，下游订单不足，产品销售周期延长，库存积压减值，工资成本增加，企业资金紧张，部分企业现金流只能维持几周，越来越多的企业面临减产、停产甚至被淘汰的压力。

（四）国际疫情爆发冲击国内外交通物流，钢铁、建材等行业出口形势严峻

随着经济的发展，各行各业在生产和销售过程中对交通和批发零售行业的依赖性逐步提升。运输不畅与渠道停摆对经济形成潜在的间接影响显著高于直接影响。则对物流和批发零售的依赖度越高的行业，则受疫情的冲击越大。

钢铁、建材制造等以出口消费为主的行业对交通物流的依赖程度较高。随着国际疫情蔓延，短期看，疫情主要影响港口作业、海运时效，部分出口订单难以正常交付，海外新订单洽谈中断。钢铁企业3月份出口订单在春节前已完成，能否顺利装船尚不确定；土耳其、中东、北非等部分客户已停止接收我国出口产品。部分化工产品出口受到较大冲击，各地区烧碱和PVC出口一度处于暂时停滞状态。钢铁、有色等出口形势愈发严峻，出口依赖程度较大的建材出口不确定性增加。

（五）原材料行业普遍为劳动密集型行业，对劳动力要素依赖大

由于疫情的影响，劳动力密集型行业除了必须支付人力酬薪而承受成本压力，还会因人力不足而影响生产进度，冲击供给端。对劳动力依赖程度高的行业，则受疫情影响较大。

原材料行业从业人数大于300万人的为采矿业，非金属矿物制品业、化

学原料和化学制品以及金属制品行业，普遍为劳动密集型产业，对劳动力要素依赖大。疫情防控隔离政策也进一步倒逼了企业的智能化改造，同时对企业在生产组织和管控方面也提出了新要求。

三、对策建议

（一）加强疫情常态化下全产业链复工复产

充分发挥工业和信息化部企业复工复产工作领导小组作用，统筹推进疫情防控和复工复产工作。发挥原材料行业组作用，强化行业间协同，督促重点区域、重点项目、重点企业加快复工复产，协调解决复工复产困难，带动行业整体恢复正常运行。地方行业主管部门科学评估区域内产能布局、疫情影响程度以及抗风险能力，划分复工复产企业优先级，对连续生产企业和复工复产企业实行差别化扶持，加大对国家有关中小企业政策的宣传和执行力度，推动全产业链有序复工复产，推动行业发展质量提升。

（二）做好行业监测预警，稳定行业发展预期

依托行业协会、智库、大数据企业等第三方机构，做好重点行业、重点企业和重点产品的动态跟踪和预警，科学评估疫情影响，及时向有关部门反映行业共性诉求。利用官网、微信、融媒体等信息发布平台，及时发布行业运行情况、供需对接、仓储物流等信息，稳定行业发展预期。

（三）强化企业主动应对能力

企业紧密联系地方政府，用活用足已有各项政策，在加强疫情防控的同时，积极争取全面复工复产。加强企业间信息交流和合作，相互调剂余缺，共同开辟客户，确保合同履约和市场需求恢复。制定企业应对疫情工作方案，在确保疫情期间企业生存的同时，前瞻研究疫情后企业发展规划，力争超前半拍抢抓市场需求。加强企业自律，引导产能保持在合理水平，必要时降低生产负荷，促进行业平稳运行。

（四）打通关键物流障碍

推动大数据、区块链技术在原材料供应链领域的发展，统筹优化主要原料、产品在国内外生产力的布局，提升供应链保障能力。建立专业的原材料

工业供应链分析中心、供应链协同平台和物流体系，大力发展工业品电商平台。建立应急物流体系和物流队伍，特别是专业化第三方化工物流，给予认证、颁发牌照。为已具备安全防疫生产条件的企业，特别是疫情防控物资生产企业及非重点地区企业放开货物运输交通管制，恢复生产性物流系统，保障原料和产品的物流畅通。

（五）加强对企业出口支持

加强政府间沟通交流，实时通报疫情情况，消除国外对我国产品、人员健康等的疑虑偏见。加强对国外疫情发展情况的监控，适时评估疫情对进出口贸易的影响，引导行业协会、企业密切关注国外市场情况，及时应对市场变化。针对疫情影响带来的已有订单履约问题，相关部门帮助企业与相关银行、港务、船务等统一协调。适当提高出口退税率，加大对重点产品出口的支持。

专题1：新冠疫情对石油化工行业的影响研究

石油化工行业与国民经济和百姓生活密不可分，塑料、橡胶、涂料、药品、纺织品等化工产品无处不在，新一代信息技术、航空航天、节能环保、新能源汽车、医疗等新兴产业依赖于关键化工新材料的突破。2019年，石油化工行业营业收入12.27万亿元，占全国规模工业营业收入的11.6%。此次新冠肺炎抗疫战中，引起广泛关注的口罩、防护服、消杀产品、医疗卫生用品、建筑用品等战疫品与化工行业密切相关，随着疫情的发酵，战疫品需求量猛增，但物流受阻、复工延迟、下游消费停滞等对整个行业的生产经营造成一定影响。

一、疫情对石油化工行业一季度经营的影响

（一）大宗产品价格低迷，库存压力较大，产销双降

新冠疫情对石油化工行业的冲击较大，表现出产品价格普遍下跌、库存高企、产销下降等问题，具体分析原因，一是国际原油价格受疫情影响大幅下跌，近一个月油价下跌近20%，造成从成品油、大宗石化原料到中间体、下游终端产品的价格都不同程度下跌；二是需求端持续低迷，一方面出行和生产活动下降减少成品油需求，1—2月国内成品油消耗与上年同期相比下降

15%~20%，另一方面，下游纺织、汽车、基建等行业受到开工延迟、出口疲软等影响，给上游石油和化工产品造成较大压力；三是物流受阻，由于各省市间物流交通的封闭，原料输入和产品外输受到严重影响，如由于兰炭原料主产地陕西榆林严控运输，大部分电石企业因原料告罄难以正常生产，而受各地封村封路制约，肥料进村困难，化肥销售严重受阻。

疫情影响叠加春节效应，石油化工产品价格低迷，目前77%的产品价格处于历史50%分位以下的低位，24%的产品价格处于历史15%分位以下的低位。产品价格处于分位数历史底部的十个品种为：聚乙烯（0.59%）、五氟乙烷（0.83%）、粘胶短纤（0.95%）、乙烯（2.34%）、苯乙烯（3.90%）、TDI（4.24%）、纯MDI（6.81%）、PP（7.81%）、活性染料（8.00%）、氨纶（9.68%）（见图A-1）。

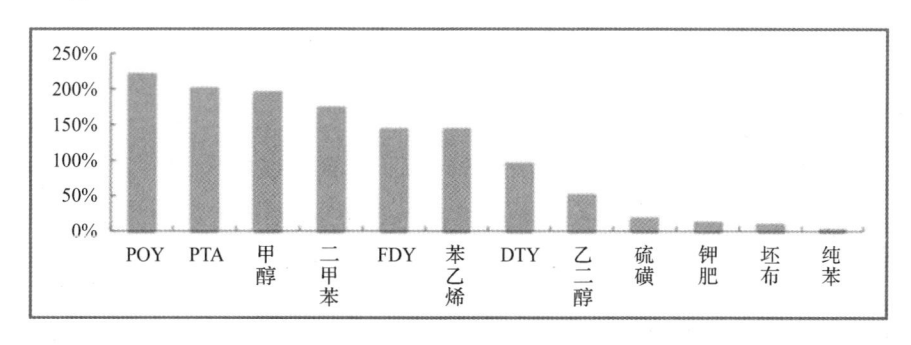

图A-1 相对2019年年底主要石化产品库存变化
（数据来源：Wind平安证券研究所，2021年4月）

物流受限叠加需求低迷，主要石油化工产品形成短期库存积压，并影响开工率，如中国石油、中国石化和中国海油的炼油开工负荷下降10%~20%；部分地炼企业仅维持30%开工负荷生产；全国复合肥企业在2月第二周的开工率仅为15.4%，创历史最低开工率；聚乙烯、聚丙烯、ABS、甲醇、PVC等产品的开工负荷也出现不同程度下滑。

（二）防护消杀用品供应量不断提升，但短期内仍存供需结构矛盾

疫情爆发后，部分企业复工复产困难、交通物流受阻、群众抢购，导致口罩、医用酒精、84消毒液等防护消杀用品紧缺。随着各地推动相关企业复工复产，协调解决用工、原料、运输等问题，加快部分企业转产，增加临时生产能力，防护消杀用品产量快速提升。截至2月20日，酒精、84消毒液、

免洗手消液等主要消杀用品的日产量较 1 月底分别提高了 270%、207%和 151%，供给量满足需求。随着中石油、中石化等一批企业紧急上马熔喷布生产线，恒天嘉华、欣龙控股、延江股份等龙头企业快速扩大产能，国内熔喷无纺布产能增至约 10 万吨。

尽管从产量上能够满足需求，但消杀产品生产企业主要生产大包装（>5L）产品，目前各大电商平台、节后复工企业、个体家庭对小包装的消杀产品（100ml、500ml 等）需求量较大，在产品包装结构上存在着生产和市场需求衔接不够紧密的问题，缺少各种规格的塑料瓶、泵头、标签、纸箱等包装材料，再加之部分包材企业未复工，小包装产品供给还存在一定的压力。此外，熔喷布生产设备因关键零部件采购周期长，造成熔喷布产量难以在短期内激增，正在成为掣肘口罩产量的"卡脖子"环节。

（三）央企、国企连续生产，民营企业损失较大

疫情期间，大型、超大型石油化工企业依旧处于连续生产状态，特别是央企、国企开工率在 97%以上，但民营企业开工率受疫情影响较大。中国石油和化学工业联合会中小企业工作委员会对 14 个省份的民营化工企业进行了调研，主要是石化产品生产型企业。其中，目前处于停工状态的企业占 40%，部分开工的企业占 31%，维持正常开工的企业仅占 29%。调研反馈情况显示，疫情对民营化工企业的经营与运行已造成较大冲击，且未来的预期影响或将更大。民营化工企业面临的主要问题包括：一是库存跌价的巨大风险，二是物流运输瘫痪的现实问题，三是市场需求放缓的压力，四是员工延迟复工带来的成本上升，五是资金周转压力较大，六是国际贸易往来受到的影响，七是员工防护用具短缺。

（四）对进口市场影响相对较小，产品出口受到冲击

2020 年 1 月 30 日，世界卫生组织（WHO）向全球通报新冠疫情构成国际关注的突发公共卫生事件（PHEIC），PHEIC 的认定对进口贸易影响稍弱，但会影响到出口贸易的物流时效与仓储环境，因为根据"临时建议"，缔约国或世界其他各国对我国人员、行李、货物、集装箱、交通工具等应该采取卫生措施，有权对中国出口商品设置更高壁垒甚至禁入。受此影响，我国部分化工产品出口受到较大冲击，如各地区的烧碱和 PVC 出口业务一度处于暂时停滞状态，整个 2 月出口市场平淡，上海港地区 PVC 出口企业下调报

盘，市场需求不佳，新疆、河北及华东地区 PVC 出口企业均下调报价，企业及贸易商对出口市场持观望态度。

（五）一季度影响明显，全年及未来长期发展影响不大

短期看，基于下游恢复缓慢，石油化工行业市场仍将保持弱势。但随着行业当前保春耕、保市场、抓复产的全力开展，石油化工企业生产经营情况得到有效改善，且随着物流恢复畅通，上下游企业陆续开工，下游刚需释放，疫情对行业的负面影响将逐渐消退并逐步企稳。以 2003 年 SARS 疫情为参考，在 SARS 疫情较为严重的 4 月中旬到 5 月中旬期间，聚乙烯（PE）价格持续下跌，疫情结束后 PE 价格逐步恢复，六月初已达到疫情爆发前的价格区间，并且此后进入持续上涨行情（见图 A-2）。

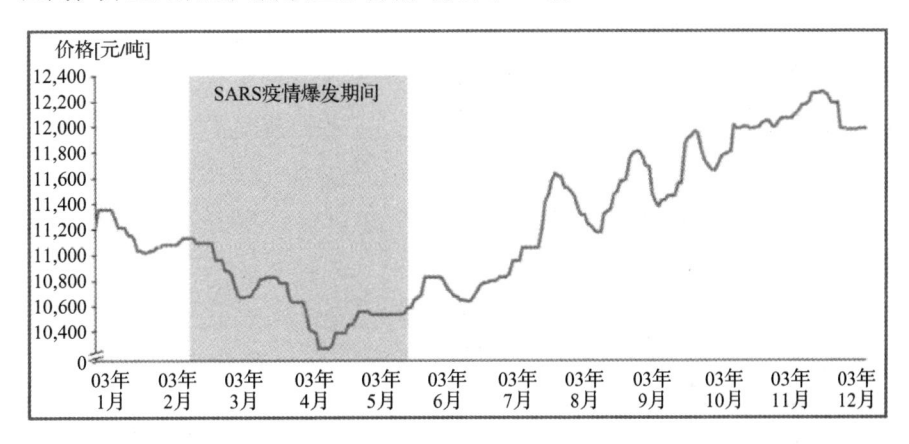

图 A-2 SARS 疫情对聚乙烯价格（元/吨）的影响

（资料来源：Wind 数据，2020 年 4 月）

钟南山院士近日表示，有信心在 4 月底基本控制疫情。预计此次疫情对石化行业影响主要在一季度，对全年及未来长期发展影响不大。

（六）提升公众对化工行业认识，为医卫化工产品创造发展机遇

在防疫、阻止、战胜疫情的过程当中，化工材料和产品发挥了重要的作用，公众不仅了解到石化产业是国民经济的支柱产业，更切身体会到离开化工产品和材料，疫情将难以控制，改变了"谈化色变"的固有思想，对化工行业有了新认识、再认识。

随着抗疫防护对全民卫生健康意识的提升，健康消费市场会更加受到重

视，医药健康行业在疫情结束后或将继续保持高速增长势头。天眼查数据显示，仅2020年1月1日至2月7日，全国就有超过3000家企业经营范围新增"口罩、防护服、消毒液、测温仪、医疗器械"等业务。此次疫情中，酒精、聚丙烯纤维料（化纤喷融无纺布）、次氯酸钠、双氧水、聚丙烯透明料（注射器）、聚乙烯（透气膜）、异丙醇、聚四氟乙烯（疏水性涂层）、表面活性剂（洗手液）等化工产品需求快速提升，未来这些医卫化工产品将持续保持良好发展势头，满足更加多元化、个性化需求。

二、对策建议

开拓新市场、创造新需求。一是开展产业链上下游合作，与机械、轻工、纺织等行业在重大装备、新型消杀产品、医疗防护用品、个人保健产品、可降解可循环塑料、新型纺织原料方面联手开拓新产品、新技术；二是抢抓"新基建"机遇，推动化工能源、高性能工程材料、电子化学品、化工新材料、橡胶制品等生产企业开拓5G基站、特高压、城市轨道交通、新能源汽车、生命健康等产业的新需求；三是稳外资、稳外贸，发挥我国作为全球最大化工产品生产国、最大化工市场优势，全力支持跨国公司发展，巩固外贸客户，优先保障大客户、长期订单，紧抓各国对消杀产品、防护用品、医药新产品的巨大需求，主动创新服务。

建立化工产品国内外应急保障绿色通道。一是推动各地为应急防控类危险化学品、医卫化工产品、春耕农资产品、城市生活保障产品开通绿色通道，保障重点物资供应，逐步"疏通"供求关系；二是梳理重点产品目录，在运输物流、通关、检疫、人员配备、安防、国际协调等全链条上重点关注，开辟绿色应急铁路运输、海运、水运、空运及道路运输，建设保障交通运输网络，提升应急储备设施建设。

关注重点化工企业复工安全。一是关注人员到岗问题，督促企业对岗位人力满足情况及人员安全生产能力进行评估，根据关键岗位员工到岗情况安排复工，同时要求安全管理人员深入生产现场提醒与监督，抓好反"三违"管理；二是关注设备设施管理，加强防泄漏措施；三是关注开停车风险，建议企业预判、分析原材料、设备、工艺、仪表、电气、应急准备等开车条件，避免因安全生产条件不足导致的风险事故。

专题 2：新冠疫情对钢铁行业的影响研究

钢铁是关系到国计民生的重要大宗产品。2019 年，我国钢铁行业规上企业营业收入达 70724.8 亿元，占全部工业企业营业收入的 6.7%，生铁、粗钢和钢材产量分别为 8.09 亿吨、9.96 亿吨、12.05 亿吨，为下游产业发展提供了重要的物质基础。我国钢铁产量和消费量连续多年位居世界第一，2019 年我国粗钢产量占全球的 53.3%，2018 年钢铁表观消费量达 8.35 亿吨，占全球的 48.8%。此次新冠疫情来势凶猛，对全球人民的生产生活造成严重冲击。钢铁行业下游产业停工停产，出口承压，需求骤减，产品库存积压，价格下降，对我国钢铁行业造成一定冲击。

一、疫情对钢铁行业一季度的影响及趋势判断

（一）短期内钢铁生产影响较小，需求端影响较大，导致库存积压，价格低位运行

钢铁生产分为长流程生产和短流程生产。疫情期间，短流程生产企业基本停产，但长流程生产因其工艺特性在疫情期间维持连续生产，即使是疫情严重的湖北地区长流程钢铁企业也基本保持正常生产，疫情期间，粗钢、生铁和钢材日产量均高于去年同期水平。据中国钢铁协会估算，2 月上旬和中旬全国累计生产粗钢 5160.3 万吨、生铁 4293.9 万吨、钢材 6334.1 万吨，粗钢、生铁和钢材累计平均日产量分别同比增长 2.83%、6.18%、2.5%。目前钢铁企业生产原料主要靠库存支撑，总体来看，疫情对钢铁行业生产的影响较小。

需求端受疫情影响较为严重，钢铁下游需求短期骤降。建筑、汽车、家电、贸易等复工复产延迟，仓储物流运输不畅，导致下游需求短期内骤降，产品库存激增，价格低位运行。郑州市、长沙市、太原市、杭州市余杭区等地发布通知，建筑行业开工均晚于 2 月 20 日，考虑到员工隔离的影响，产业恢复到正常水平仍需要一段时间；同时抗击疫情成为政府目前的首要工作，各地市政基建项目多数停工延期，用钢需求明显推迟。据中国钢铁协会统计，重点统计企业钢材 2 月中旬库存量为 2134.2 万吨，去年月度库存峰值为 2 月份达 1528.2 万吨，今年较去年增长 39.7%。生产稳定、需求下降和库存增加等多因素叠加，使得主要钢材价格下降。截至 2 月 20 日，Myspic 综

合钢价指数跌到 131.7，较 12 月 10 日跌幅达到 7.6%。其中，长材指数和扁平材指数分别下跌到 149.6 和 114.6，跌幅为 12.9%和 8.9%（见图 A-3）。

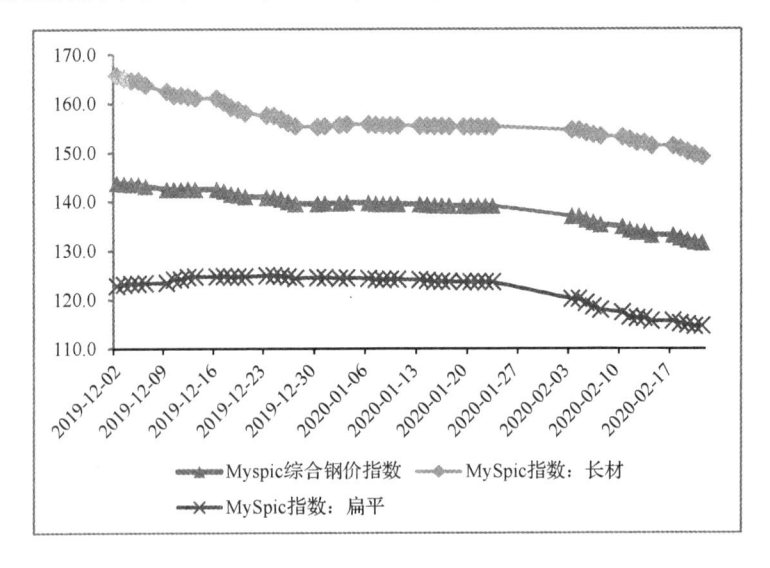

图 A-3　钢材价格指数

（数据来源：Wind 数据库，2020 年 4 月）

（二）中小企业受影响较大

冶金传媒发起了疫情对钢铁企业的影响，参与企业中，年产 1000 万吨以下的中小企业占据 63%。调查显示，多数企业表示原料供应、下游订单、物流交通受疫情影响较大。从生产连续性看，生产原料主要由库存支撑的生产模式难以长期维持，原料的持续供应受物流限制将迫使中小企业被动减产。疫情期间，汽运受到严重影响，铁运和水运影响相对较小。大型企业一般拥有专用铁路运输系统，原料供应依靠库存储备和铁运、水运能得到一定保障，受疫情影响小。而依赖汽运的部分中小企业则受影响较大，原料供应难以保障。从现金流看，下游需求冻结，企业钢铁库存普遍大幅增加，价格下跌，资金回笼慢，中小企业抗风险能力较弱，短期内疫情不结束，将对企业产生严重影响。

（三）出口影响整体可控

钢铁出口分为间接出口和直接出口。间接出口主要是钢铁伴随电气机械装备、汽车、金属制品、运输设备等下游产品出口。企业调研显示 3 月份出

口订单在春节前已完成，且这部分产品质优价廉，短期内出口有望保持稳定，但需要警惕国内外疫情发展对整个国际贸易形势的冲击。钢材直接出口受到疫情冲击，由于土耳其、中东、北非等部分客户已通知我国相关企业停止接收出口产品，同时新订单因商务洽谈而中断（如印度企业通常在 3 月份制定年度采购计划，我国钢铁企业此次竞争难度较大），对钢材出口影响将延续到二、三季度。但整体来看，我国钢材出口量较少，2019 年钢材出口仅占钢材产量的 5.3%，出口影响总体可控。

（四）一季度受影响最大，全年影响有限

从季度来看，第一季度影响最大。疫情造成物流不畅，影响企业正常组织生产，推迟了建筑业、制造业等的用钢需求，同时钢铁库存积压带来价格下降，影响短期行业经济效益，预计钢铁行业一季度将受到较大冲击。

从全年来看，整体影响有限。虽然一季度影响较大，但疫情发生在春节期间，企业为春节长假而准备的原料库存，及春节前后的市场淡季都对疫情影响产生了部分对冲。疫情主要是推迟了用钢需求，随着疫情的逐渐受控，各地重大项目、建筑项目、基建工程有序开工，相关制造业也可通过提高产能利用率迅速弥补疫情期间的产量缺口，预计钢铁行业二季度能够迅速恢复。同时，疫情期间，下游医疗器械、家用消毒柜、空气净化器、除菌洗碗机等用品销售旺盛，将增加用钢需求；并且 2020 年为全面建成小康社会的收官之年，政府可能加大逆周期调节力度；贸易出口整体可控。疫情对钢铁行业影响有限。

二、政策建议

密切关注国际疫情形势，科学评判积极应对。一是行业协会加强对铁矿石等原料供应国疫情形势、矿山生产、物流运输的监测分析，引导企业强化风险管控，科学管理库存。二是企业通过政府加强与疫情发展国家和地区的联系，为疫情严重地区供应急需的医疗器械及相关零部件，及时对接意大利、韩国等有序复工复产的国家和地区，提供其产业链关键环节所需钢材、设备及零部件，加快其经济恢复。

多措并举，激发国内需求。一是加快推进以 5G 基站建设、特高压、城际高速铁路和城市轨道交通、新能源汽车充电桩等为代表的新基础设施建设建设，快速拉动钢材需求，降低库存。二是鼓励各省市发放定向满减优惠券，

刺激内需，促进家电等重点产品消费。三是有序推进高排放老旧汽车报废流程，根据各地实际情况放宽新能源汽车限购。四是通过政策优惠和企业转型升级基金，扩大制造业投资，鼓励企业引进工业机器人、改造先进生产线、更新智能检测设备等，提升企业竞争力，推动制造业升级。

"因企制宜"，加快推进智能化改造。钢铁企业根据自身情况，"因企制宜"，在人员集中度相对较高的岗位优先推进智能化改造，强化机器人技术、大数据技术挖掘管理技术、智能决策支撑技术等在生产管理、检测分析、仓储物流等方面的应用，减少人员集中，提高企业应对突发事件的抗风险能力。

创新销售模式，积极探索线上销售。钢铁企业积极探索线上销售，将互联网技术融入企业的商业运行中，通过互联网商业运营平台，拓宽销售渠道，加强与下游企业的联系，及时根据市场变化科学决策，合理组织生产，推动市场健康稳定发展。

专题3：新冠疫情对有色行业的影响研究

有色金属是经济社会发展必不可少的基础材料和战略金属。2019年，有色金属冶炼及压延加工业营业务收入超过5.63万亿元，占我国全部工业总和的5.3%，在全部41个工业大类中排名第7。我国有色金属产量和消费量连续多年位居世界第一，铜、铝的产量和消费量已分别占到世界总和的38%、53%和57%、56%，国际地位日益凸显。受国内外疫情影响，一季度有色金属行业下游需求下降，有色金属产品库存增加，价格下跌，行业经济效益下降。随着国内疫情得到有效控制，下游需求开始好转，价格逐渐企稳。

一、疫情对有色金属行业一季度运行的影响

（一）冶炼行业生产稳定，加工行业复工快、复产慢

冶炼行业生产连续性强，企业春节前原辅料储备充足，铜、铝等主要有色金属冶炼在疫情期间保持稳定生产。截至2月26日，铜、铝冶炼产能利用率分别为81.5%和87.6%。受传统消费淡季影响，春节期间加工企业停产较多，产能利用率大幅降低。受疫情影响，加工企业节后复工普遍延后10天以上，正常生产更是较往年至少延迟2~3周，部分在产企业也减少产量，同时企业在复工复产中普遍面临员工无法到岗、仓储物流不畅、无法判断疫情进展影响经营计划、订单不足和需求疲软等困难，总体上"复工快、复产

慢",复工后的实际生产情况并不顺利。当前,常用有色金属冶炼及铜铝材生产企业开工率已达到90.5%,但铜铝加工产能利用率才首次恢复到59.0%。

(二)库存受冲击明显,产品价格下跌,一季度经济效益下降

一季度库存增长是正常现象,但在疫情冲击下,库存增速快、增幅大,精炼铜和电解铝库存增速已超过过去同期水平,均较春节前一周增加近1倍,铜库存量达到近三年最高值,电解铝库存有望超过200万吨,致使企业资金短缺压力加大。受供需宽松影响,主要有色金属价格下跌,截至2月26日,铜、铝现货价格较上年末已下跌7.5%。企业经济效益方面,上海钢联的调研显示"仅10%的有色企业认为一季度营收有增长",参照非典时期有色冶炼及加工行业主营业务收入全年占比下降2个百分点,同时基于"我国铝、铜消费需求基本面没有变"的判断,预计一季度行业效益下降,有色冶炼及加工行业主营业务收入全年占比可能下降5个百分点,二季度行业运行有望逐步恢复,下半年有望恢复到正常水平。

(三)中小企业经营形势进一步恶化

中小型铜冶炼企业,融资成本偏高,铜精矿长单供应不足,自有矿产资源匮乏,受铜精矿加工费大幅下降影响,已经处于亏损边沿,疫情使得部分企业开始减产或停产。铜加工企业数量多、规模小、专业化程度较低,我国近10000家铜加工企业多数是中小企业。受疫情影响,下游订单不足,产品销售周期延长,库存积压减值,工资成本增加,企业资金紧张,部分企业现金流只能维持几周,越来越多的中小企业面临减产、停产甚至被淘汰的压力。

(四)进出口受阶段性负面影响,全年影响不大

当前,国外已出台的管控措施主要涉及动物产品、水产品进口和人员交流,进出口贸易在全球范围内的外部通道基本未受到禁止。短期看,疫情使得港口作业受限,部分国家拒绝船舶靠岸,进口原料港口堆积或海外矿山延迟发货,部分出口订单难以正常交付甚至违约,有色金属产品进出口受到阶段性负面影响。长期看,我国是有色矿产资源进口大国,铝土矿、铜矿进口量分别占到全球进口总量的80%和45%,疫情并不能改变这一状态;同时,有色产品在我国出口商品中的地位较低,出口额最大的铝产品不足十大出口

商品最后一位的四分之一,这一状况也将持续;此外,我国铝材、铜材等主要产品的国际市场竞争力比较稳固,国际市场份额相对稳定;综合判断,疫情对我国有色产品全年进出口影响不大。

(五)重点省市影响不一

从确诊人数看,湖北、广东、河南、浙江、湖南、安徽、江西、山东等省市疫情较严重。这些省市也是我国铜、铝冶炼和加工产能集中布局的地区,精炼铜、电解铝、铜材和铝材产量分别占全国总产量的63.1%、28.3%、66.5%和57.5%。山东省、江苏省、广东省企业的原料采购和铜材销售主要在省内及周边区域,整体开工情况良好,但下游需求仍然不足,产能利用率有待提升;安徽省原料受限、浙江省和河南省跨省运输管控较严且订单较多来自外地,整体开工水平仍然受限。此外,广东省、江苏省、浙江省民营企业集中,节后复工人员短缺也是铜铝加工企业产能利用率恢复缓慢的主要原因之一。乐观估计铝板带箔生产企业3月可能恢复生产经营,多数铜加工企业4月份有望正常生产。

二、疫情防控常态化下推进有色行业平稳有序发展的建议

加强政府精准扶持力度。一是科学评估细分行业、重点企业受全球疫情影响程度以及抗风险能力,为政策制定提供依据。二是实行差别化扶持政策,优先支持重大项目开工、终端企业和仓储物流企业复工复产,带动有色金属加工需求,必要时支持有色金属冶炼企业主动减产,推动行业稳定运行。三是适时启动对部分有色金属产品收储,明确收储品种和收储规模。四是各省市统筹考虑有色金属工业对地方经济的贡献,出台针对性支持政策,加大对中央有关中小企业的政策宣传执行力度,在复工复产的同时推动行业发展质量提升。

广泛汇聚行业发展合力。一是发布行业自律宣言,引导冶炼产能保持在合理水平,稳定市场预期。二是联合行业重点产品上下游企业,搭建产需衔接平台,拓展消费领域和空间,提升产业链整体水平。三是强化中国有色金属协会、有色金属加工工业协会对企业的跟踪调研,综合分析、科学研判,及时向有关部门反映行业共性诉求。四是加强行业数据和信息交流、披露、共享,为企业提供及时准确的数据咨询,助力企业合理安排生产运行。

强化企业主动应对能力。一是引导企业制定疫情防控常态化应对工作方案，在确保生产平稳有序的同时，前瞻研究疫情后企业发展规划，力争超前半拍抢抓市场需求。二是加强加工企业间的信息交流和合作，相互调剂余缺，共同开辟客户，确保合同履约和市场需求恢复。三是加快有色金属智能矿山、智能冶炼工厂、智能加工工厂建设，探索发展工业品电商销售。四是建立企业物流信息平台，优化物流布局，提升采购、加工、配送供应链快速响应能力。五是积极参与有色金属期货套期保值，规避产品价格下跌风险。

专题4：新冠疫情对建材行业的影响研究

建材行业是国民经济的重要基础产业，水泥、平板玻璃、建筑卫生陶瓷等主要建材产品产量多年来一直稳居全球首位。2019年建材行业规上企业完成主营业务收入5.3万亿元，利润总额4624亿元，分别占全部规上工业企业总和的5.0%和7.5%，对我国经济发展发挥了重要的支撑作用。2020年春节期间，新冠肺炎疫情突发，对我国建材行业发展带来了一定的冲击。

一、疫情对建材行业一季度的影响

（一）短期内供需两弱，库存高企，但全年影响不大

受疫情影响，建材行业供需两弱。从生产端看，受复工时间推迟、交通管控、返工隔离等因素影响，建材行业一季度的生产时间整体缩减近一个月，再加上物流受阻，建材企业复工所需的原材料难以形成正常物流，也会在一定程度上影响企业正常生产，目前全国水泥磨机开工率不足4%，2019年同期开工率超过20%。

从需求端看，建材产品的主要市场需求集中在房地产、基建项目等建筑领域，受疫情防控持续影响，大部分工程项目仍处于停滞状态，目前水泥产品的终端市场消费量很小，以少量下游备货为主。

在供需两弱的格局下，水泥、平板玻璃等产品库存高企。从2017—2020年春节后水泥熟料前三周库存对比来看，2020年水泥熟料库存大幅增长，已经超过70%，并且仍有上升趋势。多数平板玻璃生产企业库存天数超40天，部分企业库存爆满，大幅超出往年同期水平（见表A-1）。

表 A-1 2017—2020 年春节假期结束后三周水泥库容率

年 份	节后第一周	节后第二周	节后第三周
2017	57.63%	56.17%	55.27%
2018	51.40%	52.65%	48.92%
2019	61.11%	62.55%	60.76%
2020	63.17%	70.49%	70.79%

在 2003 年非典疫情影响下,当年二、三季度建材行业主营业务收入均约下降 1 个百分点左右。但此次新冠肺炎疫情影响范围之广、涉及人员之多均超过 2003 年的非典,再加上各地延迟复工,预计此次疫情对建材行业的影响也将超过 2003 年的非典。但从全年来看,若疫情得到顺利缓解,需求也必然会集中释放,出现回补,再加上 2020 年是全面实现小康社会的关键收官之年,疫情结束后,许多基础设施及重大工程建设将会加快进行,预计不会对全年的生产运行产生太大影响。

2016—2019 年建材行业分季度主营业务收入占比情况见表 A-2。

表 A-2 2016—2019 年建材行业分季度主营业务收入占比情况

时间	2016 年	2017 年	2018 年	2019 年
1 季度占比	19.95%	22.38%	25.00%	20.82%
半年占比	44.98%	50.99%	54.14%	46.53%
前 3 季度占比	71.12%	79.22%	76.42%	71.82%

(二)价格高位平稳,缓慢下跌,大幅波动可能性较小

从产品价格看,对比分析 2017~2020 年春节假期结束后水平、平板玻璃的出厂价格,可以看出 2020 年,在疫情影响下,水泥、平板玻璃均价均处于高位,整体运行较为平稳,并呈现缓慢下跌的发展态势(见表 A-3、图 A-4)。

表 A-3 2017—2020 年春节假期结束后三周水泥出厂均价(元/吨)

年 份	节后第一周	节后第二周	节后第三周
2017	316.27	314.6	318.24
2018	402.36	398.99	393.03
2019	445.26	440.52	432.86
2020	480.17	478.8	472.86

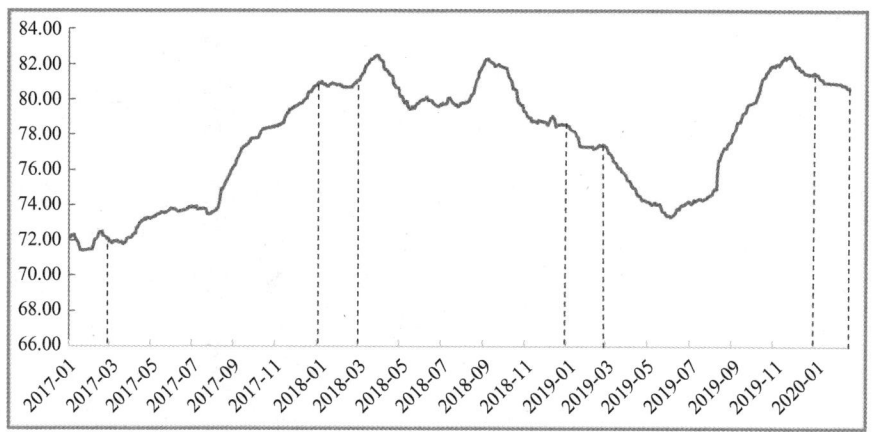

图 A-4　2017—2020 年平板玻璃出厂均价（元/重量箱）
（数据来源：Wind 数据库，2020 年 4 月）

由于春节前期，各地水泥、平板玻璃价格普遍处于较高水平，因目前下游需求未正式启动，水泥又具有不可库存的特性，因此价格调整的意义不大，无法刺激出有效需求，基本维持高位平稳运行。缓慢下跌则是由于随着市场缓慢启动，厂家库存高，销售压力较大，可能存在降价抢量的意向。如京津冀地区目前需求尚未启动，企业发货仅在 5%～10%，水泥价格保持平稳；江苏、江西、福建等地，随着工程和搅拌站的陆续复工，需求启动，出货增加，水泥价格均出现不同程度的下滑。

若疫情能够得到有效控制，复工复产顺利进行，需求启动的过程中，水泥企业可能会因腾库存而急于出货，造成产品价格下跌。但预计疫情缓解后建材产品市场需求或产生集中性爆发，在需求的支撑下，产品价格下跌幅度预计不会太大，甚至可能出现回弹。

（三）国外需求不确定性增加

在世卫组织将我国新冠肺炎疫情列为"国际关注的突发公共卫生事件"后，约有 20 多个国家和地区在疫情期间对我国的货物贸易进行了限制。我国作为建材产品的出口大国，其中玻璃纤维制品约 40%用于出口，石材每年的出口量超过 1000 万吨，建筑卫生陶瓷出口量超过全球贸易的四成，预计疫情期间建材产品出口需求将受到阶段性负面影响。再加上国外疫情的持续发酵，各国也不断推出新的防疫措施，预计建材产品出口的风险和不确定性将增加。

（四）水泥窑协同处置有望成为行业新的增长点

疫情期间，水泥窑在无害化协同处置城市垃圾、医疗垃圾方面创造了良好的条件，为抗击疫情做出了重要贡献。水泥窑协同处置作为近几年水泥企业转型升级的一个重要方向，国家也一直鼓励推广水泥窑协同无害化处置成套装备，但受制于生产和折旧成本高、针对性支持政策少、群众认识不足等因素，整体进展较为缓慢。但经过此次新冠肺炎疫情，水泥窑协同处置技术充分表现出比焚烧发电、填埋等处理方式的优越性和安全性，其技术优越性也引起了各级相关部门的重视，群众的认可度也不断提高，预计此次疫情过后，随着城市环保及公共卫生管理的重视程度不断提升，水泥窑协同处置有望迎来新的发展机遇，成为水泥企业新的增长点。

（五）倒逼行业智能制造"加速跑"

相比非典时期，此次新冠肺炎病毒传播范围更广、受感染人数更多，建材行业本身属于劳动密集型产业，再加上现金偿债能力偏弱，在此次疫情中承压较大，复工过程中的人员防疫、返工隔离等也对企业增加的不少负担，相比较而言，生产自动化程度较高、人员依赖性低的企业则受影响偏小，"机器换人"的需求变得格外现实和迫切。因而此次疫情可能会加速建材领域智能工厂的建设步伐，通过大数据等新一代信息技术改造生产线或采用"机器换人"，最大限度降低建材产品生产过程对劳动力的依赖，实现停工不停产。

（六）激发医疗卫生领域新需求

疫情当前，医疗卫生的重要性得到进一步凸显，建材产品对医疗卫生领域的支撑作用也日益加强，带来新的市场需求。其中玻璃纤维织物、特种玻璃等均广泛应用于医用器材、过滤、防护装备等；非金属矿在医药领域的研究也不断升温，朱砂、炉甘石、蒙脱石等可供药用，凹凸棒被用来制备沸石分子筛用于医用制氧机。此外，疫情爆发以来，面对激增的确诊人数，应急医疗设施建设也成为关注热点，装配式建筑由于建设周期短，成为多地应急医疗设施的首选方案，预制件、模块化墙板等建筑材料需求量也将迅速增加。

二、对策建议

（一）加快推进企业复工复产

各级行业主管部门应发挥政策的引导作用，综合衡量区域内建材企业的地理位置、在岗人员、产能布局等情况，在做好防疫安全的情况下，有序组织企业开展复工复产工作。落实企业复工报备制，实时动态掌握、汇总整理当前已复工、申请复工和计划复工企业情况，形成信息动态流转台账。利用好微信、广播等渠道，加强对国家相关优惠政策的宣传和解读，协调惠企政策尽快落地见效。同时密切关注下游房地产、基础设施建设等的复工复产情况，掌握下游企业复工复产需求。

（二）做好建材产品监测分析预警工作

依托行业协会等第三方中介机构，利用官网、微信等信息发布平台，做好建材行业重点企业、重点行业和重点产品的动态跟踪和预警，科学评估和分析疫情带来的影响和市场供需变化。疫情期间及时发布建材产品供需对接、物流运输等信息，协助建材企业科学合理制定生产计划，安全生产经营活动。建立重点建材产品价格跟踪监测体系，及时预警疫情期间建材产品价格运行中出现的系统性苗头性问题，发布有助于市场平稳的舆情信息，确保疫情期间建材产品价格运行在合理区间。

（三）科学利用水泥窑协同处置医疗垃圾

鼓励地方行业主管部门筛选具有资质的水泥企业，经地方环境主管部门及疫情防控指挥部认可后，由地方政府统一组织安排，科学开展利用水泥窑协同处置医疗垃圾，协助医疗机构处置疫情期间的医疗废物。企业培训专人负责，做好医疗垃圾运输、处置过程中的疫情防控，确保医疗废物得到规范处置，杜绝病毒二次传播。鼓励地方出台支持水泥窑协同处置危固废和城市垃圾的相关，加强水泥窑协同处置生产线的科学布局。

（四）加强市场监管，强化行业自律

各级市场监管部门要加强建材产品的市场监管，严防疫情期间哄抬价格，扰乱市场秩序。行业协会要充分发挥自身优势，不断丰富行业自律手段，

加大对本行业疫情防控知识的宣传教育和正面引导，及时跟踪、全面了解疫情对建材行业的冲击和影响，引导和帮助企业做好应对疫情困难局面的准备，积极反映疫情期间行业运行过程中发生的问题及企业诉求，配合行业主管部门共同维护好疫情期间的市场秩序。建材生产企业要积极履行社会责任，有效保障建材市场的产品供给，稳定产品价格，做到不囤积居奇、哄抬物价。

附录 B
我国智能材料产业发展研究

一、智能材料研究发展概述

（一）智能材料的定义

智能材料（Intelligen material，smart material），是一种能感知外部刺激，能够判断并适当处理且本身可执行的新型功能材料，如形状记忆合金、自修复材料、智能仿生与超材料、磁致伸缩材料、光敏材料、压电材料等，属于前沿领域的新材料，是《新材料产业发展指南》中强调的重要发展方向。智能材料可定义为，具备感知外界环境或内部状态发生的变化，通过材料自身或外界某种反馈机制，进而适时将材料某种或多种性质改变，做出期望的某种响应，如实现自我检测、自我调节、自我恢复、自我保护等多种功能的材料。

智能材料概念，通俗来讲，是指一个类似于生命系统的材料系统和结构，可以通过自身对信息的感知、采集、转换、传输的处理，发出指令，并执行和完成相应动作，从而具有模仿生物体的自增值性、自修复性、自诊断性、自学习性和环境适应性。智能材料和结构密切相关，相互依存，应当叫智能材料系统和结构（简称"智能材料"），如图 B-1 所示。其主要由起到承载、支撑作用的结构材料，通常为轻质材料如高分子、高强度轻质有色金属合金等与可以感知外部刺激、内部变化（如光、热、电、磁、辐射、化学、应力和应变等）或受外部刺激、内部变化驱动的功能材料构成。智能材料概念代表的是其独特的仿生物智能功能，将代表划时代和深刻的材料革命。

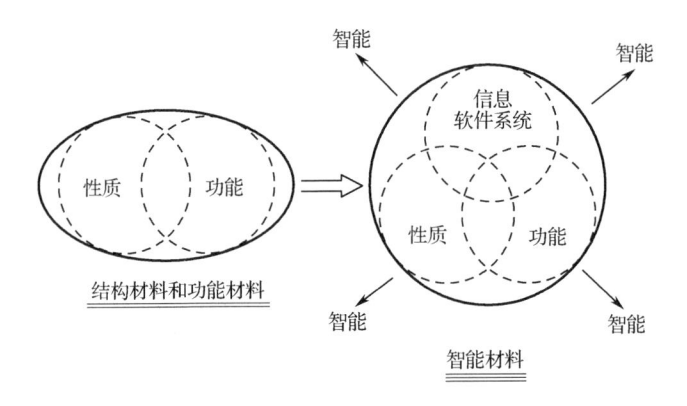

图 B-1　智能材料系统和结构

（二）常见的智能材料

常见的智能材料有：电/磁致伸缩材料、电/磁流变体智能复合材料、压电材料、形状记忆材料、智能纤维材料等。目前，智能材料已经广泛应用于各行各业，从日常生活中的智能建筑、医疗器械、电子设备到工业上的各类传感器、驱动器、显示器和机器人，以及国防军工中的航空航天等领域均有广泛应用。其中，发动机和制动器是智能材料市场上应用的主要领域。

1. 电/磁致伸缩材料

（1）典型材料

磁致伸缩材料由微小的铁磁体组成。这些铁磁体，通常是铁、镍或钴，由于其"3d"壳没有完全充满电子，因此具有较小的磁矩。从本质上讲，铁磁体的作用就像微型永久磁铁。当磁场施加到材料上时，随机放置的磁铁将自己重新对准磁场的轴。这种新的有序结构会导致实体拉伸或收缩。当对这些材料施加机械力时，会产生相反的效果，即该材料会感应磁场（Villari 效应）。磁场可用于产生电流，从而将机械能转换为电能（Sensorland）。电场和磁场密切相关，尽管电致伸缩材料在某些方面有所不同，但物理原理却非常相似。当施加电场时，材料将拉伸或收缩。

与流变材料类似，能够稳定应用的磁致伸缩材料也取决于纳米技术。微观铁磁体太大，无法满足未来技术发展所需的预期效果。纳米铁颗粒极大地提高了材料的磁致伸缩性能。常见的磁致伸缩材料可分为金属与合金、铁氧体及新开发的新型磁致伸缩材料（见表 B-1）。

表 B-1　常见的电/磁致伸缩材料及特点

分　类	主　要　材　料	特　点
金属与合金材料	镍、铁铝合金（$Fe_{0.87}Al_{0.13}$）、铁钴钒合金等	机械强度高、性能稳定，适合制作大功率的发射换能器；缺点是转换能效率不高
铁氧体材料	镍铁氧体、镍钴铁氧体、镍铜钴铁氧体等	电声效率高，机械强度差
新型磁致伸缩材料	铁系非晶态强磁体：$Fe_{80}P_{13}C_7$、$Fe_{66}CO_{12}Si_8B_{14}$、$Fe_{78}Si_{10}B_{12}$等；稀土类-铁合金：铽镝铁合金如（$Tb_{0.26}Dy_{0.74}$）Fe_2和（$Tb_{0.27}Dy_{0.73}$）$Fe_{2-\delta}$合金系等	高磁致伸缩效应和高磁导率，适合制作高输出的换能器；缺点是制造成本很高，加工性能差，脆性大

稀土磁致伸缩材料是目前市场上常用的磁致伸缩材料，可用于制成各种超声器件，如超声波发生器、超声接收器、超声探伤器、超声钻头、超声焊机等；回声器件，如声呐、回声探测仪等；机械滤波器、混频器、压力传感器以及超声延迟线等。其应用领域主要有以下几方面。

① 军工及航空航天领域：水下舰艇移动通信，探/检测系统，声音模拟系统，航空飞行器，地面运载工具和武器等。

② 电子工业：微位移驱动器，机器人，超精密机械加工设备，精密仪器，光盘驱动器等。

③ 化工医疗：超声化学，超声医疗技术，助听器，大功率换能器等。

④ 海洋科学与工程：海流分布、水下地貌、地震预报等的勘测装置，发射及接收声信号的大功率低频声纳系统等。

⑤ 机械及汽车工业：自动刹车系统，燃料/注入喷射系统，高性能微型机械功率源等。

（2）基本情况

目前，我国唯有北京有色金属研究总院稀土材料国家工程研究中心进行这方面的研究工作，现成功制备出 40×60 的 Terfenol-D 黏结磁致伸缩棒材，北京有色金属研究总院稀土材料国家工程研究中心采用自行开发的"一步法"新工艺，制成我国直径最大的稀土超磁致伸缩材料，主要技术经济指标均达到国际先进水平。"一步法"工艺即将熔炼－定向凝固－热处理等程序，在一台设备上连续完成，可用来制备大直径、高性能、低成本的稀土超磁致伸缩材料，且易于批量化生产。

从整体来看，我国对磁致伸缩材料新产品智能应用的开发还处在探索起步阶段，目前已取得了部分成果。如应用于三峡工程和地球物理勘探的大功率岩体声波探测器，此外在进给和精密定位、井下物理法采油装量应用方面也取得了进展。

2. 智能流体材料

（1）典型材料

智能流体材料，又称为电/磁流变体智能复合材料，是一种重要的智能复合材料，主要分为磁流变液（MRF）和电流变液（ERF）。两者都是软颗粒的悬浊液，在强磁场或强电场的作用下发生流变效应，分散体系的黏度、模量和屈服应力等发生突变，从液态变成半固态或者固态，移除磁场或电场后，恢复到原来的液态。

磁流变液材料是磁性微粒子功能材料。磁性流体是指吸附有表面活性剂的磁性微粒在机载液中高度弥散分布而形成的稳定胶体体系。顾名思义，磁性流体不仅有磁性，还具有液体的流动性。在重力和电磁力的作用下，它能够长期保持稳定，不会出现沉淀或分层现象。

磁流变体材料是由悬浮于载体液中的可磁化粒子构成，它是一种新型的智能材料，在建筑结构防震和机械振动控制领域有较大的应用前景。在外加磁场作用下，磁流变装置能产生连续可控的阻尼力对振动系统的振动特性进行控制。

磁流变液材料由磁性粒子、基础液和添加剂组成，如表 B-2 所示。磁流变液体积小、功耗少、屈服强度（阻尼力）大、动态范围广、频率响应高、适用面大，能根据系统的振动特性产生最佳阻尼力；可应用于汽车、机械、航空、汽车、建筑、医疗等多个领域。电流变液材料选取的固体颗粒通常具有较高的相对介电常数和较强极化能力的固体粒子，如无机非金属粒子（离子晶型化合物）、聚合物电解质粒子（含易极化极性基团）、聚合物半导体粒子（含大 π 键电子共轭结构，属电子导电型材料）和复合材料粒子（见表 B-2）。

表 B-2 常见的智能流体材料及特点

分类		典型材料	特点	
磁流变液（MRF）	磁性粒子	Fe_3O_4、Fe_3N、Fe、Co、Ni 及 Fe-Co 合金	高磁导率；低磁矫顽力；磁滞回线狭窄高磁导率；低磁矫顽力；磁滞回线狭窄、内聚力小；体积、大小适当	低电压、小磁场、高屈服剪应力；低电压、小磁场、高屈服剪应力；结构结构简单简单、安全、成本低、易控制、可靠性高
	基础液	硅油、矿物油、合成油、水、乙二醇等	高沸点、低凝固点；适宜的黏度；化学稳定性好、耐腐蚀、无毒、价格低廉	

续表

分　　类		典 型 材 料	特　　点	
磁流变液 （MRF）	添加剂	表面活性剂：含亲油基和亲水基的低聚物	解决磁性颗粒的沉降问题	
电流变液 （ERF）	分散介质	介电常数较小的绝缘液体油：非极性硅油、植物油、煤油、矿物油、卤代烃等	良好的绝缘性能（高电阻和低电导率）和耐击穿强度，较高的沸点、较低的凝固点和蒸汽压，较大的密度（≥1.2g/cm），较低的黏度，良好的化学稳定性，显著的疏水性，无毒、价廉	液态和固态间的转换快速、可逆；黏度连续、无级变化，能耗极小，能感知环境（外加电场）的变化，并根据环境的变化自动调节材料本身的性质，使其黏度、阻尼性能和剪切应力都发生相应的变化，是智能材料中很好的驱动器
	分散颗粒	石灰石、二氧化硅、硫酸钙、二氧化钛、二氢三聚磷酸铝，结晶硫酸铝、炭黑、蒽醌、菲醌、苊醌、萘醌、纤维素、淀粉、硅凝胶、离子交换树脂、葡萄糖等	较高的相对介电常数和较强的极性；合适的密度、粒子大小（0.1-10μm）和形状；合理的粒子形状（圆形、椭圆形、针状、纤维状）；无毒、耐磨，性能稳定	
	添加剂	活化剂：水、甲醇、乙醇、乙二醇、二甲基胺和甲酰胺； 稳定剂：油酸酯、山梨醇、甘油、硅（酮）类表面活性剂、苯酚盐、磺酸盐、磷酸盐	提高颗粒的有效介电常数，促进颗粒的离子极化，加强电流变效应；稳定剂就是用来防止分散颗粒沉淀	

（2）基本情况

当今应用最广泛的智能流体是当施加磁场时其黏度会增加的磁流变液材料。小磁偶极子悬浮在非磁性流体中，施加的磁场使这些小磁体排成一列并形成增加黏度的弦。这些磁流变液材料被广泛应用于振动控制、动力传递、液压控制、密封装置中，用作阻尼元件、磁流变液离合器、制动器、流变液可控阀门和密封圈等。

智能流体的另一种主要类型电流变液材料，它们的流动阻力可以通过施加电场而迅速并显著改变，主要应用在动力传递装置、振动控制、液压控制中，用于快速作用的离合器、制动器、减震器和液压阀等。此外，ERF还提出了其他的创新应用，例如智能流体的防弹背心、可由电场控制的液体透镜等。

3. 压电材料

（1）典型材料

压电材料在受到机械应力，发生形变时会在其表面上产生电荷，这是一个可逆的过程，即在外电场的作用下压电材料可以产生微小变形。因此，压电智能材料可以将压强、振动转化为电信号，也可以将电信号转化成振动信号。常见的压电材料有石英、陶瓷等，如表B-3所示，这些压电材料主要可用于传感器和驱动器等（见表B-3）。

表B-3 常见的压电材料

分　类		主要材料	特　点
无机压电材料	晶体	菱铁矿、正磷酸镓、铌酸锂、钽酸锂、石英、柏林石、罗谢尔盐、电气石族矿物、钛酸铅等	晶体结构无对称中心，具有压电性
	陶瓷	锆钛酸铅、铌酸钾、钨酸钠、氧化锌-纤锌矿结构；铌酸钠钾盐、铁酸铋、铌酸钠、钛酸钡、钛酸铋、钛酸铋钠等	压电性强、介电常数高、易加工，机械品质因子较低、电损耗较大、稳定性差，适合于大功率换能器和宽带滤波器等应用，对高频、高稳定应用不理想
有机压电材料		偏聚氟乙烯（PVDF），聚酰胺和聚对二甲苯-C，聚酰亚胺和聚偏二氯乙烯（PVDC）等	聚合物的压电响应不如陶瓷的响应高，无毒、生物相容性、生物降解性、低阻抗、低功耗

（2）基本情况

驱动器。采用压电陶瓷制备的压电陶瓷驱动器是一种高精度、高速驱动器，可应用在各种跟踪系统、自适应光学系统、机器人微定位器、磁头、喷墨打印机和扬声器中，拥有远胜于其他材料的响应速度。

传感器。压电材料传感器广泛应用于高智能材料系统中，如采用PVDF压电陶瓷制作的传感器，具有高压电系数、较广的使用场景，广泛应用于冰箱、空调及机器人等高端领域。此外，新一代压电材料具备了更高度的智能化，具有类似于人的神经系统的条件反射和指令分析能力。

4. 形状记忆材料

（1）典型材料

形状记忆材料（SMM）是指具备形状记忆效应（SME）的一类材料，所谓的形状记忆效应（SME）是当施加特定的刺激时，能够从明显的、看似塑性的变形中恢复它们的原始形状。形状记忆材料已经从最初的形状记忆合

金，拓展到形状记忆陶瓷、形状记忆聚合物等，如表 B-4 所示。

表 B-4 形状记忆材料分类及应用领域

分类	主要材料	应用领域
形状记忆合金	Au-Cd、Ag-Cd、Cu-Zn、Cu-Zn-Al、Cu-Zn-Sn、Cu-Zn-Si、Cu-Sn、Cu-Zn-Ga、In-Ti、Au-Cu-Zn、Ni-Al、Fe-Pt、Ti-Ni、Ti-Ni-Pd、Ti-Nb、U-Nb 和 Fe-Mn-Si	形状记忆合金由于具有许多优异的性能，因而广泛应用于航空航天、机械电子、生物医疗、桥梁建筑、汽车工业及日常生活等多个领域
形状记忆陶瓷	氧化锆陶瓷	仪器仪表、自动控制、工程测量和传感技术等领域
形状记忆聚合物	苯乙烯-丁二烯共聚物	生物医学领域

（2）基本情况

形状记忆合金（SMA）。尽管早在 1932 年就在 Au-Cd 合金中发现了形状记忆效应，但直到 1971 年美国海军军械实验室才在 Ni-Ti 合金中观察到了显著的形状记忆效应。形状记忆合金的形状已经大大拓展，有固体、薄膜，甚至泡沫形状。目前商业化的主要有三种合金体系：即 Ni-Ti 基、Cu 基（Cu-Al-Ni 和 Cu-Zn-Al）和 Fe 基。其中，Ni-Ti 基合金具有高性能和良好的生物相容性，是应用最为广泛的形状记忆合金。形状记忆合金广泛应用于交通运输、机械、电子、能源、航空航天等诸多领域。

形状记忆聚合物（SMPs）。形状记忆聚合物相较于 SMA，是轻量化材料，且具有明显的成本优势（包括材料成本和加工成本）和天然的生物相容性。此外，SMPs 比 SMA 具有更高的（至少更高的顺序）可恢复应变，并且可以由各种刺激甚至多个刺激同时触发形状恢复，如光（紫外线和红外线）、热和化学试剂（水分、溶剂和 pH 变化）。因此，SMPs 适应更灵活的应用场景。其中，由日本三菱重工名古屋研发中心的 Hayashi 博士发明的热塑性聚氨酯 SMP 已成功上市超过 15 年。

5. 智能纤维材料

（1）典型材料

智能纤维材料是指一类能够对内部变化和外部刺激（机械、热、化学、光、湿度、电磁等）做出响应的纤维材料。按照智能纤维材料的功能和特点可分为：相变纤维、形状记忆纤维、智能凝胶纤维、光导纤维和电子智能纤维等 5 种智能纤维（见表 B-5）。

表 B-5 智能纤维材料及特点

分 类	主 要 材 料	特 点
相变纤维	Outlast、Comfortemp、Thermasorb 和 Cool Vest 等相变纤维	能够自动感知环境温度的变化而智能调节温度的高科技纤维产品
形状记忆纤维	形状记忆合金纤维：TiNi 系合金、Cu 基合金和 Fe 基合金。 形状记忆聚合物纤维：聚氨酯、聚内酯、含氟高聚物和聚降冰片烯等	形状记忆纤维是指在一定条件下（应力、温度等）发生塑性形变后，在特定条件刺激下能恢复初始形状的一类纤维，其原始形状可设计成直线、波浪、螺旋或其他形状。 形状记忆合金纤维具有手感硬、回复力大的特点。 形状记忆合金纤维柔软、易成形且具有较好的形状稳定性、机械性质可调节范围较大、应变可达 300%甚至更大等
智能凝胶纤维	pH 响应性凝胶纤维、温敏纤维、光敏纤维和电敏纤维等，其中以 pH 响应性凝胶纤维最为常见	智能凝胶纤维是指能随外界刺激（温度、pH 值、光、压力、电等）发生体积或形态改变的凝胶纤维。智能凝胶纤维具有自适应性、生物相容性的特点
光导纤维	纤芯：石英玻璃、多组分玻璃、红外玻璃、掺稀土元素玻璃、蓝宝石晶体等 包层：聚苯乙烯、聚碳酸乙烯、氟化丙烯、聚甲基丙烯酸甲酯（PMMA）含氟透明树脂和氘化 PMMA 等	应用实例： 光纤智能结构：土木工程，特大型工程，跨海跨江大桥，体育馆，摩天大楼。 智能蒙皮：航空航天。 其他应用：光纤表面涂覆其他功能涂层，探测物理响应
电子智能纤维	抗静电纤维、导电纤维、新型纤维（聚乙烯醇/石墨烯纤维、纤维素纳米晶/石墨烯纤维等）	电子智能纤维是基于电子技术，融合传感、通信和人工智能等高科技手段而开发出的一类新型纤维，主要用于消除静电、吸收电磁波以及探测和传输电信号、能量储存、可穿戴设备等

（2）基本情况

相变纤维。相变纤维是利用相变材料发生固－液或固－固可逆转化，使纤维具有双向温度调节和适应性的纤维材料。相变纤维最初主要用于做太空服，如今还应用于功能性运动服装上，制成滑雪服、滑雪靴、手套、袜类，吸收环境或运动员剧烈运动产生的大量热量，避免人体头部或脚部过热与过冷的情况或体温过快上升而出现的高热现象。此外，相变纤维在医疗上也有广泛应用，如对温度变化要求高的仪器、调温设、多种温度段和适合人体部位形态的热敷袋、被褥、服装等。Outlast、Comfortemp、Thermasorb 和 Cool

Vest 等是目前市场上比较具有代表性的相变纤维产品，均可达到超过 1000 次的热循环。

形状记忆纤维。形状记忆纤维是具备形状记忆效应的一类纤维，形状通常为直线、波浪、螺旋或其他形状，有合金纤维和聚合物纤维。常见是记忆合金纤维具有回力大、手感硬等特点，常用作具有形变记忆效果的花式纱的纱心。形状记忆聚合物纤维则相对手感较柔软、易成形，更加稳定且机械调节、应变范围较大，在纺织品领域具有较为广阔的应用前景。

智能凝胶纤维。智能凝胶纤维可分为 pH 响应性凝胶纤维、温敏纤维、光敏纤维和电敏纤维等，可感知相应的外部刺激（pH、温度值、光、电等）做出独特响应，具有自适应性、生物相容性等特点，在化学转换器、记忆元件开关、传感器、人造肌肉、化学存储器、分子分离体系、活性酶的固定、组织工程和药物载体等方面具有很好的应用前景。智能凝胶纤维的研究已有 60 多年历史，至今研究的材料与生物体还有很大的差距，不仅仅在于材料与生物体的相容性问题尚未解决，而且在材料的性能方面如可替代生物体的人工肌肉等组织还没有达到生物体的要求，仍需继续探索。

光导纤维。光导纤维是具备感知和传输双重功能的玻璃纤维，具有频带宽、损耗低、重量轻、抗干扰能力强、保真度高、工作性能可靠、噪声小等传输优点，是优秀的传感材料，可用于制作各类传感器。光导纤维除可以用于光通信外，还用于医疗、信息处理、传能传像、遥测遥控、照明等许多方面。如应用于智能、安全性服装中，实现对外界环境的温度、压力、位移等状况以及人体的体温、心跳、血压、呼吸等生理指标的监控。

电子智能纤维。电子智能纤维是应用于信息技术和人工智能等高新技术领域的一类功能化纤维材料，除了传统市场上具有消除静电功能、吸收电磁波、优良的导电性能的抗静电纤维、导电纤维，还有具备发电、储能、发光、变色、变形、传感等一系列全新功能的新型电子智能纤维，如纤维状的聚合物锂离子电池、纤维状的钙钛矿太阳能电池、纤维状的聚合物发光电化学池和纤维状的可注入传感器等，极大地拓展了电子智能纤维的类别和应用领域。基于新型电子智能纤维材料的器件，有望应用在电源系统、信息技术、物联网、人工智能、可穿戴设备、大健康、空间探测等领域。

二、智能材料产业情况

(一) 智能材料产业链

智能材料产业的上游产品主要有：压电材料、形状记忆材料、电（磁）变流体、电（磁）致伸缩材料、光（电）致变色材料等，生产企业包括紫光股份、有研硅股、福士陶瓷、日本富士钛、日本古河电工等企业；中游产品涉及各类智能传感器、机器人、温度调节器、驱动器、调制器、显示器、减震制动装置、压电陶瓷等，主要企业有株式会社村田制作所、日本电气公司、德国博世、东金株式会社等。智能材料产业的终端应用领域很广，包括建筑和结构工程、航空航天、汽车工程、机械工程、控制工程、医疗器械、能源、日常生活等众多领域，主要公司有松下电器公司、乐普医疗、法国圣戈班、美国镜泰等。

(二) 智能材料市场情况

2019年全球智能材料市场规模达到了422亿美元，在过去的五年保持着10.2%左右的年复合率增长。在整个智能材料市场中，美国在相当一段时间处于领先优势地位，亚太地区市场增长势头较快，已经在压电材料及电致伸缩材料领域取得了领先地位。德国是欧洲目前最大的智能材料市场，俄罗斯的市场需求增长较快，意大利市场目前保持平稳。目前市场上主要涉及的智能材料有磁致伸缩材料、压电材料、相变材料和形状记忆合金等，在医疗、建筑、仪表仪器、自动化、机器人、航空航天、电磁电子设备、各类传感器、驱动器和显示器等领域都有应用，主要应用领域是发动机和制动机，其次为传感器。

随着电子行业的发展和我国人民生活水平的提高，智能材料市场保持着较高的增长速度。同时，我国相继出台了相关政策来推动智能材料的发展。将铜基形状记忆合金、稀土磁致伸缩材料、压电材料、形状记忆高分子聚合物等19种基础材料纳入我国重点产品《新材料产业"十二五"重点产品目录》。目前，我国涉及智能材料研发、生产的企业数量有限，以中小企业为主，如紫光股份、乐普医疗器械股份有限公司（简称"乐普医疗"）、有研新材等。在国内市场中，以压电材料为主，约占总份额的50%，磁（电）致伸缩材料、形状记忆合金也在电子行业、汽车和建筑行业、医疗市场有一定的市场份额。我国智能材料的专利数量目前处于世界第二梯度，落后于日本、

美国，在高分子自修复与自清洁材料方面已占据了一定话语权。

信息技术（IT）、电气和电子、建筑和建筑业等各个行业对智能材料的需求在不断增长，基于物联网、各类电子消费品的新应用场景不断拓展，人们对智能材料的认识不断提高，均支撑智能材料市场持续快速增长。

（三）重点企业及产品

1. 法国圣戈班集团（Saint-Gobain）

（1）基本情况

法国圣戈班集团（Saint-Gobain）在1665年由Colbert先生创立，并于当年承建了凡尔赛宫的玻璃画廊。圣戈班是实用材料的设计、生产及销售的世界领先集团。生产销售的材料包括汽车和建筑玻璃、玻璃瓶、管道系统、砂浆、石膏、耐火陶瓷以及晶体。集团由五大业务部组成：平板玻璃、玻璃包装、建筑产品、建材分销和高功能材料。圣戈班是全球排名前100位的工业公司之一，为欧洲50%的汽车提供玻璃，每年制造300亿个瓶子、烧瓶和罐子，并为1/5的房屋提供隔热材料。

（2）主要产品

SAGE Electrochromics公司成立于1989年，是美国的电致变色玻璃生产商，生产的玻璃多用于建筑外部装饰，2012年被圣戈班集团年收购，为其全资子公司。SAGE Electrochromics公司致力于开发电致变色技术，彻底重塑玻璃对建筑物的意义。该公司最重要产品是光致变色器件（SageGlass）。SageGlass用于窗户、天窗和幕墙的电致变色玻璃，是世界上首个建筑用动态调光玻璃，能够在建筑内提供充足的日光，改善人们在建筑内感受日光的方式。

SageGlass的电致变色涂层包括5层陶瓷材料，主要的电致变色材料为WO_3和NiO_X。SageGlass纳米技术把玻璃上的各层合并，这几层的总厚度为人类头发的厚度的1/50。当施加电压（低于5V）时，它会随着锂离子变暗，并且相关的电子从对电极转移到电致变色电极层。反转电压极性会导致离子和相关的电子返回其原始层，对电极和玻璃澄清液。该固态电致变色反应通过低压直流电源进行控制。当SageGlass涂层变暗时，太阳的光和热被吸收，随后从玻璃表面辐射到外部。除阻止太阳热量的获取外，电致变色IGU还可以阻挡眩光，减少褪色，消除对其他建筑环境控制（例如百叶窗和遮阳蓬）的需求，并使建筑居民能够连续观察室外。

建筑安装 SageGlass 费用大约是传统商业建筑玻璃的 2~3 倍，但是，采用 SageGlass 智能玻璃大大降低空调及室内灯光的使用率，从而节省电费开支。加利福尼亚研究实验室测试证明，与市场现存的其他两种智能玻璃相比，SageGlass 智能玻璃性能优良，是此行业中的佼佼者。Sage Electrochromics 公司建立了世界上第一个大规模生产电致变色玻璃的工厂，该工厂位于美国明尼苏达州的法里博县。这项工程开始于 2010 年 11 月，投资成本约 13500 万美元，它将成为电致变色玻璃领域的先锋。工厂年产能将超过 37 万平方米，其尺寸范围可达 1.5×3.5 平方米，这要比市场上现有的产品大得多。

2. 镜泰

（1）基本情况

镜泰（Gentex Corporation）公司是一家自动调光后视镜的主要供应商，其产品具有以照相机为基础的补光功能，并供应到全球汽车工业。公司还为北美消防市场提供商用烟雾报警和信号装置，同时为商业和通用航空市场提供可调光航空器窗户。该公司成立于 1974 年，总部设在密歇根州的泽兰市。

（2）主要产品

汽车自动变暗镜后视镜是该公司的主要产品，该后视镜采用公司具有产权的电致变色技术，从而使后视镜进光量按运行车辆的头灯成比例减少。每年净销售额的约 98%来自向全球每个主要汽车制造商销售自动变暗镜。该公司在全球范围内生产后视镜，用于汽车乘用车、轻型卡车、皮卡车、运动型多功能车，适用于 OEM、汽车供应商以及各种售后市场和配件客户的货车。该公司是全球电致变色自动调光后视镜的领先制造商，并且是主要汽车行业供应商。

该公司目前为阿斯顿·马丁、宝马集团、戴姆勒集团、FCA 集团、福特汽车、吉利/沃尔沃、通用汽车、本田汽车公司、现代/起亚、捷豹/陆虎、业力汽车、马自达、马辛德拉和马辛德拉迈凯轮、PSA/欧宝集团、雷诺/日产/三菱集团、斯巴鲁、铃木、特斯拉、丰田汽车公司、大众汽车集团和我国的汽车制造商（博沃、比亚迪、奇瑞、东风、长城、江淮、NextEV 和上汽）提供后视镜和电子模块产品。其主要竞争对手包括麦格纳国际、松下、YH America、比亚迪汽车公司、村上 Kaimeido 公司、Tokai Rika 公司、Peak Power 汽车、SMR 汽车、ADAYO、Alpine Electronics、MEKRA 集团、宁波丰美、

重庆宜美，广东元丰、厦门英特、TT 电子和中国汽车售后市场。公司还向某些后视镜竞争对手提供电致变色自动调光后视镜。

此外，该公司继续为波音 787 梦幻客机制造和销售用于乘客舱的可变可调光系列窗户。在 2019 年 1 月，公司宣布将为波音 777X 飞机提供其最新一代变量可调光窗。在 2019 年第三季度，首次量产可调光窗户是为波音 777X 计划而制造的。

3. 博世

（1）基本情况

博世是德国的工业企业之一，从事汽车与智能交通技术、工业技术、消费品和能源及建筑技术的产业。1886 年 25 岁的罗伯特·博世先生在斯图加特创办公司时，就将公司定位为"精密机械及电气工程的工厂"。总部设在德国南部斯图加特市的博世公司员工人数超过 23 万，遍布 50 多个国家。博世以其创新尖端的产品及系统解决方案闻名于世。2018 年 7 月 19 日，《财富》世界 500 强排行榜发布，博世集团位列 75 位。在 2018 世界品牌 500 强排行榜中，博世排名第 131 位。

（2）主要产品

博世公司在智能材料产业中处于中游位置，主要生产汽车传感器、探测器等零部件。传感器向电子稳定性控制单元（ABS、ABSR、ESP）提供当前驾驶状况的信息（车辆牵引力、转向角和纵向/横向加速度）这些传感器成了电子稳定性系统的"眼睛和耳朵"。博世每年生产 2 亿 5 千万个传感器，提供给全球的车辆用于不同应用，全球每年生产的新车中大约 1/3 的轮速传感器都由博世生产，主要产品如表 B-6 所示。

表 B-6 博世公司传感器主要产品及其功能优势

产品名称	功能	优势
精确和非接触式：转向角传感器	转向角传感器能够无须接触记录转向角。在 ESP® 转向系统和主动转向中应用	安全性通过低容差，实现测量高精确度；舒适性：根据系统要求，信号刷新频率可调。驾驶感知：功能的模块化扩展：如，全轮驱动
偏航率传感器	偏航率传感器记录车辆在纵向、垂直和横向轴上的旋转运动。应用在 ESP® 中	安全性抗震性高舒适性带高信号更新率的 CAN 接口驾驶感知：大多数数值可以由传感器信号决定，如倾斜角

续表

产品名称	功能	优势
轮速传感器	轮速传感器为安全 ABS/ESP®控制系统传递最重要的数据。 将车辆旋转特点的信息提供给 ABS/ESP®控制单元。 可以承受极端负荷：这些传感器安装在车轮附近，会直接接触到飞溅的水。 导致：轮速传感器频繁发生故障	改善了对外部磁力影响的耐受力；100%的灵活性设计（连接器，传感器头和气隙等）适用于预定应用。 主动传感器 7/14mA 的全球标准方波输出信号。 速度检测低至 0m/h。 识别传感器工作时的旋转方向和静止探测
加速度传感器	针对加速度测量，采用物理效应，这样力可以施加在加速物体上。如果这些物体不固定，但是相对"有弹性"，然后可以通过施加的力进行转换。偏离是加速度的测量值。霍尔效应加速度传感器特别适用于测量横向加速度	

4. 哈里斯公司

（1）基本情况

哈里斯公司（Harris Corporation）是一家提供通信和信息技术的公司，是战术通信、地理空间系统和服务、空中交通管理、环境解决方案、航空电子和电子战以及空间和智能领域的领导者。该公司经营三个业务部门，通信系统、电子系统以及空间和智能系统，支撑着 100 多个国家的政府和商业客户。哈里斯该公司提供哈里斯猎鹰®系列战术无线电，以网络为中心的通信，为世界各地超过 70 万名士兵的上级指挥和控制提供服务。

（2）主要产品

哈里斯公司致力于压电陶瓷材料的研发及潜在应用研究，目前的应用领域从军事声纳和声学到医学成像，能源存储和癌症治疗。公司还专门研发高性能压电陶瓷，包括锆钛酸铅（PZT）、钛酸铅（PT）和铌酸铅镁（PMN）材料，为军工和商业客户提供服务，如表 B-7 所示

表 B-7 哈里斯公司高新能压电陶瓷产品及其特点

产品名称	特点及应用
EC-63 锆钛酸盐材料	研制了 EC-63 锆钛酸铅材料，用于中等功率应用。该材料具有低损耗切线、高压电荷常数和高居里温度等特点。该材料用于超声波清洗和其他声学投影仪的应用

续表

产品名称	特点及应用
EC-64（海军Ⅰ型）材料	锆钛酸铅材料被开发用于一般电力应用。具有较高的机电耦合，较高的压电电荷常数，以及高电驱动场下的低介电损耗，适用于大功率，低频宽带投影仪，挤压传感器，火花发生器等大功率电声器件
EC-65*（海军Ⅱ型）	软锆钛酸铅材料可用于最高灵敏度传感器、水听器、加速度计和冲击传感器或火花发生器。它具有介电常数高、压电电压常数最高、居里温度高的特点

5. 紫光股份

（1）基本情况

紫光股份有限公司（UNIS）是清华紫光（集团）总公司1999年发起设立的，是我国高科技A股上市公司（简称"紫光股份"，股票代码为000938），国家重点高新技术企业、国家863计划成果产业化基地、历年入选中国电子信息"百强"企业。依托于清华大学的科技、人才资源，紫光股份发展势头良好，2019年全年公司实现营业收入540.99亿元。紫光股份深耕于IT服务领域，提供技术咨询、软硬件支撑，是IT、互联网产业全产业链服务提供商。

（2）主要产品

紫光股份提供储存系统、服务器、网络设备等，其主要产品有扫描仪、光盘和电脑等，是智能材料的下游应用终端。

6. 乐普医疗

（1）基本情况

乐普（北京）医疗器械股份有限公司（简称"乐普医疗"，股票代码300003）创立于1999年，是我国最早从事心血管介入医疗器械研发制造的企业之一，是国家科技部授予的唯一的国家心脏病植介入诊疗器械及装备工程技术研究中心，2009年创业板首批上市企业之一，是国内高端医疗器械领域可与国外产品形成强有力竞争的少数企业之一。拥有国家药监局颁发的"冠状动脉支架输送系统"产品注册证（Ⅲ类）、第一个研发并试制成功抗感染"药物中心静脉导管"、国内首个用于治疗原发冠状动脉粥样硬化患者的血管内狭窄的生物可吸收支架。

（2）主要产品

乐普医疗拥有全资子公司上海形状记忆合金材料有限公司，从事形状记忆合金及相关医疗材料器件领域内的技术咨询、技术开发、技术转让、技术服务；Ⅲ类6877栓塞器材的生产；从事货物及技术的进出口业务。上海形

状记忆合金材料有限公司拥有一支长期致力于形状记忆合金材料工艺研究的专业技术队伍。公司研制和开发的动脉导管未闭封堵器、房间隔缺损封堵器、室间隔缺损封堵器、封堵器介入输送装置和圈套器等产品都已达到了国际先进水平,多次荣获国家级及市级奖项。

7. 有研新材

(1)基本情况

有研新材料股份有限公司(简称"有研新材")是国内目前最大的智能材料镍钛形状记忆合金的生产企业,也是单锗、镓、晶硅、化合物半导体材料的设计、研究、开发、生产的主要基地。

有研新材是有研集团的第一家上市公司,总部位于北京市,也是央企中较早实现股份制改革,成功上市的高科技企业。公司经过三个阶段的发展,目前直接控股或间接控股的企业共 24 家,其中较为重要的子公司有 6 家,分别是有研亿金、有研稀土、有研光电、有研国晶辉、有研医疗器械(北京)有限公司(简称"有研医疗")、山东有研新材料科技有限公司(简称"山东有研")等,全部为国家高新技术企业。有研新材的主要研发与产业化的领域为稀土材料、光电子用薄膜材料、生物医用智能材料、稀有金属及贵金属材料、红外光学及光电材料、光纤材料等,是我国有色金属、稀土新材料及智能材料领域的骨干企业。2019 年实现营收 104.52 亿元,净利润 1.06 亿元。主要客户有中芯国际、台积电(TSMC)、中车集团、北方华创、中国五矿、南方稀土、京东方、美国 GF 公司、联华电子公司(UMC)等。

(2)主要产品

一是智能医疗板块。有研医疗致力于生物医用及功能材料的研发、生产及应用,是国内从事记忆合金智能材料、钛合金和贵金属材料医学应用的先驱之一。目前拥有口腔正畸、口腔修复、微创介入、骨科矫形等四大门类、八大系列共 23 个产品注册证。

二是靶材板块。溅射靶材是柔性可卷曲 OLED 显示屏的电子薄膜材料的主要原材料,是未来显示科技的必备材料。太阳能电池用溅射靶材是制备薄膜的主要原材料,是薄膜太阳能电池发展的必备材料。有研亿金是国内一流的高纯金属溅射靶材龙头企业,具备从超高纯原材料到溅射靶材、蒸发膜材垂直一体化研发和生产能力。

三是稀土板块。稀土是国家的战略资源,可以大幅提高金属材料的质量和性能,被誉为现代工业的"催化剂"。有研稀土是国内稀土矿提取、精炼

及应用技术的开拓者与推广者,产品主要有稀土金属及合金、钕铁硼速凝铸片、粘接磁粉、LED 荧光粉、高纯稀土氧化物等。

三、我国智能产业面临的问题

(一)企业规模较小

我国智能材料产业规模总体偏小,从研发智能材料的企业来看,国内上市公司中涉足智能材料的主要有紫光股份、乐普医疗、有研新材等,其余均为中小企业。与下游协同发展联结不紧密,缺少支撑和引导行业的龙头企业。日本、美国、欧盟等国家和地区的智能材料产业多为跨国公司,拥有雄厚的资金和技术实力,对我国智能材料产业的发展产生了制约,形成了技术、专利、产品上的垄断。我国智能材料企业要突破现有的产业格局,需要在研发和市场开拓方面付出巨大努力。

(二)企业创新能力弱,产品层次低、种类少

我国智能材料产业市场前景广阔,需求与日俱增。但我国智能材料产品种类较少,以压电材料为主,高端的传感器、磁致器件均依赖于进口。产品存在附加值低、复制化、单一化、社会认可度低等明显的效益特征,整体实力与国际巨头相比仍有较大差距。企业缺乏战略规划和创新机制,缺乏中长期战略规划,在人才的引进和培育、知识产权创作等方面缺乏前瞻意识,导致自主创新的技术力量分散,无法形成有竞争力的核心技术和高新技术产品,仅能挤占中低端市场。在高端市场,国内企业数量明显不足,占高端市场比重较少。我国智能材料产业必须加快产业升级的步伐,以积极的技术与产品创新,实现整体竞争力的提升。

(三)产学研结合不紧密

我国在智能材料的技术领域发展较晚,但是发展迅猛,发展势头良好,在智能材料领域取得了较好的科研成果。但企业和高校及科研院所之间的合作并不良好,高校或科研院所研究人才的成果并不能得到很好的产业化应用,多数成果仅停留在实验室阶段,成果转化停滞。我国智能材料的发展,不仅需要加强基础科学研究,更要加强产学研的合作,发挥科研对产业的推动作用。

四、对策建议

（一）加大科研投入，增强技术集成能力

我国智能材料的企业小、乱，科研创新能力不足，应加大科技投入，加强对重点产品、关键技术的研究攻关。增强技术集成能力，积极参与全球范围内的技术交易，开展国际间的创新合作，引入国际高端项目、人才和团队，打造环保装备领域关键材料技术交流平台，促进相关技术转移和创新资源对接。改善产品过剩，高性能、高附加值的产品相对较少，加工技术及装备制造水平低的局面。

（二）推动智能材料产业提质增效，提高企业认可度

加大智能材料基础研究，加强智能材料制备关键技术和装备攻关，突破产业化制备瓶颈。积极发展军民共用智能材料，加快技术双向转移转化，促进智能材料产业军民融合发展。加强与国内外知名高端制造企业的供应链协作，开展研发设计、生产贸易、标准制定等全方位合作。要求智能材料产业提质增效，提高企业市场认可度，推动智能材料企业走出去，打造企业新产品、新品牌。

（三）完善政策体系建设，加强支撑引导

一是加大对智能材料产业的扶持，在采用税收补贴、定向采购的基础上，充分利用金融、投资、人才等政策，引导企业增加对于智能材料的研发投入。

二是疏通高校、科研机构和企业间的创新链条，推进智能材料成果转化。

三是扩展核心技术获取途径，加强国际合作。

附录 C

我国 5G 化工新材料发展研究

一、化工新材料对 5G 发展的支撑作用

(一) 5G 通信特点和对材料的特殊要求

第五代移动通信(5G)技术是最新一代蜂窝移动通信技术,无论从时域、空域还是频域,其传输的速度、时延、容量、密度都取得跨越式提升,传输速率约为 4G 通信的 100 倍,时延仅 1 毫秒,比 4G 通信降低 140 倍。由于 5G 的传播频率太高,其信号极易受到外界干扰或被屏蔽,并在传播介质中衰减,要求传播介质材料的介电常数和介电损耗要小,且 5G 的电磁波覆盖能力和传输信号强度较差,要求材料的电磁屏蔽能力要强。此外,5G 由于集成度和复杂度高、系统多通道,需要元器件厚度薄、体积小、密封性好,要求材料轻量化、小型化、多功能化、高导热性、高可靠性。5G 通信性能提升的同时对应用材料提出新的要求。

(二) 化工新材料在 5G 中的重要应用

综合 5G 通信的特点要求,低介电、低损耗、高电磁屏蔽、高导热的化工新材料,成为 5G 领域大规模应用的关键材料。改性塑料、特种工程塑料、氟塑料、散热导热材料、屏蔽材料、增强纤维、树脂基体等应用于 5G 基站、5G 手机的各主要环节。国家新材料产业发展战略咨询委员会总结出最关键的三种 5G 材料为氮化镓、覆铜板(性能取决于特种树脂)、液晶聚合物,均为重要的化工新材料。此外,无线主设备、网络设备、传输设备等对新器件需求最高、关键材料更新最密集的部分,化工新材料都有大量应用,如基站滤波器材料、天线用材料、功率放大器芯片材料等(见图 C-1)。

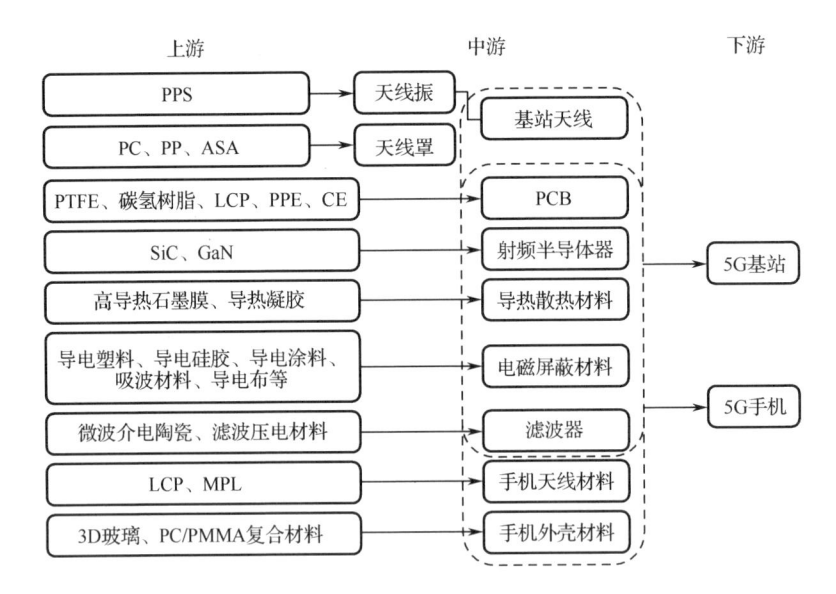

```
         上游                          中游              下游
  ┌─────────────────┐       ┌────────┐
  │      PPS        │──────▶│ 天线振 │    ┌────────┐
  └─────────────────┘       └────────┘    │基站天线│
  ┌─────────────────┐       ┌────────┐    └────────┘
  │  PC、PP、ASA    │──────▶│ 天线罩 │
  └─────────────────┘       └────────┘
  ┌──────────────────────┐  ┌────────┐
  │PTFE、碳氢树脂、LCP、PPE、CE│─▶│  PCB   │
  └──────────────────────┘  └────────┘
  ┌─────────────────┐       ┌──────────┐   ┌────────┐
  │   SiC、GaN      │──────▶│射频半导体器│   │ 5G基站 │
  └─────────────────┘       └──────────┘   └────────┘
  ┌─────────────────┐       ┌──────────┐
  │高导热石墨膜、导热凝胶│──▶│导热散热材料│
  └─────────────────┘       └──────────┘
  ┌─────────────────────┐   ┌──────────┐
  │导电塑料、导电硅胶、导电涂料、│▶│电磁屏蔽材料│
  │吸波材料、导电布等    │   └──────────┘   ┌────────┐
  └─────────────────────┘                  │ 5G手机 │
  ┌─────────────────────┐   ┌────────┐    └────────┘
  │微波介电陶瓷、滤波压电材料│▶│ 滤波器 │
  └─────────────────────┘   └────────┘
  ┌─────────────────┐       ┌──────────┐
  │   LCP、MPL      │──────▶│手机天线材料│
  └─────────────────┘       └──────────┘
  ┌─────────────────────┐   ┌──────────┐
  │3D玻璃、PC/PMMA复合材料│─▶│手机外壳材料│
  └─────────────────────┘   └──────────┘
```

图 C-1　5G 化工新材料产业链

二、5G 化工新材料发展概况

（一）基站天线振子关键材料

1. 5G 基站对天线振子材料要求

天线振子是基站重要的功能性部件，具有放大和导向电磁波的作用。由于 5G 毫米波传输损耗大、距离短，单基站覆盖能力弱，基站密度加大，同时传统 MIMO 技术升级为 Massive MIMO（大规模天线）技术，使天线数量呈几何级增加，天线架构从 4G 多端口天线演进到密集阵列，要求天线重量轻、体积小、成本低。传统的钣金、PCB 贴片振子等重量过大、造价高昂且安装不便，轻量化、高精度、高集成度、可塑性强、低成本的塑料振子成为 5G 基站天线的重要选择。

2. 聚苯硫醚（PPS）性能优势和生产工艺

作为一种综合性能优异的特种工程塑料，PPS 具有优异的耐高温性、介电特性、尺寸稳定性、阻燃性、化学稳定性和电镀性能，是为数不多的能够满足在-130℃～-40℃条件下线性膨胀系数在 20 以内的 5G 基站天线应用要求的材料。PPS 天线振子以 PPS+40%玻纤为主体材料，采用 3D 塑料+选择性激光电镀工艺，与金属振子、PCB 振子和 LDS 塑料振子相比，重量、成本显著降低，重量达到金属振子的 1/10；集成度大幅提高，1×6 振子尺寸不

大于 350×50×20mm；塑件稳定性、整体良率、射频性能低损耗有效提升；天线整机装配测试工作量减少 2/3。PPS 塑料振子适用于宏基站天线等较大型的设备，在产品性能、加工效率方面更具优势，将成为 5G 天线振子的主流技术方案。

3. 产业发展现状及趋势分析

全球 PPS 产业集中度高，生产企业主要位于日本、美国、中国，其中，日本产能约占全球总产能的 45%，日本东丽、新和成、日本油墨 DIC、Fortron、索尔维五大生产商产能全球占比达到 50% 以上。目前，我国量产 PPS 天线振子中，PPS 材料供应商主要包括 SABIC、帝斯曼、塞拉尼斯、同益等，振子生产企业主要包括飞荣达、国人通信、科创新源、信维通信、东创精密、通达集团等。随着 5G 基站建设量的大幅提升，5G 宏基站将达 4G 基站数的 1.2~1.5 倍，约 600 万座，按照 5G 宏基站 3 个扇区，每扇区 64 通道，单个料振子 6~10 元，预计我国 5G 宏基站塑料振子市场规模将达到 100 亿元。

（二）基站天线罩关键材料

1. 5G 基站对天线罩材料要求

天线外罩用来保护整个信号传输系统免受外部环境影响，对材料的力学性能和耐候性有较高要求，5G 基站由于工作频率由单频发展为宽频，直至多波段全频带，要求天线罩材料具有高透波率、低吸收率，且因毫米波更容易损耗，对材料介电性能要求更高。此外，为满足 5G 天线轻量化、小型化、集成化的设计需要，天线罩材料也将向轻量化、环境友好方向发展，当前以热固性玻璃钢为主的天线罩，无法满足轻量化要求。

2. 聚碳酸酯（PC）

（1）性能优势和生产工艺

作为五大工程塑料中增长速度最快的通用工程塑料，聚碳酸酯具有高强度及弹性系数、高冲击强度、耐候性佳、电气特性优、绝缘性强、尺寸稳定性好、使用温度范围广等优点。普通 PC 材料应用范围有一定局限性，通过改性具备低介电、低损耗、高抗冲性以及较好的阻燃性、耐候性、尺寸稳定性等综合特性，并采用挤出成型工艺制备 5G 基站天线罩。

（2）产业发展现状及趋势分析

全球 PC 生产企业主要集中在北美、西欧和东北亚地区，亚洲需求的增长带动全球 PC 产能快速增长，全球生产中心也向亚洲尤其是中国转移。我

国 PC 产能大幅扩张，2019 年，总产能达到 166 万吨，同比增长 31.7%，产量接近 100 万吨，同比增长 34.2%，表观消费量近 200 万吨，自给率近 50%，供需缺口进一步缩小。但由于我国缺乏自主成熟技术，未来新增产能大都以中低端产品为主，短期内不足以迅速有效替代进口，且下游需求增速明显放缓，预计到 2025 年，PC 产能将超过 520 万吨，表观消费量为 300～330 万吨，产能增长大幅超过需求增长，市场竞争将十分激烈（见表 C-1、表 C-2）。

表 C-1 国内外 PC 主要生产企业

国外生产企业	国内生产企业
科思创公司	浙江嘉兴帝人聚碳酸酯有限公司
沙比克创新塑料公司	上海科思创聚合物（中国）有限公司
帝人集团公司	中石化三菱化学聚碳酸酯（北京）有限公司
德国 Trinseo 公司	宁波浙铁大风化工有限公司
沙特拉伯 Saudi Kayam 公司	鲁西化工集团股份有限公司
三菱气体化学公司	菱优工程塑料（上海）有限公司
LG 聚碳酸酯公司	万华化学
Sam Yang 公司	
Samsung SDI 公司	

表 C-2 天线罩用改性 PC 材料生产企业及其产品性能

生产企业	产品性能
科思创	改性 PC 在保持良好信号通过性同时，无惧严寒、酷暑、紫外线、风霜雨雪，拥有足够的刚性、尺寸稳定性、阻燃性和出色的设计灵活性
SABIC	SABIC®LEXAN™FR PC 具有高阻燃性，高流动性，高抗冲击性，易配色等优点
同益股份	PC/ABS、PC-outdoor，高 HDT、高 RTI、导热性能好，耐候性能好、耐低温（-40℃），适应户外环境、低介电低损耗、传输效率高，可应用于 5G 基站天线罩、基站配件、户外模块、防雷盒
聚赛龙	开发了系列低介电常数、低介电损耗、增韧增强、耐候级改性 PC 材料
伟的新材料	伟的 F03 系列型号的阻燃 PC 材料具有低介电常数以及露天低温环境下良好的冲击性能

3. 聚丙烯（PP）

（1）性能优势和生产工艺

聚丙烯具有优异的机械性能、绝缘性能、耐热性能，介电常数和介电损耗很低，在温度、频率变化下能够保持稳定，且密度低、吸水率低、价格便

宜，具有极高的性价比，非常适用于制造基站天线罩。

PP 天线罩一般采用玻纤增强 PP 的制备方法，将 PP 树脂、低介电玻璃纤维、中空玻璃微珠等填充材料以及增韧改性剂等助剂混合均匀后挤出造粒，再通过注塑、挤出或模压工艺，制得基站天线罩。目前，华为 5G 基站采用 PP 天线罩，重量比传统玻璃钢轻 40%，避免天线吊装，节省安装成本和时间。

（2）产业发展现状及趋势分析

近些年来，丙烷脱氢（PDH）技术的发展和甲醇制丙烯技术的完善加速了 PP 产能的扩张，我国甲醇制聚丙烯产能提升到总产能的 32.5%，PDH 制聚丙烯产能发展到总产能的 9.0%，油制聚丙烯产能占比减少到 58.5%。我国 PP 生产装置主要集中西北、华北、华南地区，产能占比分别为 33.0%、19.5%、19.0%，生产企业主要为中国石化、中国石油和神华集团，产能占比分别为 35.0%、15.9% 和 11.4%，产量最大的三家企业为中国石化茂名分公司、中国石油独山子石化分公司、中国石化镇海炼化分公司。

目前我国 PP 产量仍不能满足需求，每年仍大量进口。2019 年我国聚丙烯的进口量为 349.09 万吨，同比增长 6.4%，进口依赖度为 13.11。进口 PP 以专用料为主，特别是用于汽车配件等高档专用料大都以来料加工形式进口，其产品质量要求和附加值较高。

我国 PP 专用料的生产开发也不断取得新进展。企业相继开发了高模量 PP 结构壁管材专用料、中熔指高结晶 PP 专用料、中高熔抗冲 PP、高光泽 PP 专用料、高强度丙丁无规共聚发泡专用料、汽车门把手专用料、高压电缆护套管专用料。目前中石化镇海炼化以应用于汽车内饰、隔热材料、包装材料的 PP 专用料 E02ES 成功替代国外高端发泡原料，首次实现了聚丙烯发泡材料的制备和在 5G 天线罩上的应用，未来将有更多针对 5G 天线罩的 PP 专用料被开发、应用（见表 C-3）。

表 C-3 PP 天线罩材料生产企业及其产品性能

生 产 企 业	产 品 性 能
金发科技	应用于 5G 基站天线罩的玻纤增强改性 PP 材料兼具有高强度、低密度、低介电常数、低翘曲变形和保温等特点
同益股份	PP+30%长纤，具有高 HDT、高 RTI、导热性能好、耐候性能好、耐低温（-40℃）、更适应户外环境、低介电低损耗，传输效率高的特点，可应用于 5G 基站天线罩、基站配件、户外模块、防雷盒

续表

生产企业	产品性能
杰事杰	材料可使移动通信天线外罩的重量下降40%，成本下降20%以上，制得的高透波天线罩信号损耗较常规材料降低30%
SABIC	® PP Compound 和 STAMAX™具有低介电常数、优异的耐候性、耐光照、耐低温和抗冲击性，满足5G天线外壳的严苛要求，延长使用寿命，减少维护时间和成本
阿莱德	开发的低介电耐候阻燃PPGF材料用于5G天线罩，材料具有较低的介电常数、良好的韧性、阻燃性和抗低温冲击性能
会通新材料	低介电常数挤出级PPGF材料，具有低介电、耐候抗热氧化等优点

4. ASA树脂

（1）性能优势和生产工艺

ASA（丙烯酸酯-苯乙烯-丙烯腈共聚）树脂具有很强的耐候性和良好的耐高温和机械性能，易于加工成型，越来越多地应用于汽车、家电、建筑、消费电子和运动休闲领域。用于5G天线罩，ASA树脂需加入玻璃纤维、空心玻璃微珠、抗氧剂、紫外线吸收剂等进行改性处理，以降低介电常数，进一步提升耐候性。在加工成型方面，ASA树脂适用于一次成型工艺，加工程序简化，有效消除了目前常见的多层天线罩的层层界面结构，降低了电磁波损耗，确保天线罩的透波率。

（2）产业发展现状及趋势分析

目前全球ASA树脂生产企业主要有：韩国LG、韩国乐天、韩国锦湖石油化学、英力士、SABIC、日本东丽、日本爱宇隆、日本TECHNO UMG株式会社、中国台湾奇美实业、中国台湾化学纤维等公司。其中LG化学、奇美实业、英力士、SABIC四家企业市场占有率最高，2019年全球市场份额占比分别为19.35%、17.51%、16.24%、13.04%。

美国是ASA树脂最大的消费市场，2019年消费量全球占比达到23.39%，欧洲是第二大市场，2019年消费量全球占比达到20.13%，我国正在成为ASA树脂的重要消费市场。目前，我国ASA树脂的生产技术较为落后，多依赖于进口，高端技术仍掌握在跨国公司手中，近年来众多跨国公司通过在中国设立独资或合资企业的方式，进一步抢占中国市场，如锦湖日丽。

ASA天线罩材料生产企业及其产品性能见表C-4。

表 C-4 ASA 天线罩材料生产企业及其产品性能

生产企业	产品性能
韩国乐天	WX 系列耐候 ASA/ASAGF 天线罩材料，其中牌号为 LI-923 的高耐候、高刚性 ASA 天线罩产品已被多家国际知名通信设备生产商认可和指定使用
上海华合复合材料	研发生产挤出级天线罩材料 ASA 具有高耐候、高透波率、介电常数低、损耗角正切低等特性，5G 主要牌号有：ASA-5000 用于挤出天线罩，ASA-6010 用于天线罩配件

（三）印制电路板（PCB）关键材料—高频/高速基板材料

1. 5G 通信对 PCB 基材的要求

包括覆铜板用树脂及相关胶粘剂在内的基板材料是影响高频 PCB 板性能的关键，作为填充材料起着粘合和提升板材性能的作用。由于 5G 的数据量和发射频率更大、工作频段更高，且结构趋于多层高集成设计，要求 PCB 基板材料满足高耐热、高散热、小型化、轻量化等要求。除基站外，PCB 基材还应用于通信网的配套设备、数据中心设备、测试及测量设备等 5G 通信的其他环节，对 PCB 基材提出多功能化、高可靠性等新的要求。

2. 5G 高频/高速基板材料概况

5G 高频/高速 PCB 基板树脂材料要求具有低介电常数、低介电损耗、低热膨胀系数和高导热系数。目前，高频/高速 PCB 基板中绝大部分是以聚四氟乙烯（PTFE）热塑性材料、碳氢树脂（PCH）类热固性材料为代表、具有出色低介电性能的硬质覆铜板；而苹果系列手机采用的以改性聚酰亚胺（MPI）、液晶聚合物（LCP）为代表的挠性覆铜板备受智能手机厂商的青睐；近些年来，双马来酰亚胺（BMI）、三嗪树脂（BT）、氰酸酯（CE）、聚苯醚（PPE）、苯并环丁烯（BCB）和苯并噁嗪（BOZ）等新型高频/高速 PCB 基板树脂材料相继出现，由此衍生出的覆铜板种类超过 130 种（见图 C-2）。

3. 聚四氟乙烯（PTFE）

（1）性能优势和生产工艺

PTFE 具有优异的介电性能，是最成熟的高频/高速基板树脂材料，也是目前极少数能应用于超高频率的毫米波段电路基材的材料之一，且热稳定性和自阻燃功能较好。工业上 PTFE 树脂的制备方法主要包括悬浮聚合和乳液聚合，其中乳液聚合法制得产品应用更加广泛。由于 PTFE 树脂分子的惰性，不适用于熔融加工等一般覆铜板制造和加工方法，而四氟乙烯单体同 3%～

5%的全氟烷氧基乙烯基醚的共聚物（PFA）可以熔融加工，且耐折性和机械强度优于纯 PTFE，因此，目前 PTFE 类基板材料大都采用 PFA 可熔融加工氟树脂或其与纯 PTFE 树脂的混合物。PTFE 基板的制备还需使用低介电的陶瓷粉末、玻纤布进行增强改性，以提高多层板加工可靠性，降低制造成本。

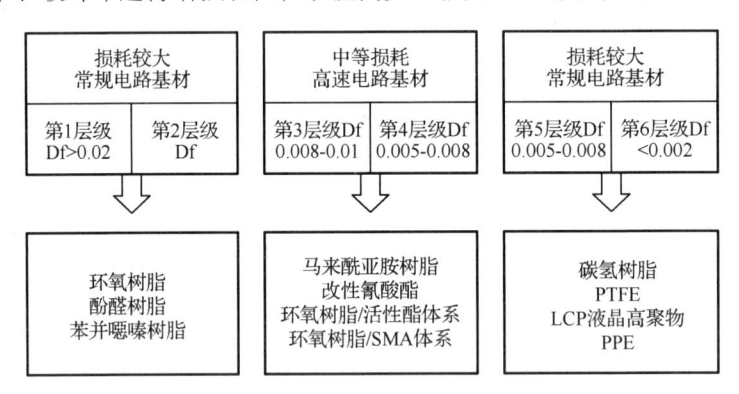

损耗较大 常规电路基材		中等损耗 高速电路基材		损耗较大 常规电路基材	
第1层级 Df>0.02	第2层级 Df	第3层级Df 0.008-0.01	第4层级Df 0.005-0.008	第5层级Df 0.005-0.008	第6层级Df <0.002
环氧树脂 酚醛树脂 苯并噁嗪树脂		马来酰亚胺树脂 改性氰酸酯 环氧树脂/活性酯体系 环氧树脂/SMA体系		碳氢树脂 PTFE LCP液晶高聚物 PPE	

图 C-2　5G PCB 基板材料 6 层级对应树脂分类

（2）产业发展现状及趋势分析

目前 PTFE 树脂乳液聚合技术主要由美、日、欧的 Ausiment、杜邦、大金等七大公司垄断，我国产量极低，且产品质量与国外有较大差距，乳液聚合 PTFE 树脂作为高附加值的高端氟树脂，每年需大量从国外进口。PTFE 基板的典型代表为美国 ARLON AD350A/25N 系列、美国 Rogers RO3000®系列、美国 Taconic TLY5A/RF-30/RF-35A 系列，我国生产企业有广东生益、浙江华正、旺灵、中英、睿龙等。

4. 碳氢树脂（PCH）

（1）性能优势和生产工艺

PCH 是只有 C 和 H 两种元素的不饱和聚合物，介电性能十分优异，属于热塑性聚合物，在制备高频覆铜板时也需添加低介电的陶瓷粉末、玻纤布进行增强改性，并通过交联向热固型转变。目前可用于制造高频覆铜板的 PCH 体系主要有 1,2-聚丁二烯体系、苯乙烯/二乙烯基苯共聚体系、聚丁苯（SB、SBS）共聚体系、三元乙丙共聚体系、SI 和 SIS 共聚体系、PPO 改性 SI 及 SIS 共聚体系、PPO 改性聚丁苯体系、环烯共聚物（COC、DCPD）体系等。

（2）产业发展现状及趋势分析

各体系的 PCH 树脂均被美国的沙多玛、科腾，德国的 TOPAS，日本的

曹达、旭化成等少数几家企业所垄断，我国还没有同类 PCH 树脂，PCH 基材的研发水平与国外还存在很大差距。PCH 类基板的典型代表为美国 Rogers RO4000®系列，产品主要是 1,2-的聚丁二烯体系和 SBS 或 SEBS 体系。我国一些企业已申请了大量的专利并形成相关产品，如浙江华正、广东生益，以及联茂、台耀、台光和等台资企业。

5. 液晶聚合物（LCP）

（1）性能优势和生产工艺

LCP 具有高强度、高模量、高耐热性和低介电性，以及优异的耐弯折性、耐化学腐蚀性、耐老化性、抗高辐射和成型加工性能，以薄膜或复合材料形式广泛应用于汽车航空、电子电器、光学器件、日用品等领域，由 LCP 薄膜制成的高频/高速挠性覆铜板已成功用于苹果手机。

（2）产业发展现状及趋势分析

由于 LCP 树脂的合成难度高，且对分子量分布、杂质、生产设备有很高要求，目前市场主要由美日企业主导，包括美国的塞拉尼斯、杜邦（Dupont）、日本的宝理塑料、住友、东丽、新日本石油化学、上野，其中塞拉尼斯、宝理塑料、住友三家企业产能就占全球总产能的约 70%。

LCP 薄膜因成膜技术特殊而被可乐丽、伊势村田制作所、Superex 等少数企业所垄断，且全球仅有日本可乐丽一家企业对外销售。薄膜企业与树脂企业间的供应链封闭，使得新进入企业难以买到膜级树脂，目前，宝理-可乐丽（吹膜）-松下电工组合，宝理-村田（双拉）组合在市场上最为成功，住友也在与千代田等企业合作开发。LCP 挠性覆铜板企业更是少之又少，仅有伊势村田制作所、松下等。

我国电子级 LCP 树脂、薄膜的商业化大幅落后于日美企业，仅有少数几家企业在苹果手机使用 LCP 基材后陆续开展研制和应用，如金发科技、广东生益、东材科技、普利特、沃特、中科院化学所，目前处于突破及验证阶段。

6. 聚苯醚（PPE）

（1）性能优势和生产工艺

PPE 具有非常优异的综合性能，特别是介电性能、力学性能和热学性能十分突出，但其热塑加工性差，需通过物理共混或化学改性法进行改性。目前，PPE 基覆铜板的制备主要采用有机溶液法，利用 E-玻纤布对 PPE 改性物进行增强，制得半固化片，将其叠加压板得到成品。

（2）产业发展现状及趋势分析

高频 CCL 用 PPE 树脂的主要供应商有沙特 SUBIC、日本旭化成、三菱瓦斯，以及中国台湾的晋一化工，可提供低分子量、带有活性端基、可溶的 PPE 树脂产品。

7. 热固性氰酸酯树脂（CE）、双马来酰亚胺三嗪树脂（BT）

（1）性能优势和生产工艺

CE 树脂是电子电器、微波通信领域重要的基础材料，也是生产高性能高频/高速覆铜板的极佳基体材料，以及芯片封装基板材料之一。作为新型的电子材料和绝缘材料，CE 树脂固化后具有优良的高温力学性能、耐热性、尺寸稳定性、阻燃性、黏结性，电性能优异，具有宽频带性，因此，CE 树脂以结构件、复合泡沫塑料、涂料、胶粘剂等形式广泛应用于航空航天、航海、军事等领域。目前，国内外已开发多种用于高速覆铜板的 CE 类基体树脂，并与双马来酰亚胺（BMI）、环氧树脂、PPE、有机硅等其他树脂共聚改性，其中 CE/BMI 体系树脂综合性能最优。

BT 基板材料在介电特性、耐热性、耐金属离子迁移性等方面性能突出，尤其在高温环境下，弹性模量、抗弯强度特性、表面硬度、铜箔粘接强度特性等稳定性比其他树脂基板材料更优。在集成电路封装基板应用方面，BT 基板材料提升了高密度布线、芯片安装的工艺加工性及绝缘可靠性，在集成电路封装基板材料中占有很大的比例。

（2）产业发展现状及趋势分析

日本三菱瓦斯公司从 20 世纪 70 年代开始从事 CE 及 BT 树脂研发，是最早实现商品化的企业，其特有的合成和改性技术，使 BT 树脂在集成电路封装基板的应用中经久不衰，形成全球一家独大的行业格局。

8. 其他

除上述几种低介电的树脂外，还有适用于中等介电要求的改性环氧树脂（MEP），并陆续出现改性聚酰亚胺（MPI）、苯并环丁烯（BCB）、苯并噁嗪（BOZ）、有机硅等高频/高速覆铜板基体材料。

改性环氧树脂是通过使用低介电高性能树脂、极性减少助剂对其进行改性，只能用于中等介电要求基板，双环戊二烯（DCPD）酚环 EP 与 DCPD 酚活性酯体系是低介电改性 EP 的典型代表，已成为高频覆铜板基材和重要的封装板基材。该类 EP 及相关的活性酯固化剂的生产企业主要是日本 DIC（大日本油墨）和韩国 ShinA（信亚）。

MPI 类挠性覆铜板基材是新一代苹果手机 LCP 类挠性覆铜板出现原料

来源受限等问题的替代方案,在中低频段的性能与 LCP 相当,且价格及来源选择更具优势。BOZ 是一种新型酚醛树脂,介电性、阻燃性优良,因加工复杂导致应用受限,目前主链型 BOZ 有所突破,具有良好应用前景。BCB 综合性能优异,国外已广泛应用于微电子、航天、军事等高新技术领域,主要应用在液晶显示器封装、电子芯片,其中已在高端电子封装材料中广泛应用含硅衍生 BCB,在覆铜板领域的应用前景最好(见表 C-5、表 C-6)。

表 C-5　全球各类高速高频化基板材料生产企业

基板材料类型	生 产 厂 家
聚四氟乙烯树脂	(美)Arlon 公司 (美)Rogers 公司 (日)松下电工公司
双马来酰亚胺三嗪树脂	(日)三菱瓦斯化学公司
热固性氰酸酯树脂	(日)日立化成工业公司 (欧)伊索拉公司
热固性聚苯醚树脂	(日)松下电工公司 (日)旭化成工业公司 (日)东芝化学公司 (欧)伊索拉公司 (美)GE 公司 (美)Polyclad 公司 (美)Neclo 公司
聚酰亚胺树脂	(日)利昌工业公司 (日)松下电工公司
改性环氧树脂	(中国台湾)南亚塑胶公司 (日)松下电工公司

表 C-6　高频 PCB 产业各环节主要生产企业

电 解 铜 箔	特殊树脂材料	高频覆铜板	高频 PCB	基　站
南亚塑胶 长春石化 三井金属 福田金属 日进金属	三菱瓦斯 Panasonic 日立化成 罗杰斯 伊索拉 泰康利 泰康利 联茂 台光	罗杰斯 泰康利 伊索拉 松下电工 日立化成 南亚塑胶 生益科技	罗杰斯 日立化成 沪电股份 深南电路 景旺电子 胜宏科技	京信通信 华为 通宇通讯 康普 凯瑟琳

（四）射频半导体器件材料

1. 5G通信对射频半导体器件材料的要求

5G 通信对移动通信基站的带宽要求达 1GHz，其无线技术中全频谱接入、大规模天线、载波聚合都需要更多和更高功率密度射频器件，因此，大带宽、高效率密度、高线性密度、小体积、轻质量、低成本成为 5G 基础设施对射频半导体器件的硬性要求。以横向扩散金属氧化物半导体（LDMOS）和砷化镓（GaAs）为主导材料的传统技术，在宽带性能、功率密度、能源效率、线性和成本、空间等方面，无法满足 5G 通信系统所需要求。

以碳化硅（SiC）和氮化镓（GaN）为代表的第三代半导体材料具有较大的带隙宽度（$E_g \geq 2.3eV$），较高的击穿电压，良好的耐压与耐高温性能，是制造大功率/高频电子器件、高温/抗辐照器件、短波长光电子器件的重要材料，其高频大功率应用的品质因数远远超过了 Si 和 GaAs。

2. 碳化硅（SiC）

（1）性能优势和生产工艺

SiC 在高频、高温、高压下性能优异，生产过程包括 SiC 单晶生长（衬底）、外延层生长及器件制造。衬底方面，我国产品以 4 英寸为主，国际主流产品正在向 6 英寸发展，并已开发出 8 英寸导电型产品；外延层方面，我国东莞天域、瀚天天成已能够提供 4 寸/6 寸产品；SiC 器件 600~1700V SiC SBD 和 MOSFET 国际上已实现产业化，主流产品耐压水平在 1200V 以下，以 TO 封装为主。

（2）产业发展现状及趋势分析

全球 SiC 产业格局呈现美、日、欧三足鼎立态势。其中，美国全球独大，SiC 产量的全球占比达到 70%~80%，代表企业有 Cree、II-VI、Transphorm、道康宁等；欧洲拥有从 SiC 衬底到应用的完整产业链，代表企业有英飞凌、意法半导体、IQE 等；日本在模块和设备开发方面领先，代表企业有富士电机、三菱电机、罗姆半导体、松下、住友电气、瑞萨电子等。我国 SiC 产业发展较快，具备一定基础，主要企业有山东天岳、天科和达、泰科天润、深圳基本半导体、东莞天城等。

3. 氮化镓（GaN）

（1）性能优势和生产工艺

GaN 在低导通损耗、高电流密度方面优势突出，可显著减少电力损耗和散热负载，用于变频器、变压器、无线充电、稳压器等领域。由于 GaN 没有

天然的本体衬底，且晶体生长难度大，GaN 通常在蓝宝石、硅、碳化硅等其他衬底材料上异质生长单晶薄膜。其中，由于 SiC 更稳固耐用、导热性更好、与 GaN 晶格更匹配，碳化硅基氮化镓（GaN-on-SiC）器件比其他衬底器件更耐热、损耗更少、功率效率更高，但成本较高；Si 尽管与 GaN 晶格失配程度高，但材料生产应用技术成熟，仍有大量射频器件的研发集中在硅基氮化镓（GaN-on-Si）上，并已获得较高质量的材料和器件。

射频器件的制备需要 GaN 与异质材料组成异质结，在结界面形成具有极化的电子气，进而大幅提高电子迁移率，改技术称为高电子迁移率晶体管（HEMT）。GaN HEMT 是 5G 宏基站功率放大器的主流候选技术，需尝试不同异质结构、增加新的异质薄层等，目前 AlGaN/GaN 是主流的异质结材料，其耐压较强，禁带宽度较宽，具有很强的极化效应。

（2）产业发展现状及趋势分析

氮化镓专利申请量全球排名前五的国家及地区分别为日本、中国大陆、美国、韩国、中国台湾，我国专利量全球占比达 23%，具备一定优势，但从技术、产品发展来看，美、日、欧企业仍占主导。衬底主要由日本住友电工主导，其全球市场份额达 90% 以上，主流产品以 2～3 英寸为主，4 英寸已实现商用；外延片生产企业主要有比利时 EpiGaN、日本 NTT-AT、英国 IQE，产品包括 GaN-on-Si、GaN-on-SiC，其中 GaN-on-SiC 产品尺寸为 4 寸和 6 寸；器件分为射频器件和电力电子器件，生产企业主要有美国的宜普、Transphom、MACOM、Navitas，德国的 Dialog。

射频器件主要面向基站、卫星、雷达等市场，产品包括功率放大器、低噪声放大器、单片微波集成电路、开关器等。全球 GaN 射频器件独立设计生产供应商（IDM）中，日本住友电工和美国 Cree 处于领先地位，市场占有率均超过 30%，其次为美国的 Qorvo 和 MACOM，此外还有美国 Ⅱ-Ⅵ、日本三菱电机、德国英飞凌、法国 Exagan、荷兰 NXP 等领先企业。在无线通信领域，住友电工市场份额较大，是华为 GaN 射频器件的最大供应商（见表 C-7）。

经过多年发展，我国 GaN 产业取得一定进展。衬底方面，2 英寸产品实现小批量生产，4 英寸产品具备生产能力，生产企业主要有纳维科技、中镓半导体；外延方面，苏州晶湛、聚能晶源都已开发出 8 英寸硅基外延片；器件方面，生产仍以 IDM 模式为主，代表企业为苏州能讯，目前已出现分工趋势，其中，芯片设计企业包括华为海思、安谱隆半导体和中兴微电子等，

代工企业包括三安集成、海威华芯等，中国台湾台积电和稳懋也是国内企业代工的主要平台。此外，中国科学院半导体研究所、北京大学等研究院所在氮化物材料生长、射频器件设计和制造工艺、功放设计、器件模型等方面也有较厚的研究基础（见表C-8）。

表C-7 全球GaN射频器件产业各环节主要生产企业

衬　底	外　延	设　计	制　造	封　测	应　用
GaN单晶：日本住友电工、三菱化学、古河电气，美国Kyma。 Si基：德国Silronic、日本三菱住友、日本信越化学。 SiC基：美国Cree、Ⅱ-Ⅵ	比利时EpiGaN、日本NTT-AT、英国IQE、德国ALLOS	日本住友电工，美国Cree、Qorvo、MACOM、Skyworks、亚德诺半导体，荷兰NXP，法国联合单片半导体		美国RFMD（航空航天与国防）、 德国Infineon（智能卡与安全芯片）、 荷兰NXP（军事应用、商用航空航天）、 爱立信（通信解决方案）
		美国环宇通讯	美国安靠技术		

表C-8 我国GaN射频器件产业各环节主要生产企业

衬　底	外　延	设　计	制　造	封　测	应　用
GaN单晶：苏州纳维、中镓半导体 Si基衬底：台湾合晶（中国台湾）。 SiC基衬底：天科合达、山东天岳	中国电子科技集团公司第十三研究所、中国电子科技集团公司第五十五研究所、国联万众、苏州能讯高能				华为（无线通信基站、核心网等） 中兴（通信基站、用户终端等） 三大运营商（通信软硬件）
	晶湛半导体 聚能晶源 英诺赛科 嘉晶电子 （中国台湾）	华为海思 安谱隆 中兴微电子 优镓科技 远创达	三安集成 海威华芯 福联集成 稳懋（中国台湾）	万应科技 华天科技 长电科技 日月光（中国台湾）	

现阶段LDMOS、GaAs和GaN三分射频器件市场，但未来5~10年，GaN将逐步取代LDMOS成为3W及以上射频功率应用的主流技术，而GaAs依赖日益增长的小基站和国防市场的需求，市场份额将相对稳定。据Yole预测，到2023年，GaN射频器件市场营收将达到13亿美元，约占3W及以上射频功率市场的45%，随着5G网络实施推广，到2030年，GaN市场有望超过30亿美元。

（五）导热散热材料

1. 5G通信对导热散热材料的要求

发热量大幅提升是5G通信的显著特点之一，功耗的增加对散热要求更加严苛。基站方面，5G功耗是4G的2.5～3.5倍，且体积缩小、重量降低，要求在有限空间内降低传热热阻，提高换热效率；手机方面，5G芯片等电子元器件产生更多热量，且随着机身向非金属化转变，内部结构设计更加紧凑，OLED、可折叠屏、无线充电应用的引入，需额外散热设计补偿，这些都需要更高导热、更低热阻散热材料。

2. 高导热石墨膜—散热方案主流材料

（1）性能优势和生产工艺

高导热石墨膜因其特殊的六角平面网状结构，具备优异的平面导热性能，导热系数远高于铜和铝，此外，其密度低满足轻量化要求，片层状结构能够平滑粘附在任何平面和曲面，耐高温保障长期可靠。高导热石墨烯膜厚度更薄、质量更轻，可实现大面积快速传热，冲形为任意形状，适用于有限空间的电子产品。

综合性能和成本因素，高导热石墨膜是散热解决方案的首选材料。主流的散热膜包括天然石墨散热膜、人工合成石墨散热膜、纳米碳散热膜，其中，人工石墨膜主要用于智能手机中的CPU、OLED显示屏、镜头、WiFi天线、电池等部件，由聚酰亚胺（PI）膜经过基材处理、碳化、石墨化、压延、贴合、模切6道工序制成（见表C-9）。

表C-9 各类导热石墨膜性能特点

名 称	特 性	厚 度	散热功率	价 格	应用场景
天然石墨膜	由天然石墨制成，在真空条件下不会发生脱气现象，在400℃以上也可使用	最薄为0.1mm	400	相对较低	数据中心、基站和充电站等
人工石墨散热膜	由聚酰亚胺（PI）膜经过碳化和石墨化制成	最薄的散热膜材料，最薄可达0.01mm	1500	价格最高	手机、平板和笔记本电脑等
纳米碳散热膜	由纳米碳制成，加工过程简单	最薄为0.03mm	1000～6000	价格最低	电子产品

（2）产业发展现状及趋势分析

高导热石墨膜国内外生产企业主要有美国 Graftech、日本松下、日本 Kaneka、碳元科技、中石科技、飞荣达等。其中，美国 GrafTech 和日本松下进入行业较早，技术较为成熟，分别在天然石墨散热膜和人工石墨散热膜市场占据领先地位；我国碳元科技、中石科技和飞荣达等企业快速发展，已成功进入华为、三星等主要手机生产商的供应链体系。但由于行业进入门槛相对较低，电子产品、5G 风潮带动众多企业参与其中，采取价格战战略抢占市场，产品价格持续走低，行业竞争不断加剧（见表 C-10）。

表 C-10　高导热石墨膜国内外生产企业及产品情况

主要生产企业	产 品 情 况
日本松下	2012 年开发出了厚度仅为 10 微米的石墨膜产品
Kaneka	日本大型上市化工公司，产品包括多功能塑料、膨胀塑料、合成纤维等，目前已推出极轻薄散热模组
碳元科技	产品质量达到国际水平，已成为三星、华为、OPPO、VIVO 等手机品牌主要的高导热石墨膜供应商
中石科技	产品包括导热石墨膜、导热凝胶、导热硅脂等导热材料，EMI 屏蔽材料、电源滤波器以及 EMC 射频解决方案，公司 2019 年新进入华为、vivo 供应链体系，2020 年进入三星供应链体系，基站领域是诺基亚、爱立信核心供应商
飞荣达	产品包括导热材料季期间、电磁屏蔽材料及器件、电子器件，企业通过控股苏州格优，进入导热石墨膜领域，控股达 70%；苏州格优是国内第一家研发、生产卷材人工合成石墨企业，具备领先生产工艺
新纶科技	产品包括石墨散热膜、高净化保护膜、光学胶带等

聚酰亚胺（PI）膜是人工石墨散热膜的重要原料，成本占比高达 30%。PI 膜研发和生产难度较高，目前高端 PI 薄膜市场主要被少数国外企业垄断，韩国 SKCKOLONPI、日本钟渊化学（Kaneka）、东丽-杜邦、杜邦分别占电子级 PI 膜全球市场份额的 23%、20%、10%、8%。自 2017 年以来，我国多家企业开始布局高性能 PI 薄膜，其中达迈科技、深圳瑞华泰、桂林电器科学研究院、时代新材、江阴天华等企业较为领先。目前我国电子级及以上 PI 薄膜市场主要由海外公司瓜分，但随着新建生产线量产，其技术水平和产能与国际巨头的差距有望进一步缩小。

3. 导热凝胶

（1）性能优势和生产工艺

导热凝胶是硅树脂基导热缝隙填充材料，由硅胶复合导热填料经过搅

拌、混合和封装制备而成，具有高导热性、耐高低温、高压缩比、高电气绝等特点，同时亲和性好、可塑性强，可以应用自动点胶工艺，充分填充精密元器件缝隙，使处理器散发热量快速传递到散热器上，有效降低温度，延长设备寿命和可靠性，大幅度提高施工效率、降低成本、节省空间。导热凝胶已广泛应用于 LED、功率半导体、密封集成芯片、固态继电器、高速缓冲存储器、内存模块、桥型整流器、微处理器等领域。

（2）产业发展现状及趋势分析

消费电子产业链各个环节都需要导热凝胶，5G 时代推动下迅猛发展消费电子产业给导热凝胶发展带来广阔空间，预计全球界面导热材料市场规模将由 2015 年的 8 亿美元提高到 2020 年的 11 亿美元，复合增长率超 7%。国内外有众多企业生产导热凝胶，一些前瞻性强、集聚实力企业，早已布局该领域，在激烈的市场竞争占据领先地位（见表 C-11）。

表 C-11 导热凝胶国内外生产企业及产品情况

重点企业	主要做法及产品
陶氏	押宝散热材料，用一年时间率先推出手机散热用有机硅导热凝胶，近期针对 5G 技术推出高性能导热凝胶产品 TC-3065，实现 5G 技术更高的功率密度下稳定工作，VOCs 含量极低，解决了传统硅基材料可能存在的硅油污染问题。可应用于通信和数据传输设备领域
汉高	在 5G 时代的通信设备、智能手机和新能源汽车等领域都有布局，包括 5G 芯片散热用半烧结芯片粘接胶、通信设备用高导热垫片等，最新推出了"垂直站立"的导热凝胶新产品 TLF6000HG，解决了 5G 基站最关注的导热凝胶"垂流"问题，是导热系数为 6W/M·K 的高导热凝胶，最大应用间隙 3mm，具有优异的原位保持性能，适用于垂直放于室外、主动冷却能力弱的设备
回天新材	抓住中美贸易战背景下美企对华为断供、国产替代进口的机遇，2019 年 7 月专门设立了通信事业部，重点服务于华为项目。目前已有硅胶、环氧胶以及聚氨酯等 40 余款产品与华为达成合作共识，多款产品进入华为一级资源池。"9761" 有机硅导热胶已应用于苹果公司某定性产品器件导热固定，2019 年供货量达 1.8 亿部
硅宝科技	依托国家企业技术中心、国家实验室认可（CNAS）检验中心等众多国家级创新平台，开发系列电子电器用灌封、黏结、导热和"三防"有机硅新产品

（六）电磁屏蔽材料

1. 5G 通信对电磁屏蔽材料的要求

5G 传输速率、信号强度、信号频率大幅提升，使 5G 天线数量达到 4G

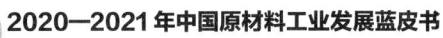

的 5~10 倍，同时，5G 毫米波穿透力差、衰减大，覆盖能力大幅减弱，要求信号具有较强的抗干扰能力，对射频前端的电磁屏蔽功能提出更高要求。

2. 电磁屏蔽材料性能优势和生产工艺

目前，广泛应用的电磁屏蔽材料主要有导电塑料、导电硅胶、导电涂料、吸波材料、导电布等（见表 C-12）。

表 C-12 各类电磁屏蔽材料特性

材　料	制　备　工　艺	性　　能
导电塑料	采用金属纤维、金属化纤维、石墨等导电填料与聚碳酸酯、丙烯腈/丁二烯/苯乙烯共聚物等塑料基材填充复合而成	可一次加工成型，加工工艺过程短，便于批量生产，主要成分可以回收，是当前和未来最重要和最有发展前途的高性能电磁屏蔽材料，屏蔽效能 40~85dB（30MHz~10GHz）
导电硅胶	将铝镀银、玻璃镀银、银等导电颗粒均匀分布在硅橡胶中，通过压力使导电颗粒接触，达到良好的导电性能	主要作用是密封和电磁屏蔽，屏蔽性能高达 120dB（10GHz）
导电涂料	防电磁波干扰屏蔽涂料，采用含铜、银等复合微粒作为导电颗粒	使完全绝缘的非金属或非导电表面具有吸收、传导和衰减电磁波的特征
吸波材料	采用硅胶、氯丁橡胶等为基材，纳米材料、平面六角铁氧体、非晶磁性纤维、颗粒膜等高性能吸收剂作为吸收介质	吸收电磁波、杂波抑制、抗电磁干扰、阻燃等
导电布	在聚酯纤维上，先化学沉积或金属物理转移金属镍到聚酯纤维上，在镍上再镀上高导电性的铜层，在铜层上再电镀上防氧化机防腐蚀的镍金属	电磁屏蔽效果，屏蔽范围在 100K~3GHz

3. 产业发展现状及趋势分析

国外发达国家电磁屏蔽材料起步早、发展快，已经形成各类别、系列规格的电磁屏蔽材料，拥有 3M、莱尔德、派克顾美丽、诺兰特、汉高、戈尔等全球知名企业。近年来，我国电磁屏蔽材料市场规模不断扩大，企业快速发展，电磁屏蔽材料取得突破性进展，形成飞荣达、中石科技、合力泰等一批具有较强竞争力的龙头企业。

随着 5G 通信基站数量、速率的增加，5G 智能手机单机用量和种类的提升，及处理频段的复杂化，电磁屏蔽产品需求将加快提升。同时，5G 技术推动下的智能驾驶汽车、VR/AR、智能可穿戴等新兴智能终端的兴起，为电磁屏蔽材料带来更广泛的应用。据 BCC Research 预测，全球 EMI/RFI 屏蔽

材料市场规模将由 2016 年的 60 亿美元提高到 2021 年的 78 亿美元，年复合增长率为 6%（见表 C-13）。

表 C-13　电磁屏蔽材料国内外生产企业及产品情况

重点企业	发展概况和主要产品
3M	产品具有先进的 EMI 和 EMC 屏蔽、吸收和接地性能，可提高信噪比，实现更高频率的操作，3M 拥有多种电磁兼容解决方案
莱尔德	设计和制造电磁屏蔽材料、导热界面材料和无线产品的全球著名公司。为应对 5G 大规模天线矩阵存在信号相互串扰问题，莱尔德提出多功能解决方案（MFS）将板级屏蔽盾与散热产品加以融合，或将结构金属屏蔽和各种吸波材料相结合、组合不同种类泡沫织物等
派克固美丽	全球领先的电子器件封装市场电磁干扰屏蔽材料制造商，专注于 EMI 电磁干扰屏蔽产品的方案支持、应用
诺兰特	全球领先的基于硅胶的 EMI 屏蔽解决方案和热界面材料专业技术开发商和供应商，Compashield® 2.0 为 5G 高频而设计，符合屏蔽需求
汉高	推出芯片级电磁干扰（EMI）屏蔽解决方案，这些技术包括在封装体内提供区域化的屏蔽保护和在封装表面提供包封式屏蔽保护，可以实现更小、更轻薄的电子产品设计。覆膜式屏蔽材料为外部封装到封装的屏蔽提供一种外涂层
戈尔	生产应用于移动电子产品的 SMT EMI 屏蔽接地垫片，为智能手机、平板电脑提供可靠的接地效能，确保电气性能
飞荣达	国内电磁屏蔽/散热材料龙头企业，电磁屏蔽材料包括导电布衬垫、导电硅胶、导电塑料等，拥有华为、三星、诺基亚等客户，其中华为是公司最大客户，年度销售额占比大 23.54%，屏蔽导热器件在华为手机中份额占比约为 35%
中石科技	是全球为数不多既拥有屏蔽材料技术又拥有电源滤波技术的全面电磁兼容解决方案专业公司，拥有导电橡胶配方技术、导热材料配方技术、3000 度高温烧结技术和电磁兼容技术等四类核心技术，各领域中的关键产品在本行业实现全球技术领先。公司客户迈锐、鸿富锦、昌硕、领胜、安洁科技和宝德等是苹果公司的供应商，DIC Co.,Ltd.、Interflex Co.,Ltd.是三星公司的供应商，爱立信、诺基亚、华为、中兴均为国际知名的电信企业
鸿富诚	专注于 EMI/EMC 及热管理创新功能材料，主营屏蔽材料、热界面材料、吸波材料等
合力泰	吸波材料、屏蔽材料已开始量产，配备 15 万平方米产能
博恩实业	导电橡胶具有优良的机械性能和电磁屏蔽特性，满足 EMI 屏蔽要求
科诺桥	生产电磁屏蔽膜等服务于柔性电路板，KNQ PC8800 适用于高频高速传输

（七）手机天线材料

1. 5G通信对手机天线材料的要求

目前天线主流聚酰亚胺（PI）基材的介电常数、损耗因子和吸潮性较大、可靠性较差，高频高速传输下损耗严重、结构特性较差，无法满足5G通信需求。

2. 新型天线材料性能优势和制备工艺

液晶聚合物材料（LCP）非常适用于微波、毫米波设备，不仅是5G时代的PCB关键材料，也是重要的天线材料，具有很好的应用前景。改性聚酰亚胺材料（MPI）通过提升PI单体含氟量或增加共轭基团等方式，改善了PI材料在高频传输过程中的缺陷，满足5G时代初期天线应用需求。

5G发展初期阶段以sub6Ghz为主要频段，信号传输要求为10～15GHz，LCP和MPI均具备较好的传输效果，且由于生产LCP的厂商较少，LCP目前面临供应不足、良率较低、价格居高不下等问题，故在中高频段，LCP和MPI材料都将成为5G天线材料的选择。随着5G深入发展，更高频率毫米波段将逐步应用于大场景，多层LCP天线非常适用于高频段，MPI不仅在多层板设计方面存在不足，传输也将受限，逐步被LCP材料替代。

3. 产业发展现状及趋势分析

为提升终端天线的高频高速性能，减小组件占用空间，苹果公司首次在iPhone X系列规模使用了LCP天线，华为在Mate 30、P40系列相继使用LCP天线。从PI材料到LCP材料，天线单机价值大幅提升，以苹果手机为例，iPhone X天线价值是iPhone7的约20倍。手机天线的规模应用将推进LCP市场保持持续增长的势头，预计2025年我国LCP天线材料需求量将达到9000吨，年均复合增长率高达80%以上。

（八）其他关键材料

1. 滤波器关键材料

（1）滤波压电材料

滤波压电材料主要包括压电陶瓷、压电晶体、压电薄膜，技术和市场目前被美国、日本企业垄断，村田、TDK、Avago、Skyworks等公司市场份额占90%。我国滤波器材料主要集中在国防军工领域，民用方面较为薄弱，部分材料虽能够生产，但难以稳定供应（见表C-14）。

表 C-14　滤波压电材料种类

压电陶瓷材料	压电晶体材料	压电薄膜材料
钙钛结构矿（钛酸钡、锆钛酸铅）材料、钨青铜结构材料、铋层状结构材料等	铌酸锂（LiNbO$_3$）、钽酸锂（LiTaO$_3$）、LGS（La$_3$Ga$_5$SiO$_{14}$）等	通过化学气相或物理气相沉积制备的压电薄膜

（2）微波介电陶瓷材料

由于大规模天线技术对集成化要求，5G 滤波器需更加小型化，受腔体尺寸限定影响，普遍应用的金属同轴滤波器、陶瓷介质谐振滤波器无法达到较高 Q 值，各项性能指标受限。陶瓷介质滤波器中没有腔体，体积小、性能好、成本低，是 5G 通信的主流选择。

微波介电陶瓷材料主要用作微波介质谐振器、微波集成电路基片等，包括 BaO-TiO$_2$ 系和 BaO-Ln$_2$O$_3$ 系材料、铅基钙钛矿系和复合钙钛矿系材料。我国微波介质陶瓷的研发、生产能力与国际先进水平基本持平，但国际市场占有率较低。

2. 手机外壳材料

5G 采用的大规模天线技术，需在手机中新增专用天线，而此前常用的金属外壳会屏蔽和干扰信号，手机外壳需从金属转向玻璃、树脂等不易受电波影响的绝缘材料。

3D 玻璃和陶瓷备受高端机型青睐。3D 玻璃具有轻薄、耐刮伤、透明度更高、防眩光、抗指纹性强等优点，正在不断替代当前广泛应用的 2.5D 玻璃，市场占比开始增大，苹果 iPhone X 等机型采用了康宁公司开发的大猩猩玻璃（Gorilla Glass）制造的外壳背板。陶瓷耐磨性好、质感舒适、散热性能优，但其成本高、良品率低，短期内只适用于部分高端手机，难以广泛推广（见表 C-15）。

表 C-15　手机外壳玻璃生产企业情况

玻璃基板	玻璃加工
康宁、旭硝子、电气硝子、东旭光电、彩虹股份	伯恩光学、蓝思科技、星星科技、欧菲光、劲胜精密等成熟厂商，比亚迪电子、合力泰、通达集团、信利国际、瑞声科技等新进入者

PC/PMMA 复合材料成中低端机型首选。PC/PMMA 复合板材成型工艺是最成熟的仿玻璃工艺，因此被引入到手机外壳领域。PC/PMMA 复合板材

通过 PC 和 PMMA 共挤制得，其中，PC 层具有较强韧性，保证了整体抗冲击性能，PMMA 层加硬后达到 4H 以上的铅笔硬度，保证了手机耐刮擦性能。在追求高性价比的中端手机市场，PC/PMMA 复合材料成为 OPPO、vivo 等品牌手机厂商首选，并将在 5G 手机外壳市场与玻璃平分秋色。

3. 光纤传输材料

光纤传输材料主要包括光纤光缆材料和光纤预制棒，5G 通信对光纤光缆需求量将达到 4G 通信时期的 16 倍。目前我国光纤光缆材料产量、产值已跃居全球首位，但光纤预制棒的专利及核实技术仍被国外企业控制，虽然我国通过与国外合作、技术引进等方式实现产业化，但与国外行业巨头相比，在规模、生产效率成本控制等方面仍有较大差距，我国光纤预制棒主要来自德国、日本。

三、我国 5G 化工新材料发展中存在的问题

（一）质量和数量上都无法满足 5G 发展需求

部分新材料产品已国产化，但与国外龙头企业相比，产品性能指标、稳定性等存在较大差距，只能满足中低端需求，且同质化竞争激烈，出现结构过剩问题，而高端产品仍依赖进口，如 PPS、PC、PTFE、ASA 等，企业生产技术以引进消化吸收为主，再创新、集成创新能力不足。部分新材料产品尚未实现本地化生产，技术瓶颈仍未突破，如印刷线路板和手机天线关键材料 LCP 树脂，我国目前处于突破及验证阶段，LCP 薄膜、PCH 树脂仍处于空白。此外，部分新材料发展处于起步阶段，从技术、市场、产品发展来看，美、日、欧企业仍占主导，如 SiC、GaN、PI 膜、滤波压电材料等。

（二）系列化程度不高，5G 应用研发水平有待提升

不同细分市场需对不同类型新材料进行改性，国外企业仅针对 5G 高频/高速基板材料开发十余种树脂及其共聚改性树脂，并且新的树脂材料仍在不断涌现，由此衍生出的百余种覆铜板。我国相关新材料企业在下游应用研究和技术服务方面投入较少，材料多为大宗型、通用型，产品较为单一、牌号较少，缺乏适用于 5G 通信的系列化、差别化产品，导致企业开拓 5G 市场成本高、时间长，我国快速发展的 5G 市场被国外企业抢占。如我国进口 PP 以专用料为主，产品质量要求和附加值较高，5G 基站天线罩用专用料我国

近期首次实现替代，仍需进一步开发系列新产品。又如高频/高速 PCB 基板新型树脂材料 CE、BT，日本企业依靠特有的合成和改性技术，形成全球一家独大的发展格局。

（三）市场主体小而散，创新能力不强

5G 通信各领域化工新材料领先企业大都是国外大型知名化工企业，包括 5G 通信在内的电子信息领域所需化工新材料，其资金投入、技术含量、产品附加值都较高，产品更新换代较快，是这些知名企业的核心业务和主要利润来源。相比之下，我国大型化工企业，特别是央企、国企参与较少，主要为民营企业，企业相对规模较小、产品单一、创新能力弱，大部分企业引进国外生产基础设计、技术工艺包、装置设备，缺乏稳定持续的创新团队培养与建设，自主技术开发和制品设计能力薄弱，适应 5G 等新兴产业的市场开发手段不足，导致产品档次低、品种牌号少、产品成本高、技术更新慢、结构性矛盾突出、缺乏国际竞争力等问题。

四、推动产业发展的几点建议

（一）加大研发和产业化投入，大力开展技术改造

追踪并对标国际前沿、领先产品及其生产技术，支持企业技术中心、研发团队以及用户组建从研发、产业化到应用全链条的利益共同体，进行联合攻关，充分利用好国家制造业转型升级新材料基金、重点新材料首批次应用保险补偿机制等专项基金和产业化助推资金、政策，以及各地方推动新材料、新一代信息技术和新基建产业发展的专项资金和相关基金，联合政府、企业、投融资机构深入参与 5G 化工新材料技术创新与产业化，力争有效突破产业瓶颈。重点提高我国已有新材料质量水平和系列化程度，与国外先进工艺对标，确定差距、找准定位、对症下药，通过技术、装置改造提升产品性能，通过调整工艺参数、进行共聚改性等开发 5G 专用型产品，提升综合竞争能力，实现进口替代。

（二）加强国际深度合作，促进创新团队引进和人才培养

一方面，鼓励外资投向我国 5G 化工新材料产业，在我国设立全球研发机构，参与国内企业兼并重组，充分发挥外资在引进先进技术和高端人才方

面的重要作用。另一方面,鼓励企业和研究机构,特别是大型化工企业走出去,在境外开展并购和股权投资,建立技术创新中心和孵化中心,搭建国际化技术创新平台、科技服务平台,主动参与国际标准制订。此外,积极开展全球创新大赛、异国孵化、双向基金联合投入等国际化创新模式,探索人才"双跨"机制,吸引人才、团队、项目。

(三)搭建高水平创新平台,完善产业化发展环境

搭建 5G 新材料中试基地、生产应用示范平台等创新成果转化、协同应用平台,鼓励投融资机构和社会资本对 5G 化工新材料研发和中试阶段加大投入,建立材料设计、制备、评价共享数据库,构建技术研发、标准研制、检验与认证全流程的技术标准服务体系,加强对 PI 膜、异丁烯法 MMA、硅片等关键配套原料产业化的支持,积极推动设备装置和检测检验仪器的开发。

后　　记

　　为全面客观反映2020年中国原材料工业发展状况，并对2021年原材料工业发展状况作出预测，在工业和信息化部原材料工业司的指导下，赛迪智库材料工业研究所编撰完成了这本《2020—2021年中国原材料工业发展蓝皮书》。

　　本书由刘文强担任主编，肖劲松、马琳担任副主编，马琳负责统稿。各章节撰写分工如下：曾昆参与撰写第二、二十九章；张镇参与撰写第二十三、二十四、二十五、二十六、二十七章；张海亮、刘亚保参与撰写第八、九、十章；马琳参与撰写第一、六、二十九章；王本力参与撰写第一、五、二十九章；李丹参与撰写第一、七、二十九章；商龚平参与撰写第一、三、二十九章；李茜参与撰写第十六、十七、十八、十九、二十章；车超参与撰写第一、四、二十九章；申胜飞参与撰写第十一、十二、十三、十四、十五、二十八章；刘明参与撰写第二十八章；郑明月、安文瀚参与撰写第二十一、二十二章。

　　在本书的编撰过程中还得到了相关省市和行业协会领导、专家提供的资料素材，特别是得到了李拥军、李文军等专家提出的宝贵修改意见和建议，在此表示衷心感谢。由于编者水平有限，本书难免有疏漏、错误之处，恳请读者批评指正。如本书能给相关行业管理机构、研究人员和专家学者带来些许借鉴，将不胜荣幸。

赛迪智库材料工业研究所

赛迪智库
面向政府 服务决策

思想，还是思想
才使我们与众不同

《赛迪专报》　　　　《安全产业研究》　　　　《产业政策研究》
《赛迪前瞻》　　　　《工业经济研究》　　　　《军民结合研究》
《赛迪智库·案例》　　《财经研究》　　　　　　《工业和信息化研究》
《赛迪智库·数据》　　《信息化与软件产业研究》《科技与标准研究》
《赛迪智库·软科学》　《电子信息研究》　　　　《无线电管理研究》
《赛迪译丛》　　　　《网络安全研究》　　　　《节能与环保研究》
《工业新词话》　　　《材料工业研究》　　　　《世界工业研究》
　　　　　　　　　　　　　　　　　　　　　　《中小企业研究》
《政策法规研究》　　《消费品工业"三品"战略专刊》《集成电路研究》

通信地址：北京市海淀区万寿路27号院8号楼12层
邮政编码：100846
联 系 人：王　乐
联系电话：010-68200552　13701083941
传　　真：010-68209616
网　　址：www.ccidwise.com
电子邮件：wangle@ccidgroup.com

赛迪智库
面向政府 服务决策

研究，还是研究
才使我们见微知著

规划研究所	知识产权研究所	安全产业研究所
工业经济研究所	世界工业研究所	网络安全研究所
电子信息研究所	无线电管理研究所	中小企业研究所
集成电路研究所	信息化与软件产业研究所	节能与环保研究所
产业政策研究所	军民融合研究所	材料工业研究所
科技与标准研究所	政策法规研究所	消费品工业研究所

通信地址：北京市海淀区万寿路27号院8号楼12层
邮政编码：100846
联系人：王 乐
联系电话：010-68200552 13701083941
传　真：010-68209616
网　址：www.ccidwise.com
电子邮件：wangle@ccidgroup.com